RESTful API 서버 구현

RESTful API 서버 구현

초 판 | 1쇄 2024년 07월02일

지은이 | 구멍가게 코딩단
발행인 | 이민호

발　행 | 남가람북스
등　록 | 2014년 12월 31일 제 2014-000040호
주　소 | 인천광역시 연수구 송도미래로 30, E동 1910호
전　화 | 032-506-3536
팩　스 | 0303-3446-3536
홈페이지 | www.namgarambooks.co.kr
이 메 일 | namgarambooks@naver.com

편　집 | 남가람북스 편집팀
디자인 | 김혜정

ISBN | 979-11-89184-12-4

이 책은 저작권법에 따라 보호받는 저작물이므로 무단 전재와 무단 복제를 금지하며, 이 책 내용의 전부 또는 일부를 이용하려면 반드시 저작권자와 남가람북스의 서면 동의를 받아야 합니다. 책값은 표지 뒷면에 있습니다.
잘못된 책은 구입하신 곳에서 바꾸어 드립니다.

스프링 부트와 JPA를 이용하는 API 서버 만들기

RESTful API 서버 구현

구멍가게 코딩단 지음

남가람북스

이 책을 내며

'결국은 데이터가 필요해'

최근에 프런트 엔드 관련된 주제를 다루다 보면 항상 혼자서 중얼거리는 말은 'API 서버를 만들어 둘 걸'이라는 한탄입니다. 데이터를 가공해 주는 존재가 없으면 다룰 수 있는 기능의 한계도 명확히 드러나고 필요한 기능을 테스트하는데 한계가 있습니다.

단순한 CRUD를 하는 API 서버 구현은 어렵지 않지만, 좀 더 실제적인 개발을 위해서는 많은 점을 고민하게 됩니다. 이를 위해서 에러 메시지의 처리나 요청 데이터의 검증과 같은 작업에서부터 사용자의 인증 처리까지 여러 개발이 추가되는 상황이 발생합니다.

이 책은 이러한 고민을 했던 필자에게 스스로에 대한 가이드입니다. 매번 급하게 만들어서 사용하는 API 서버가 아니라 '한 번만 만들어 두고 확장할 수 있는 API 서버를 어떻게 만들면 좋을까'에 대한 고민이고 그에 대한 코드입니다.

이 책이 다양한 기술을 사용하는 것은 아닙니다. 집필하는 동안 변경되는 라이브러리에 휘둘리기보다는 본질에 집중하고 싶었습니다. 예컨대, '원하는 데이터가 없으면 어떻게 하지?'를 대비하기 위해서 어떻게 응답 메시지를 만들 것인지 고민하고 이를 여러 가지 방식으로 구현해 보는데 중점을 두었습니다.

이 책의 모든 방식이 완전하지는 않겠지만, 매번 하루살이와 같은 API 서버를 만들지 않을 수 있는 토대가 된다면 이 책의 목표를 달성했다고 생각합니다. 이제 API 서버 개발의 틀은 만들어졌으니까요. 부디, 이 책을 읽는 독자 여러분에게 많은 도움이 되기를 바랍니다.

초여름의 햇살을 마음껏 만끽하는 2024년 6월에...
구멍가게 코딩단 드림

들어가며

개발 현장이나 교육 현장에서 API 서버를 구현하는 일은 특별한 일이 아닙니다. API 서버를 이용해야 하는 상황은 점차 늘고 있는데 바로 사용할 수 있는 단순한 라이브러리나 프로그램들은 원하는 기능을 제공하지 않는 경우가 대부분입니다.

이 책은 최근에 유행하는 다양한 프런트 엔드 기술을 서포트하기 위해서 만들었습니다. React나 Vue.js, Android, iOS와 같이 별도의 애플리케이션을 제작하기 위해서는 데이터를 제공하는 API 서버는 반드시 필요하고 이를 어떻게 만들어야 하는지에 대한 고민의 결과입니다.

이 책에서는 가장 흔하게 사용되는 RESTful한 서비스를 만들고 JWT를 활용해서 비정상적인 사용자의 접근을 차단하고 권한을 부여해 주는 방법에 대해서 알아봅니다. 작성하는 예제 코드는 Spring Data JPA를 이용해서 최소한의 코드로 데이터베이스 개발을 완료합니다.

테스트 코드를 이용해서 동작 여부를 확인하고 서비스 계층과 컨트롤러는 Postman으로 확인해서 개발하는데 이 과정에서 예외 처리에 대해서 고민하고 이를 @RestControllerAdvice로 처리합니다.

이 책에서는 실제 서비스와 동일한 요청과 응답 결과를 처리할 수 있고, 확장 가능한 API 서버를 만들기 위한 모델을 만들고 이를 위해서 Spring Boot, Spring Data JPA, Spring Security를 활용합니다.

Spring Data JPA는 다음과 같은 방식으로 활용합니다.

- 단순 CRUD는 JpaRepository를 활용한다. 리포지토리에서 최대한 DTO로 처리한다.
- 목록 데이터는 Querydsl로만 설계해서 나중에 검색 조건을 처리하기 쉽게 설계한다. Projections를 이용해서 DTO로 추출한다.

Spring Boot를 이용해서는 다음과 같은 내용을 다룹니다.

- 각 기능은 분리가 가능한 구조로 설계되어야 한다.
- @RestController에서는 정상적인 응답을 그리고, 모든 예외 사항은 @RestControllerAdvice를 통해서 처리한다.

Spring Security는 다음과 같은 기능을 구현합니다.

- JWT의 Access Token과 Refresh Token을 처리할 수 있어야 한다.
- JWT의 사용자 정보와 Security Context는 함께 활용될 수 있어야 한다.

이 책은 총 3개의 PART로 학습 내용이 구성됩니다.

PART 1(Chapter 1~4)

- MariaDB와 Spring Boot 개발 환경의 설정
- Todo 예제를 통한 Spring Data JPA 개발
- Postman을 이용한 요청/응답 확인

PART 2(Chapter 5~6)

- Spring Security를 이용해서 인증 처리 구현
- Refresh Token을 이용한 자동 토큰 갱신 처리를 위한 Node/Vite를 이용한 화면 구성

PART 3(Chapter 7~8)

- API 서버의 활용
- @ElementCollection과 @ManyToOne 연관 관계 처리
- 장바구니와 상품, 장바구니 아이템의 처리

[이 책의 대상 독자]

- Java 기반의 API 서버가 필요한 개발자와 조직
- 프런트 엔드와 백 엔드를 분리해서 개발을 원하는 개발자
- JWT를 학습하고자 하는 서버 사이드 개발자
- Spring Data JPA를 학습하고자 하는 개발자

[소스코드 확인]

이 책의 예제에서 사용하는 소스코드는 아래 주소에서 확인할 수 있습니다.

URL ▶ https://zk202308a.github.io/newbootbook2024/

[기타 질문 및 답변]

이 책으로 공부하다가 이해하기 어려운 부분이나 궁금한 사항이 생기면 구멍가게 코딩단 카페에서 질문하여 해결하기 바랍니다.

URL ▶ http://cafe.naver.com/gugucoding

[이 책의 특별 활용]

이 책의 내용과 Vue3를 연동해서 구현한 코드를 제공합니다.
더 자세한 내용은 구멍가게 코딩단의 카페에서 공지하고 있습니다.

URL ▶ https://cafe.naver.com/gugucoding/9605

목차

이 책을 내며 ... 4
들어가며 ... 5

PART 1. API 서버와 REST

Chapter 01
API 서버와 웹 MVC ... 12

- 1.1 서버(server)의 역할 ... 12
- 1.2 과거의 웹 프로그래밍과 API 서버 ... 15
- 1.3 REST 방식과 JSON ... 24
- 1.4 REST 방식의 API 설계 ... 27

Chapter 02
REST 방식 연습하기 ... 30

- 2.1 예제 프로젝트의 생성 ... 30
- 2.2 의존성 주입(Dependency Injection) ... 37
- 2.3 REST를 위한 주요 어노테이션 ... 40
- 2.4 REST의 테스트 ... 43

Chapter 03
Spring Data JPA ... 48

- 3.1 MariaDB 설치 ... 48
- 3.2 Spring Data JPA 프로젝트의 생성 ... 51
- 3.3 Spring Data JPA 소개 ... 59

Chapter 04
서비스 계층과 컨트롤러 계층 ... 98

- 4.1 서비스 계층의 설계 ... 98

| 4.2 | 컨트롤러 계층의 설계 | 116 |
| 4.3 | 컨트롤러의 목록 처리 | 134 |

PART 2. JWT 인증

Chapter 05
시큐리티(Security) 처리와 JWT — 140

5.1	Ajax와 스프링 시큐리티	142
5.2	사용자 엔티티 준비	148
5.3	API 서버의 시큐리티	158
5.4	사용자 정보를 이용한 토큰 발행	164
5.5	Access Token을 이용한 접근	182
5.6	JWTCheckFilter 작성	187
5.7	Refresh Token의 활용	202
5.8	Ajax와 CORS	212

Chapter 06
Axios와 API 서버 호출 — 214

6.1	프런트 엔드 프로젝트 생성	214
6.2	페이지/JS 파일 추가	218
6.3	로그인 처리와 보관	220
6.4	Access Token 전송	229
6.5	Refresh Token을 이용한 토큰 갱신	238

PART 3. 연관 관계 실습

Chapter 07
파일 업로드와 상품 엔티티 — 246

7.1	파일 업로드를 위한 설정	246
7.2	@ElementCollection	270
7.3	DTO를 이용한 처리	286
7.4	상품 관련 서비스와 예외 설계	309
7.5	상품 컨트롤러의 개발	318

Chapter 08
구현을 통해서 알아보는 연관 관계 실습   334

8.1	다대일(Many To One) 연관 관계	333
8.2	리포지토리와 테스트	337
8.3	상품목록과 리뷰의 개수	353
8.4	리뷰의 서비스 계층	363
8.5	리뷰의 컨트롤러 처리	370
8.6	상품과 장바구니	384
8.7	DTO와 서비스 계층	397
8.8	컨트롤러의 구현	410

찾아보기   421

PART 1.
API 서버와 REST

PART 1에서는 이 책의 목표인 API 서버가 어떠한 배경으로 인해서 출현하게 되었는지를 살펴봅니다. API 서버 역시 기본적으로는 특정한 역할을 수행하는 서버라는 점은 동일하지만, 약간의 다른 특징이 있으므로 이를 이해할 수 있는데 중점을 두고 학습해야 합니다.

Chapter 01

API 서버와 웹 MVC

API 서버를 작성하기 위해서 가장 기본적인 지식은 웹 MVC의 구조를 이해하는 것입니다. 웹 MVC 구조는 그 자체로 프로젝트에 적용되는 것은 아니지만, 주요 개념이나 용어들의 시작점이기 때문에 이에 대해서 학습할 필요가 있습니다.

1.1 서버(server)의 역할

우리가 흔히 사용하는 '서버(server)'라는 용어는 말 그대로 '특정한 서비스를 제공하는 사람이나 기구'라는 의미가 담겨있습니다. 따라서 'Web Server'라는 말은 'Web으로 혹은 Web이라는 것을 서비스한다'는 뜻이 됩니다. 넓은 의미로 보면 웹으로 데이터를 제공하는 모든 것을 'Web Server'라고 할 수 있습니다.

Web Server는 너무나 넓은 범위를 의미하기 때문에 시간이 지나면서 더 세세한 이름들이 등장하기 시작합니다. 예를 들어 'Web Server'와 유사하지만, 'Web Application Server(이하 WAS)'라는 용어가 있습니다. WAS는 Web Server와 동일한 역할을 하긴 하지만, '동적(Dynamic)'으로 데이터를 만들어 낸다는 점이 다릅니다.

시간이 지나 우리가 Web Server라고 부르는 서버는 주로 고정된 자원(html, css, js, 이미지 등)들을 제공하는 서버를 의미하고, WAS는 상황에 따라서 다른 결과를 만들어 내는 서버를 의미하게 됩니다. 이러한 WAS는 상황에 따라서 다른 결과를 만들어 내야하기 때문에 개발자가 프로그래밍을 통해서 처리합니다. 이러한 프로그래밍을 흔히 '서버 사이드(Server-Side) 프로그래밍'이라고 하고 '서버 사이드 개발자'는 이러한 개발 업무를 하는 사람을 의미합니다.

서버 사이드 프로그램은 기본적으로 네트워크 프로그램과 입출력 프로그램이 결합되어서 작성됩니다. 그 때문에 초기의 서버 사이드 프로그램은 진입 장벽이 높았지만, 시간이 지나서 라이브러리나 프레임워크가 많아지면서 최근의 웹 개발은 직접 네트워크의 소켓(socket)이나 입출력을 다루는 일은 없습니다. 서버 사이드 프로그래밍은 대부분 특정 프로그래밍 언어 환경에서 발전해서 다른 개발자들이 만들어둔 코드를 응용해서 작성하게 됩니다. 가장 대표적으로 PHP, ASP, JSP 등이 이러한 기술에 속합니다.

1.1.1 모델 1 방식

초기의 서버 사이드 웹 프로그래밍은 '모델 1'(Model 1)이라고 하는 구조로 작성되었습니다. 모델 1 방식은 쉽게 말하면 사용자가 호출하는 경로에 맞는 코드를 1:1로 개발하는 방식입니다. 예를 들어 JSP의 경우 100개의 화면이 있다면 개발자 역시 100개의 코드를 작성하는 방식입니다. 아래의 그림은 JSP 파일을 이용해서 사용자의 요청을 처리하고 결과를 전송하는 과정입니다.

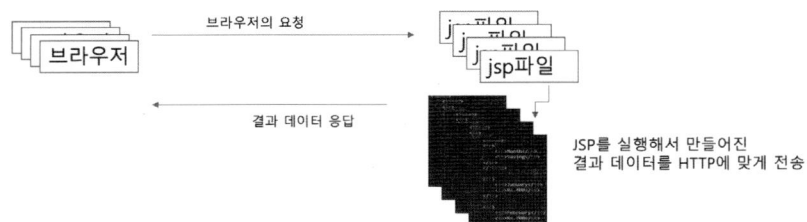

흔히 모델 1이라고 부르는 이러한 방식은 사용자가 요청하는 URI에 맞게 JSP 등을 개발하고 해당 코드를 이용해서 결과물을 만들어 내는 방식이었습니다. 모델 1 방식은 인터넷의 주소와 작성된 코드가 1:1로 대응하는 방식이기 때문에 새로운 주소를 만들게 되면 예상하기 어려운 문제들이 생기기 시작합니다. 가장 대표적인 문제가 바로 기존 사용자들이 알고 있는 주소와 새로 만들어진 주소가 다르다는 점입니다.

1.1.2 모델 2 방식의 등장

회사 입장에서는 오랜 시간 동안 알려온 주소를 변경하지 않고 나중에 원한다면 새로운 화면이나 코드를 적용할 수 있는 방법을 고민하기 시작했고 이러한 결과가 모델 2라는 방식입니다.

모델 2 방식의 핵심은 '주소와 화면을 분리'한다는 것입니다. '주소'는 사용자들이나 검색엔진이 알고 있는 인터넷상에서의 주소를 의미합니다. 시간이 지나도 주소가 변경되지 않기 위해서 해당 주소에 대한 처리를 맡는 부분은 분리해서 개발하고 결과를 보여주는 화면을 분리해서 개발하는 방식입니다.

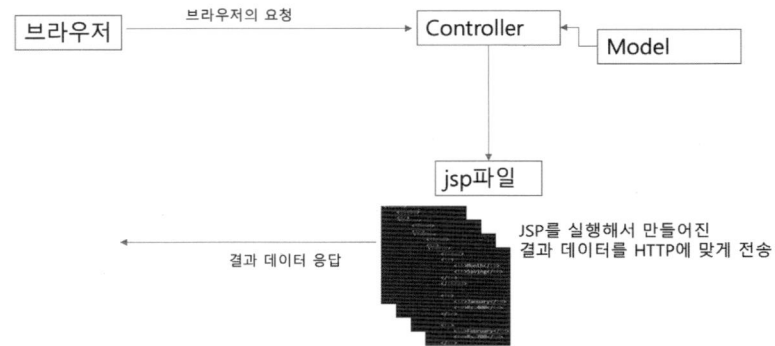

모델 2 방식에서는 브라우저 등에서 전달하는 데이터를 처리하는 것을 컨트롤러(Controller)라고 하고, 화면을 뷰(View)라고 합니다. 그리고 이를 위해서 사용되는 데이터 혹은 데이터를 만들어 내는 것을 모델(Model)이라고 부릅니다.

화면과 실제 처리를 분리하는 방식은 전통적인 애플리케이션(예를 들어 계산기 프로그램)의 개발 방식으로 많이 사용되던 MVC 패턴의 응용입니다. 흔히 '모델 2, Web MVC, MVC 방식'이라는 용어들은 모두 모델 2 방식의 개발을 의미하는데 최근에는 Web MVC라는 용어가 가장 보편적으로 사용되고 있습니다.

1.1.3 Model-View-Controller

WAS에서 동작하기 위한 웹 프로그래밍은 여러 개발자가 참여해서 자신이 맡은 역할에 해당하는 코드들을 생성하게 됩니다. 이 역할을 구분해 보면 다음과 같습니다.

- Model - 비즈니스 로직을 처리해서 원하는 입력과 출력을 처리하면서 만들어지는 데이터들
- Controller - HTTP/HTTPS로 전송된 데이터를 처리해서 Model을 구해서 View 쪽으로 전달하는 부분
- View - 최종적으로 브라우저에 보낼 데이터를 만들어 내는 부분

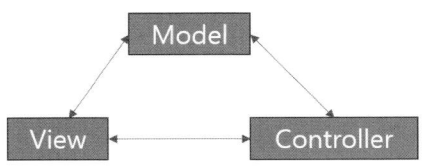

 엄밀하게 MVC 구조에서는 Model이 변경되면 이를 View 쪽에서 감지하고 화면을 갱신하는 작업을 합니다. 하지만, 웹에서는 한번 만들어진 결과는 사용자에게 전송되고 나면 연결이 종료되기 때문에 갱신은 될 수 없습니다. 때문에 MVC라는 용어를 그대로 사용하기 보다는 Web MVC나 모델 2 방식이라는 용어를 사용하게 되었습니다.

1.2 과거의 웹 프로그래밍과 API 서버

과거의 웹 프로그래밍은 ASP, JSP, PHP와 같이 서버의 내부에서 브라우저나 사용자가 원하는 모든 결과물을 생성해서 보내는 방식으로 작성되었습니다. 우리가 실생활에서 음식을 배달시키면 완성된 형태로 음식이 배달되는 것과 동일합니다.

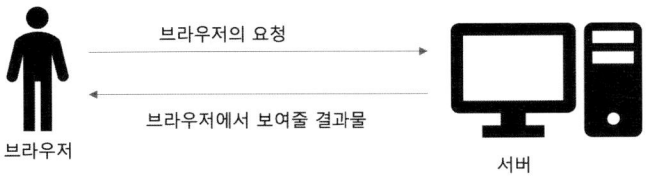

이러한 개발 방식이 계속될 수 있었던 이유는 WAS나 Web Server를 이용하는 대상이 대부분 브라우저였다는 점입니다. 이 시절에 서버에서는 브라우저에서 볼 수 있는 데이터를

만들어 주고, 브라우저는 단순한 뷰어(Viewer)의 역할만을 수행했습니다. 예를 들어 상품목록 데이터 자체가 아니라 상품목록 페이지의 모든 내용을 만들어서 보내주는 방식이었습니다. 대부분의 호출이 브라우저를 이용했기 때문에 위의 구조에서 서버가 보내는 데이터는 브라우저에서 보이는 HTML 형식의 데이터였습니다.

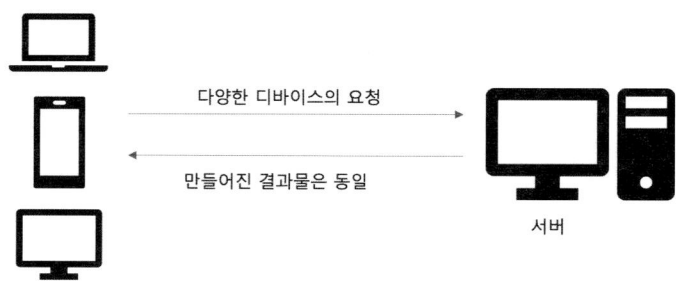

1.2.1 순수한 데이터의 필요성

브라우저의 기능이 단순하게 뷰어(Viewer)의 역할에 머물러 있었던 시절에서 가장 큰 변화를 불러온 사건은 브라우저 내에서 화면의 움직임이 자유로웠던 '구글 맵'의 등장이었습니다. 지금이야 보편화되어 있지만, 구글 맵은 그 당시에는 브라우저 내에서 내용이 변경될 때마다 깜빡임 없이 새로운 데이터를 보여주는 것이 획기적이었습니다.

구글 맵은 Ajax라는 패턴을 이용해서 현재 화면의 내부에서 서버와 통신하고 이를 처리할 수 있었습니다. 우리가 흔히 사용하는 포털의 자동완성 기능 역시 이러한 통신과의 처리로 나타난 결과물입니다.

1.2.2 Web 2.0 시대

구글 맵이 등장하는 시기를 'Web 2.0 시대'라고 합니다. Web 2.0 시대의 가장 중요한 특징은 브라우저가 많은 일을 할 수 있게 되었다는 점입니다. 브라우저가 단순한 뷰어(Viewer)의 역할을 벗어나 서버와 통신을 하고 HTML5로 대표되는 많은 기능이 브라우저에서 가능해지면서 브라우저는 이제 프로그램이 실행되는 하나의 '플랫폼'으로 자리 잡게 됩니다.

이 시기부터 점점 많은 주목을 받게 되는 언어가 JavaScript입니다. 브라우저에서 많은 일을 처리하게 되면서 브라우저를 제어하는 용도로 만들어진 JavaScript가 더 많은 기능을 처리하는 형태로 발전하게 된 것입니다. 이 시절부터 브라우저는 단순히 웹 페이지(page)를 보여준다는 전통적인 굴레에서 벗어나 웹 애플리케이션(Web Application) 혹은 웹 앱(Web App)을 실행하는 플랫폼으로 자리 잡습니다.

웹 애플리케이션(Web Application)이라는 용어는 ASP/JSP/PHP처럼 서버 사이드에서 데이터를 만드는 방식이거나 브라우저에서 데이터를 처리해서 만드는 방식 모두를 의미하는 용어입니다. 다만, 최근 웹 애플리케이션은 만드는 방식에 따라서 서버에서 화면을 만드는 SSR(Server Side Rendering) 방식과 브라우저에서 만드는 CSR(Client Side Rendering) 방식으로 구분하고 있습니다. 이 책에서는 웹 애플리케이션이라는 용어를 조금 더 CSR쪽의 용어로 취급하고 있습니다.

모바일 시대의 도래

서버 사이드 프로그래밍은 매번 완전한 결과물을 만들어 보내는 방식에서 벗어나 현재 화면에서 필요한 아주 작은 데이터들을 처리해야 하는 환경으로 변하게 됩니다. 과거와 달리 화면의 해상도 역시 1024*768과 같은 고정된 크기와 비율을 이용할 수 없게 되는데 바로 모바일 환경 때문입니다.

모바일 환경에서 서버가 만든 데이터를 이용하는 방식은 크게 두 가지가 있습니다. 1) 서버에서 만들어진 웹 페이지를 이용하거나, 2) 모바일에 설치한 앱(Mobile App 혹은 Native App)을 이용해서 필요한 데이터를 받는 방식입니다.

1)의 경우는 서버에서 화면을 구성할 때 '반응형 웹'이라는 화면 디자인을 적용하거나, 모바일 전용 웹 페이지를 만들어 주면 됩니다. '반응형 웹'은 브라우저의 화면 크기에 맞게 화면 구성요소들의 배치를 다르게 할 수 있는 방법이기 때문에 최근에 많이 사용되고 있는 CSS 기법입니다.

<출처: https://www.bluecorona.com>

1)의 경우는 만들어진 HTML을 브라우저에서 처리하면 해결이 되지만, 2)와 같이 별도의 모바일 앱이 존재하고 서버에서는 데이터만을 요구하는 경우는 상황이 다릅니다. 이 경우에는 이미 모든 화면의 구성은 앱 내에서 다 구성하기 때문에 HTML과 같이 모든 게 만들어진 데이터가 아니라, 말 그대로 '순수한 데이터'가 필요하게 됩니다.

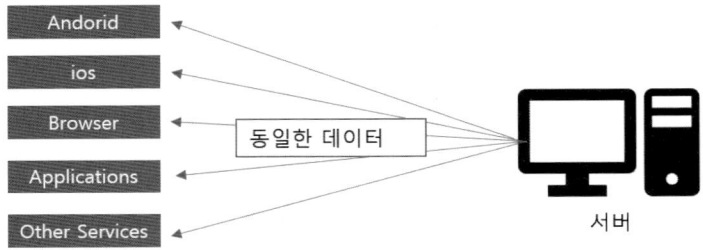

1.2.3 API 서버 시작

앞의 상황을 종합해 보면 시간이 지나면서 서버에서 완성본을 만들어서 보내주는 방식이 서버에서 순수한 데이터를 보내주는 방식으로 변화한 것을 알 수 있습니다. 비유를 들자면, 이제 완성된 배달 음식이 아니라 밀키트가 필요한 시대로 변한 것입니다.

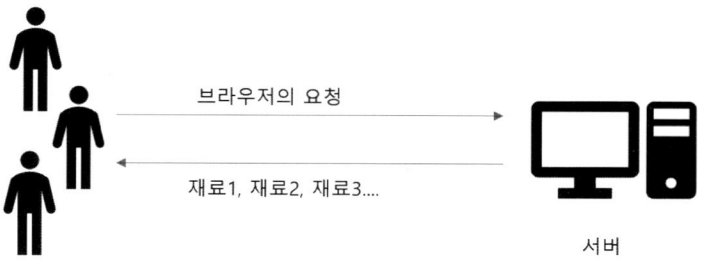

개발자의 입장에서 API(Application Programming Interface)라는 용어는 주로 다른 사람이나 외부에서 만들어진 기능을 의미합니다. 아마도 프로그램을 작성해 본 경험이 있다면 대부분 이미 만들어진 API를 이용해서 자신이 원하는 코드를 작성해 본 적이 있을 겁니다.

API라고 말하면 주로 개발 과정에서 호출하는 함수나 메서드를 의미했지만, 이를 서버들의 관계로 확장한 개념이 바로 'API 서버'라는 개념입니다. 'API 서버'는 외부에서 필요한 데이터를 전달하는 목적으로 만들어집니다. 데이터 전달이 목적이기 때문에 굳이 화면을 구성할 필요가 없습니다. 대신 데이터를 '어떤 프로토콜을 이용해서 어떤 구조(포맷)로 전달할 것인가?', '데이터의 보안은 어떻게 할 것인가?' 등의 조금 다른 고민을 하게 됩니다.

NOTE: API by ChatGPT

API는 "Application Programming Interface"의 약자로, 소프트웨어 애플리케이션 간에 서로 상호작용할 수 있도록 해주는 인터페이스를 말합니다. API는 다양한 소프트웨어 구성 요소가 서로 통신하고 데이터를 주고받을 수 있는 일련의 규칙과 정의를 제공합니다. 이를 통해 개발자는 다른 애플리케이션이나 서비스의 기능을 쉽게 사용할 수 있습니다.

<API의 주요 특징은 다음과 같습니다.>

* 표준화된 인터페이스: API는 특정한 표준과 형식을 따르므로 개발자는 이를 통해 일관된 방식으로 다른 서비스와 상호작용할 수 있습니다.

* 추상화: API는 복잡한 구현 세부 사항을 숨기고 간단한 명령어로 기능을 제공하여 개발자가 더 쉽게 사용할 수 있도록 합니다.
* 재사용성: 한 번 개발된 API는 여러 애플리케이션에서 재사용될 수 있습니다. 이를 통해 개발 시간과 비용을 절약할 수 있습니다.
* 프로그램 간 통신: API는 서로 다른 시스템이나 소프트웨어 간의 데이터 교환과 기능 호출을 가능하게 합니다. 예를 들어, 웹 API는 웹 애플리케이션이 서버와 통신할 수 있게 해줍니다.

<API의 종류는 다양하며, 주요한 종류로는 다음과 같습니다.>
* 웹 API: HTTP 프로토콜을 사용하여 웹 애플리케이션과 서버 간의 상호작용을 가능하게 합니다. REST API와 SOAP API가 대표적인 예입니다.
* 라이브러리 API: 특정 프로그래밍 언어로 작성된 라이브러리의 기능을 사용할 수 있도록 제공하는 API입니다.
* 운영체제 API: 운영체제의 기능을 활용할 수 있도록 제공하는 API로, 파일 시스템 접근, 네트워크 통신, 프로세스 관리 등을 포함합니다.

예를 들어 우리가 여행사를 만들었다고 가정해 봅시다. 우리 여행사의 상품을 널리 알리기 위해서 다양한 여행 판매 쇼핑몰에 정보를 제공해야 하는 상황이 발생할 것입니다. 이 경우 각 쇼핑몰의 화면이 이미 있으니, HTML과 같은 포맷은 적합하지 않을 것입니다. 또한, 해당 데이터는 업체와 업체 간에서만 사용할 것이므로 업체들이 사용하는 데이터 교환 방식(프로토콜)을 고민해야만 합니다.

좀 더 구체적인 예를 들어 보겠습니다. 실생활에서 자주 이용하는 편의점들은 대부분 매달 새로운 행사를 진행하면서 1+1이나 2+1 등과 같은 행사를 진행합니다. 이러한 행사 상품의 정보는 어떻게 처리되고 있는지 살펴보겠습니다.

국내 편의점 체인점들의 행사 상품을 보면 A사는 HTML 데이터를 가져와서 화면에 출력하고 있습니다. 아래 화면에서 오른쪽은 브라우저의 개발자 도구를 통해서 미리보기 한 데이터인데 HTML로 구성되어 있습니다.

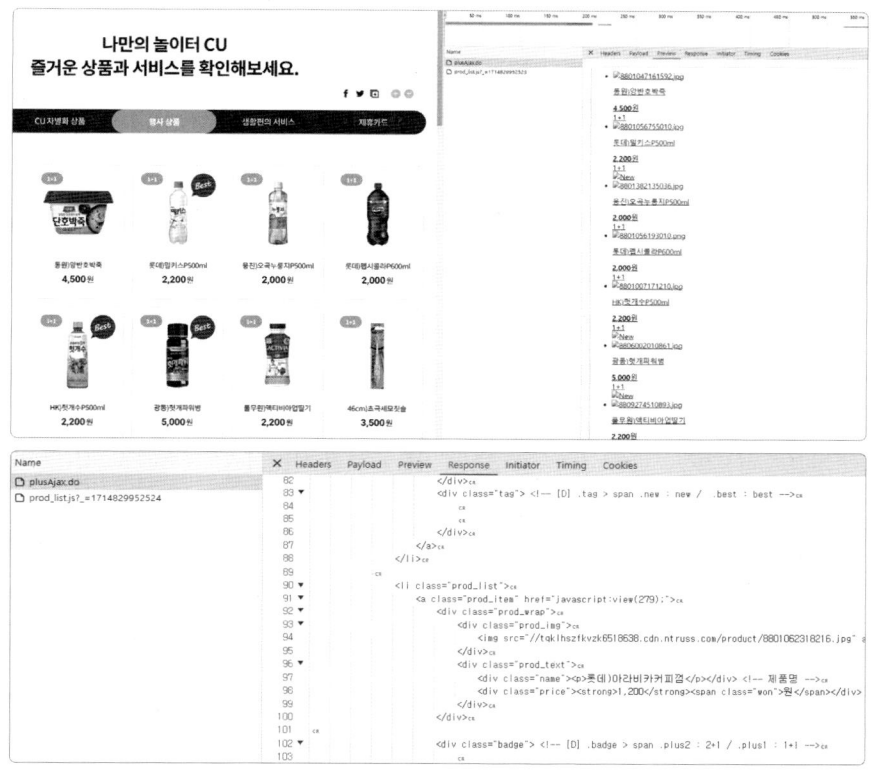

반면에 B사의 경우 순수한 데이터로만 구성된 문자열을 이용합니다.

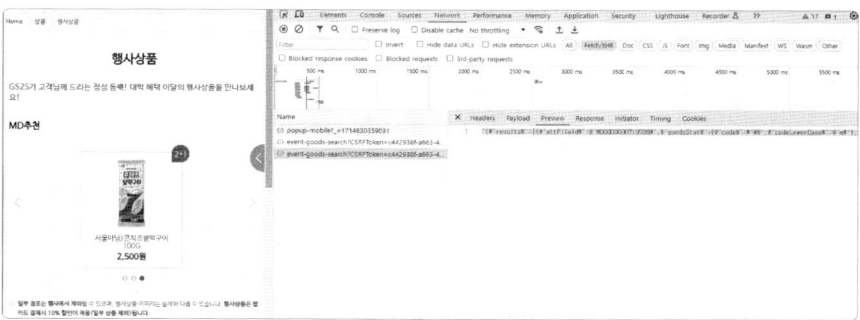

만일 두 회사 데이터를 이용해야 하는 입장이라면 다음과 같은 고민이 생깁니다.

- A회사와 B회사의 데이터 포맷이 달라서 그대로 사용할 수 없다.
- A회사와 B회사의 데이터를 호출하는 방식이 다르다.
- A, B회사 모두 지난 달의 데이터를 조회할 수가 없다.

이 밖에도 많은 문제가 있겠지만 만일 편의점 2개사가 아니라 더 많은 회사들과 연동한다면 문제는 더 복잡해질 것입니다.

SOAP과 XML

순수한 데이터를 교환하는 방식은 원래 기업과 기업 간의 거래에서 많이 사용되었던 방식입니다. SOAP(Simple Object Access Protocol)는 이러한 상황을 위해서 만들어진 프로토콜입니다. SOAP는 이 책에서 설명하게 될 REST 방식이 널리 퍼지기 전에 서버가 가진 데이터를 교환할 수 있도록 설계되었습니다. 때문에 오래전에 만들어진 API 데이터의 경우 SOAP 방식을 지원하는 경우가 많습니다. 한국은 공공데이터를 제공하는 서비스(공공데이터 포털 사이트)를 운영하고 있는데 특정한 데이터는 SOAP 방식을 지원하기도 합니다.

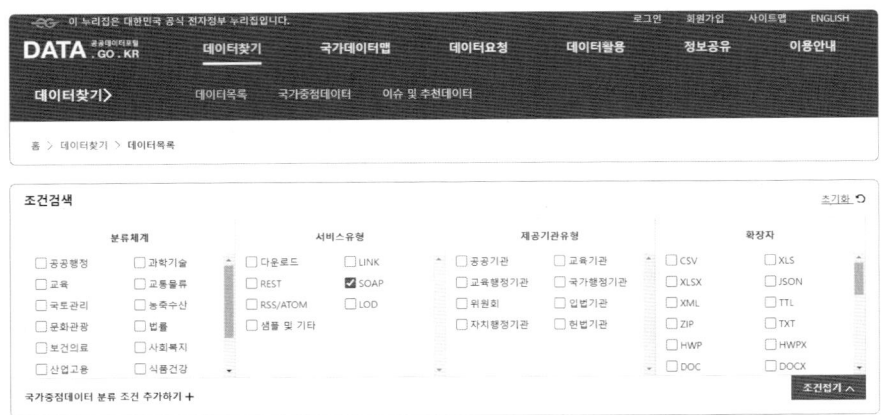

SOAP과 XML을 이용해서 데이터를 교환하는 방식은 '기업과 기업' 간에는 효율적이고 안전할 수 있겠지만, 일반 브라우저와 일반 사용자들에게는 지나치게 복잡하고 번거로운 방식이었기 때문에 일반 사용자들에게는 많이 사용되지 못하기도 했고, API는 기업들이 사용한다는 인식이 강했습니다.

NOTE: SOAP의 실패 원인 by ChatGPT

SOAP(Simple Object Access Protocol)는 1990년대 후반에 개발된 웹 서비스 프로토콜로, XML을 기반으로 한 메시징 프로토콜입니다. 그러나 시간이 지나면서 REST(Representational State Transfer) API가 더욱 인기를 끌게 되었고, 결과적으로 SOAP는 많은 경우에서 실패로 간주되었습니다. SOAP가 실패한 주요 원인은 다음과 같습니다.

- 복잡성: SOAP는 매우 복잡한 프로토콜로 많은 규칙과 표준을 따르도록 요구합니다. 이는 개발자들이 SOAP를 배우고 사용하기 어렵게 만들었습니다. WSDL(Web Services Description Language)과 같은 추가적인 사양을 사용해야 하며, 이는 SOAP 서비스를 설정하고 관리하는 데 더 많은 작업을 요구했습니다.

- 무겁고 비효율적: SOAP 메시지는 XML 형식을 사용하며, 이는 데이터양이 많아지고 처리 속도가 느려지는 경향이 있습니다. XML은 텍스트 기반이기 때문에 이진 데이터의 전송에 비효율적입니다. SOAP 메시지는 일반적으로 더 큰 크기의 페이로드를 가지며, 이는 네트워크 대역폭과 성능에 부정적인 영향을 미칩니다.

- 유연성 부족: SOAP는 엄격한 규격을 따르며, RESTful API에 비해 덜 유연합니다. REST는 더 자유롭고 단순한 인터페이스를 제공하여 다양한 요구사항에 쉽게 맞출 수 있습니다. REST는 다양한 데이터 형식(JSON, XML, HTML 등)을 지원하는 반면, SOAP는 XML에만 의존합니다.

- 복잡한 에러 처리: SOAP는 복잡한 에러 처리 메커니즘을 가지고 있습니다. SOAP Faults는 상세한 오류 정보를 제공하지만, 이는 개발자가 이해하고 처리하기 어렵게 만들 수 있습니다. 반면 REST는 HTTP 상태 코드를 사용하여 더 간단한 에러 처리 방식을 제공합니다.

- 광범위한 채택 부족: RESTful API는 Facebook, Twitter, Google 등의 대형 인터넷 기업들에 의해 채택되고 지원되었습니다. 이로 인해 REST는 빠르게 인기를 얻고 표준으로 자리 잡았습니다. SOAP는 주로 엔터프라이즈 환경에서 사용되었으며, 일반 웹 애플리케이션 개발에서는 덜 선호되었습니다.

이러한 이유들로 인해 SOAP는 많은 개발자에게 불편하고 무거운 프로토콜로 여겨졌고, 대신 RESTful API를 더 선호하게 되었습니다. REST는 단순성, 유연성, 성능 면에서 더 나은 선택으로 평가되며, 웹 서비스와 API 개발의 주류가 되었습니다.

1.3 REST 방식과 JSON

데이터를 제공하는 입장에서는 자신이 가진 데이터를 많은 곳에서 쉽게 접근할 수 있는 방법으로 이미 많이 사용하고 있는 HTTP/HTTPS를 이용하는 것이 더 이득일 것입니다. 보안이나 여러 이슈가 있겠지만, 모바일 환경, 브라우저 환경, 기타 환경에서 모두 쉽게 사용할 수 있고 호출 방식 역시 익숙한 방식이라는 장점도 있습니다.

REST 방식 혹은 'RESTful'이라는 용어는 HTTP/HTTPS를 이용해서 원하는 데이터를 제공하는 방식에 사용하는 구조를 의미합니다. HTTP/HTTPS(혹은 다른 프로토콜도 허용)를 그대로 이용하고, 호출 방식은 브라우저에서 사용하는 GET/POST 방식 외에 PUT/DELTE/OPTIONS와 같이 다양한 전송방식을 이용해서 원하는 데이터를 주고받는 방식입니다.

특이하게도 REST는 특정 프로토콜들과 달리 정해진 스펙(spec)이 존재하지 않습니다. 로이 필딩(Roy Fielding)이라는 사람이 2000년 박사학위 논문에 REST에 관한 아이디어를 제시하였을 뿐입니다. REST는 '네트워크상에서 자원(Resource)을 찾는 방법에 대한 원리'에 관한 아이디어이고 여기에 몇 가지 제약조건과 가이드를 설명할 뿐입니다.

1.3.1 REST의 제약조건과 가이드

REST 방식에서 말하는 제약조건 몇 가지를 살펴보면 다음과 같습니다.

- 인터페이스 일관성 - 외부에서 호출 가능한 인터페이스가 제공되어야 합니다.
- 무상태(Stateless) - 호출한 클라이언트의 상태를 서버에서 저장하지 않습니다.
- 캐시 처리 가능(Cacheable) - 보관된 데이터를 제공하는 방식으로 동작할 수 있습니다.
- 계층화(Layered System) - 데이터를 제공하는 서비스의 구조적인 제한이 없습니다. 인증이나 암호화 등을 자유롭게 추가할 수 있습니다.

REST 제약조건은 조금 어렵게 느껴지고 애매한 설명처럼 보이지만, 요약하자면 'REST 방식은 상태를 유지하지 않고 호출 가능한 경로를 설계해야 한다' 정도가 될 것입니다.

REST 방식에 대한 가이드는 조금 더 현실적이라서 중요한 항목 몇 가지를 서술하면 아래와 같습니다.

- 자원의 식별 - 원하는 데이터를 찾을 수 있는 고유의 주소가 존재해야 한다.
- 메시지를 통한 리소스의 조작 - 클라이언트가 보내는 정보 안에는 자원 처리에 관한 정보가 포함되어야 한다.
- 자기 서술적 메시지 - 요청/전송하는 정보에 대한 추가적인 데이터가 포함되어야 한다. 예를 들어 해당 데이터가 어떤 포맷으로 구성되어 있는지, 길이는 어떻게 되는지 등과 같이 메시지를 설명하는 정보가 함께 포함되어야 한다.
- 하이퍼미디어 제약 - 외부에서 링크 등을 통해서 애플리케이션 내 자원들의 상태를 변경할 수 있어야 한다.

예를 들어, 여행사의 여행 상품을 REST 방식에 적용한다면 다음과 같은 원칙을 적용하게 됩니다.

- 각 여행 상품은 고유의 주소가 있어야 한다 - 자원의 식별.
- 여행 상품에 대한 CRUD에 대해서 GET 방식은 조회할 때 사용한다 - 메시지를 통한 리소스의 조작.
- 상품 데이터는 HTTP 응답 헤더에 여러 내용을 포함한다. 데이터뿐만 아니라 데이터의 종류나 크기 등과 같은 추가적인 데이터를 전송 - 자기 서술적 메시지
- <form> 태그만으로도 해당 데이터 수정이나 삭제가 가능하다 - 하이퍼미디어 제약.

1.3.2 XML 혹은 JSON

REST 방식은 네트워크상에서 데이터를 식별하고 사용하는 방식에 관한 내용으로 데이터 포맷에 대해서는 특별한 제약이 없습니다. 데이터 포맷의 경우 API 서버를 호출하는 클라이언트에서 사용하는 포맷을 많이 이용하는데 과거에는 XML, 최근에는 JSON 포맷을 많이 이용합니다(XML을 이용한다고 해서 결코 잘못되거나 낡은 방식이라고 치부하지는 말아야 합니다.).

XML과 JSON은 모두 구조화된 데이터를 표현할 수 있지만, JSON이 좀 더 처리 속도에 유리하고 다양한 환경에서 기본적으로 처리할 수 있는 API가 제공되기 때문에 JSON을 많이 사용하고 있습니다(아래 그림의 오른쪽이 JSON).

```
<channel>
    <title>Naver Open API - blog :: '리뷰'</title>
    <link>http://search.naver.com/link</link>
    <description>Naver Search Result</description>
    <lastBuildDate>Mon, 26 Sep 2016 10:39:37 +0900</lastBuildDate>
    <total>8714891</total>
    <start>1</start><display>10</display>
    <item>
        <title>명예훼손 없이 <b>리뷰</b>쓰기</title>
        <link>http://openapi.naver.com/17AAABWLyw6CMBREv+ayNJe2Urrogv3wg8aYKGvACiSUa1NR/t6azGLO5Mzrrd0m</link>
        <description>명예훼손 없이 <b>리뷰</b>쓰기 우리 블로그하시는 분들께는 꽤 중요한 내용일 수도 있습니다
        오늘 포스팅은, 어떻게 하면 객관적이고 좋은 <b>리뷰</b>를... </description>
        <bloggername>견장의 Best Drawing World2</bloggername>
        <bloggerlink>http://blog.naver.com/yoonbitgaram</bloggerlink>
        <postdate>20161208</postdate>
    </item>
    ...
</channel>
```

```
{
    "result_code": "200",
    "result_msg": "success",
    "total": 7,
    "result_list": [
        {
            "center_id": 492,
            "center_name": "(사)부산벤처기업협회",
            "center_location_cd": "북구",
            "center_tel": "051-343-0109",
            "center_cd": "3"
        },
        {
            "center_id": 512,
            "center_name": "강서여성새로일하기센터",
            "center_location_cd": "강서구",
            "center_tel": "051-970-2351-7",
            "center_cd": "4"
        },
```

JSON(JavaScript Object Notation)은 '{ }'와 '[ ]'를 이용해서 구조화된 데이터를 만들어 낼 수 있습니다. 예를 들어 아래의 JSON 데이터를 회원 데이터라고 한다면, 회원 데이터는 name, age, ...friends' 등의 데이터로 구성되고 다시 friends 데이터는 하위 데이터들을 가지고 있는 형태가 됩니다.

```
{
    "content": [
        {
            "rno": 16,
            "reviewText": "리뷰 수정 테스트",
            "reviewer": "user22",
            "score": 4,
            "pno": 51,
            "reviewDate": "2024-05-16T13:08:30.39346",
            "modifiedDate": "2024-06-16T13:11:43.096041"
        },
        {
            "rno": 11,
            "reviewText": "리뷰 내용....",
            "reviewer": "reviewer1",
            "score": 5,
            "pno": 51,
            "reviewDate": "2024-05-15T12:13:21.569362",
            "modifiedDate": "2024-06-15T12:13:21.569362"
        },
        {
            "rno": 10,
            "reviewText": "리뷰 내용....",
            "reviewer": "reviewer1",
            "score": 5,
            "pno": 51,
            "reviewDate": "2024-05-15T12:13:21.565074",
            "modifiedDate": "2024-06-15T12:13:21.565074"
        },
        {
            "rno": 9,
            "reviewText": "리뷰 내용....",
            "reviewer": "reviewer1",
            "score": 5,
            "pno": 51,
            "reviewDate": "2024-05-15T12:13:21.560852",
            "modifiedDate": "2024-06-15T12:13:21.560852"
        },
```

```
    "pageable": {
        "pageNumber": 0,
        "pageSize": 10,
        "sort": {
            "empty": false,
            "sorted": true,
            "unsorted": false
        },
        "offset": 0,
        "paged": true,
        "unpaged": false
    },
    "last": false,
    "totalElements": 12,
    "totalPages": 2,
    "size": 10,
    "number": 0,
    "sort": {
        "empty": false,
        "sorted": true,
        "unsorted": false
    },
    "first": true,
    "numberOfElements": 10,
    "empty": false
}
```

1.4 REST 방식의 API 설계

실제로 예를 하나 들어서 REST 방식이 어떻게 설계되고 사용되는지를 미리 그려보겠습니다. 예제에서는 Todo 데이터를 대상으로 REST API를 설계해 봅니다.

예제에서 '/api/v1/todos'라는 경로를 기본으로 사용합니다. REST로 표현하는 자원들 대부분은 복수형으로 경로를 설계합니다. API 설계에는 v1, v2와 같이 해당 API의 버전을 명시해 주는 것이 나중에 변경 시에 유용합니다.

1.4.1 단순 CRUD

단순 CRUD 작업은 아래와 같이 설계할 수 있을 것입니다(REST 설계에 표준은 없습니다. 다만, 가이드에 가깝게 설계해 주는 것일 뿐입니다.).

경로	메서드	설명
/api/v1/todos/123	GET	123번이라는 식별 데이터로 찾을 수 있는 Todo 정보를 반환합니다.
/api/v1/todos/123	PUT	123번 Todo 정보를 수정합니다.
/api/v1/todos/123	DELETE	123번 Todo 정보를 삭제합니다.
/api/v1/todos	POST	새로운 Todo에 대한 정보를 추가합니다.

최근에 제작된 쇼핑몰이나 사이트들은 '/todo/123'과 같이 마지막에 숫자로 되어있는 경우가 많습니다. 이처럼 고정된 특정 자원의 고유한 주소는 SNS 등을 이용해서 다른 사용자들에게 쉽게 알려줄 수 있기 때문에 점점 더 많은 곳에서 사용되고 있습니다.

1.4.2 쿼리스트링(Query String)

고정된 고유의 주소를 사용하는 방식 이전에는 '?'로 시작하는 쿼리스트링을 이용해서 서버에 전달하고 싶은 데이터를 표현했습니다. 아래 그림에서 주소창을 보면 무언가 숫자 값이 존재하는 것을 볼 수 있는데 prdid라는 이름을 봐서는 상품의 아이디 번호라고 생각할 수 있습니다.

반면에 비교적 최근에 만들어진 서비스들은 고유한 식별 데이터를 포함해서 주소로 만들어집니다. 아래 그림을 보면 '100…'으로 시작하는 고유한 자원의 값이 주소의 일부로 포함되는 것을 볼 수 있습니다.

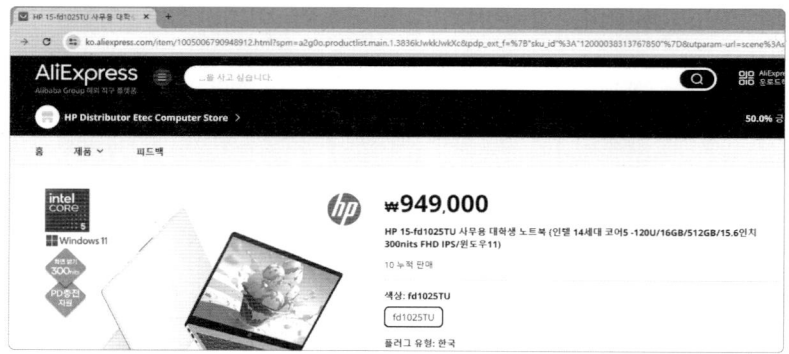

REST 방식에서 쿼리스트링 자원의 고유 식별자와 조금 다르게 사용되는데 쿼리스트링은 동일한 문자열이라고 해도 다른 결과가 발생하는 경우에 사용됩니다. 예를 들어 페이지 번호의 경우는 오늘 1페이지의 내용이 시간이 지나면 변경될 수 있기 때문에 고유한 식별값을 이용하지 않고 쿼리스트링을 통해서 처리합니다. 이와 비슷하게 검색 조건 역시 쿼리스트링으로 처리되는 대상입니다. 결론적으로 매번 동일한 데이터를 나타내지 않는다면 쿼리스트링으로 처리된다고 생각할 수 있습니다.

목록 데이터를 구성한다면 다음과 같이 구성할 수 있습니다. 쿼리스트링의 이름을 지정해서 구성할 수 있습니다.

경로	메서드	설명
/api/v1/todos?page=1	GET	1페이지(page)의 정보
/api/v1/todos?page=1&size=10	GET	10(size)개씩 보여주는 1페이지
/api/v1/todos?page=1&keyword=AAA&type=N	GET	제목(N)으로 검색하고 keyword가 AAA가 있는 목록 1페이지

계층적인 데이터

예를 들어 특정한 Todo의 리뷰나 댓글 데이터를 조회해야 한다면 기존의 '/todos/123' 뒤에 추가적인 경로를 이용해서 구성할 수도 있습니다.

경로	메서드	설명
/api/v1/todos/123/reviews?page=1	GET	123번 Todo의 리뷰/댓글 중 1페이지(page)의 데이터
/api/v1/todos/123/reviews/33	GET	123번 Todo의 리뷰/댓글 중 33번 리뷰 데이터 조회

REST 방식은 고정된 형태로 있는 것이 아니기 때문에 반드시 하위 경로를 위와 같은 형태로 구성하지 않고 '/reviews/33'과 같은 형태로 구성한다고 해도 문제가 있는 것은 아닙니다. 프로젝트의 코드를 작성하기 전에 개발자들이 REST 방식의 주소를 결정해 두는 작업은 반드시 필요하다는 점을 기억할 필요가 있습니다.

Chapter 02

REST 방식 연습하기

스프링 부트는 REST 방식의 구현을 개발자들이 쉽게 할 수 있도록 @RestController나 ResponseEntity와 같은 다양한 기능을 제공합니다. 이번 장에서는 REST 방식을 스프링 부트로 작성해야 한다면 실제로 어떤 코드를 만들어야 하는지 예제를 통해서 알아보겠습니다.

예제에서 프로젝트의 생성은 Intellij Ultimate 버전을 사용합니다. 무료 버전을 사용해야 한다면 Spring Tools (https://spring.io/tools)를 이용하거나 Spring Initializr에서 프로젝트를 생성해서 다운로드 받아서 이용할 수 있습니다.

2.1 예제 프로젝트의 생성

먼저 스프링 프로젝트를 아래와 같은 항목들을 선택해서 생성합니다. 프로젝트 생성 시에 스프링 부트 3.0 이상을 이용하기 위해서는 반드시 JDK를 17 이상을 사용해야만 합니다(항상 스프링 부트를 이용하기 전에 JDK 버전을 체크하는 것이 좋습니다.).

생성하는 프로젝트의 이름은 ex1이라는 이름으로 생성하고 빌드 도구는 Gradle을 이용합니다.

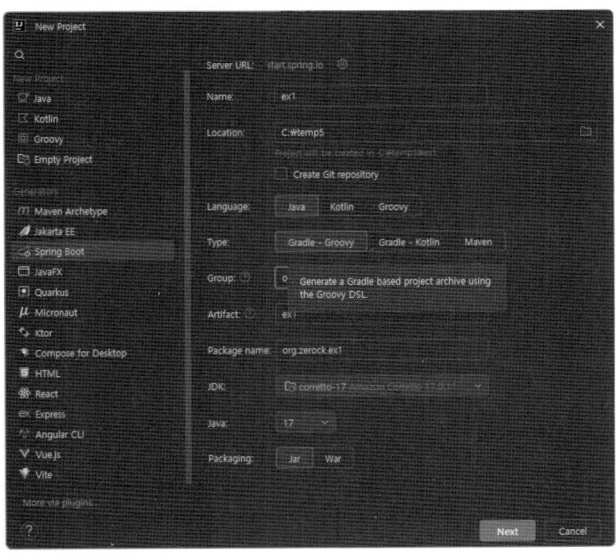

스프링 부트의 경우 프로젝트 생성 시에 필요한 라이브러리를 선택하면 자동으로 다운로드해서 프로젝트를 초기화 시켜줍니다. 예제 프로젝트 생성에 필요한 라이브러리는 Lombok, Spring Boot DevTools, Spring Web을 선택해서 생성합니다.

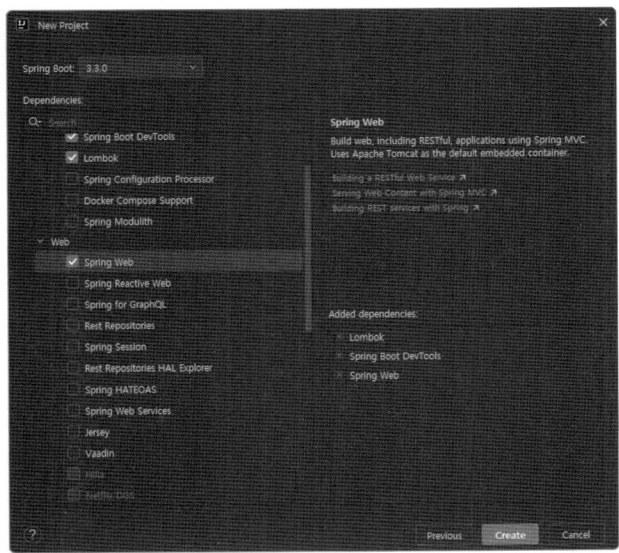

생성된 ex1 프로젝트는 기본적으로 Tomcat을 내장하고 있고, 8080 포트로 동작합니다. 프로젝트 내 자동으로 만들어진 Ex1Application 코드의 main( )을 통해서 프로젝트를 실행했을 때 문제가 없는지 확인합니다(아래의 오른쪽 그림에서와 같이 main( ) 옆에 있는 삼각형 표시를 이용해서 실행할 수 있습니다.).

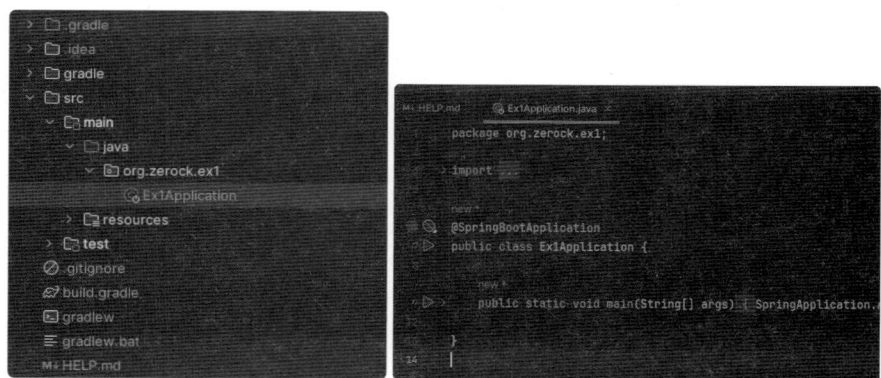

정상적으로 프로젝트가 실행되면 아래와 같이 'Spring…'이라는 글자가 출력되면서 'Tomcat started…'와 같은 메시지가 출력됩니다.

2.1.1 @RestController 만들기

작성된 프로젝트에는 sample 패키지를 작성하고 하위에 controller와 dto 패키지를 추가합니다.

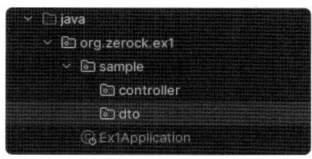

dto 패키지 안에는 SampleDTO 클래스를 추가합니다. SampleDTO는 조금 뒤에 프런트 쪽으로 전달하려고 하는 데이터를 의미합니다.

```java
package org.zerock.ex1.sample.dto;

import lombok.AllArgsConstructor;
import lombok.Builder;
import lombok.Data;
import lombok.NoArgsConstructor;

@Data
@Builder
@AllArgsConstructor
@NoArgsConstructor
public class SampleDTO {

    private Long ssn;
    private String name;

}
```

controller 패키지 안에는 SampleController를 추가해 줍니다.

SampleController에는 hello( ) 메서드를 아래와 같이 추가합니다. 이때 @RestController 라는 어노테이션을 클래스 선언부에 추가해 줍니다.

```java
package org.zerock.ex1.sample.controller;

import lombok.extern.log4j.Log4j2;
import org.springframework.web.bind.annotation.RequestMapping;
import org.springframework.web.bind.annotation.RestController;

@RestController
@RequestMapping("/api/v1/sample")
@Log4j2
public class SampleController {

    @RequestMapping("/hello")
    public String[] hello() {
        return new String[]{"Hello", "World"};
    }
}
```

프로젝트를 실행해서 브라우저를 통해서 'http://localhost:8080/api/v1/sample/hello'를 호출합니다. 스프링 부트가 내장하고 있는 Tomcat은 내부적으로 8080 포트를 이용합니다.

브라우저에서 개발자 도구를 열고, Network 탭을 활성화한 후에 새로고침을 시도합니다. 주목해서 봐야 하는 부분은 'Response Headers' 항목의 'Content-Type'이 'application/json'으로 되어 있는 부분입니다.

2.1.2 결과에 대한 해석

실행 결과를 보면 별도의 설정 없이도 생성한 데이터가 JSON 포맷으로 만들어지는 것을 볼 수 있습니다. 이 결과를 이해하기 위해서 다음과 같은 내용들을 정리해 봅니다.

- 별도의 설정 없이 어떻게 SampleController가 호출된 것일까?
- SampelDTO 안에 작성된 어노테이션들은 무슨 역할을 하나?

SampleController가 호출되는 과정

스프링 부트의 경우 설정된 Gradle을 통해서 프로젝트를 빌드하고 이를 프로젝트 생성 시에 포함되어 있는 Tomcat 서버를 통해서 실행하게 됩니다.

실행되는 Tomcat 서버에는 '/' 경로로 현재 프로젝트를 웹 애플리케이션으로 등록해서 처리합니다. 스프링 부트는 '자동 설정(Auto configuration)'이라는 기능을 사용해서 추가되어 있는 모듈이 있다면 이와 관련된 설정을 자동으로 추가해서 사용하게 됩니다. 예제의 경우 프로젝트 생성 시에 'Spring Web'을 추가했기 때문에 해당 설정을 자동으로 구성하게 됩니다.

내장된 Tomcat에서 프로젝트가 실행된다면 나머지는 'Spring MVC'의 구조 내에서 처리됩니다(아래의 화면은 스프링 실행 과정을 더 자세히 살펴보기 위해서 설정을 변경한 결과입니다. 굳이 실습이 필요하진 않지만, 실습을 원한다면 프로젝트 내 resources 폴더에 있는 applciation.properties 파일 내 logging.level.org.springframework=DEBUG를 추가해 주면 더 자세한 로그를 확인할 수 있습니다.).

로그를 보면 Tomcat이 실행되는 과정에서 'WebApplicationContext'라는 존재를 이용해서 프로젝트를 구성하고 있는 것을 알 수 있습니다.

Tomcat의 역할

Spring MVC는 스프링의 여러 모듈 중에서 JavaEE의 Servlet/JSP의 설정을 이용해서 동작하는데 이 과정에서는 프로젝트 실행 시에 동작하는 리스너(Listener)의 역할이 큽니다.

스프링 부트의 경우 웹 프로젝트가 실행되면 이를 감지하는 리스너가 해당 프로젝트 내에 있는 특정한 어노테이션들을 인식해서 객체를 생성하게 됩니다. 예를 들어 SampleController의 경우 @RestController라는 특별한 어노테이션이 적용되어 있습니다. 스프링 부트는 프로젝트가 실행될 때 만든 패키지(예제의 경우 org.zerock.ex1) 하위의 모든 클래스 파일의 어노테이션을 조사해서 객체를 생성해 둡니다. 아래의 그림은 SampleController 클래스의 객체가 생성되는 로그입니다.

스프링에서는 '빈(Bean)'이라는 용어로 스프링이 생성하고 관리하는 인스턴스(객체)들을 지칭합니다. 스프링이 Tomcat에서 실행되는 구조를 보면 다음과 같습니다.

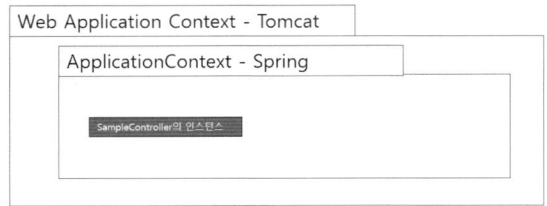

Tomcat을 실행하면서 만들어내는 컨텍스트('문맥'이라고 번역되지만, 위의 그림과 같은 별도의 영역이나 공간으로 이해하는 게 더 쉽습니다.) 안에 스프링 부트가 만들어내는 컨텍스트가 생성됩니다. 프로젝트가 로딩하면서 만들어진 SampleController의 인스턴스는 스프링이 사용하는 ApplicationContext 내부에 객체로 관리되는데 이를 '빈(Bean)으로 등록되었다'라고 표현합니다.

브라우저에서 'http://localhost:8080/api/v1/sample/hello'를 호출하게 되면 스프링 MVC가 동작하면서 GET 방식으로 호출하는 경로에 해당하는 메서드를 실행하게 됩니다(호출 후에 마지막 로그를 살펴보면 됩니다.).

```
Completed initialization in 1 ms
GET "/api/v1/sample/hello", parameters={}
Mapped to org.zerock.ex1.sample.controller.SampleController#hello()
Using 'application/json;q=0.8', given [text/html, application/xhtml+xml,
Writing [{Hello, World}]
Completed 200 OK
```

2.2 의존성 주입(Dependency Injection)

스프링에서 가장 중요한 특징으로 '의존성 주입'이라는 개념이 있습니다. '의존성 주입'은 객체와 다른 객체가 연결될 때 외부에서 필요한 객체를 찾아서 연결해 준다는 개념입니다. 예제를 통해서 의존성 주입이 일어나는 것을 확인해 봅니다. 우선 프로젝트에 service라는 패키지를 추가하고 SampleService 클래스를 만듭니다.

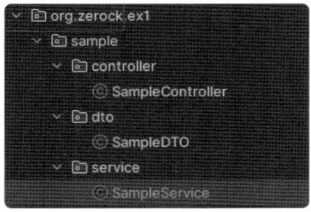

SampleService 클래스에는 @Service 어노테이션을 추가합니다. @Service 어노테이션 역시 @RestController와 동일하게 스프링의 빈(Bean)으로 생성되고 관리되는 역할을 합니다.

```
package org.zerock.ex1.sample.service;

import org.springframework.stereotype.Service;

@Service
public class SampleService {

}
```

이후 프로젝트를 실행하면 스프링은 SampleService의 인스턴스 역시 생성하게 됩니다.

```
Creating shared instance of singleton bean 'ex1Application'
Creating shared instance of singleton bean 'sampleController'
Creating shared instance of singleton bean 'sampleService'
Creating shared instance of singleton bean 'org.springframework.boot.
Creating shared instance of singleton bean 'org.springframework.boot.
```

이제 SampleController 안에 SampleService를 주입하도록 코드를 수정합니다. 클래스 선언부에는 @RequiredArgsConstructor를 추가하고 'private final'로 지정된 SampleService를 멤버 변수로 아래와 같이 추가합니다.

```
package org.zerock.ex1.sample.controller;

import lombok.RequiredArgsConstructor;
import lombok.extern.log4j.Log4j2;
import org.springframework.web.bind.annotation.RequestMapping;
import org.springframework.web.bind.annotation.RestController;
import org.zerock.ex1.sample.service.SampleService;

@RestController
@RequestMapping("/api/v1/sample")
@Log4j2
@RequiredArgsConstructor
public class SampleController {

    private final SampleService sampleService;

    @RequestMapping("/hello")
    public String[] hello() {

        return new String[]{"Hello", "World"};
```

```
        }
}
```

@RequiredArgsConstructor는 Lombok의 어노테이션으로 생성자를 만들어 냅니다. 이때 private final로 선언되어 있고 변수가 초기화되지 않았다면, 만들어지는 생성자는 해당 타입의 파라미터가 있는 생성자가 만들어집니다.

프로젝트를 다시 실행하면 스프링은 'Autowiring by type…'과 같은 메시지와 함께 SampleService의 객체(Bean)를 SampleController에 주입하는 것을 확인할 수 있습니다.

이를 그림으로 표현하면 아래와 같이 SampleService 객체가 SampleController의 생성 시에 주입(inject)되는 형식이 됩니다.

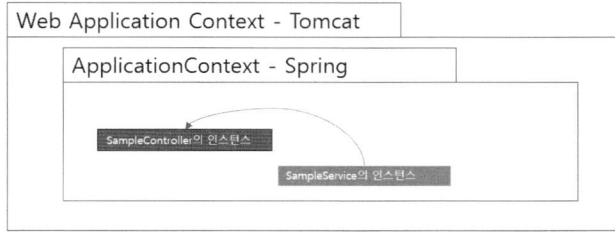

2.2.1 의존성 자동 주입

스프링이 의존성 주입을 하는 방식은 다양합니다.

- 생성자 주입(Constructor Injection)
- Setter 주입(Setter Injection)
- 필드 주입(Field Injection)

과거에는 Setter 주입 방식 등도 많이 사용되었지만, 최근 개발에서는 주로 생성자 주입을 많이 사용하고 있습니다. 작성된 예제 역시 생성자 주입 방식이지만, Lombok을 이용해서 생성자를 직접 만들지 않았다는 점이 조금 다릅니다.

2.3 REST를 위한 주요 어노테이션

REST 방식의 컨트롤러를 작성할 경우에는 주로 @RestController를 이용하지만, 이 외에도 여러 종류의 어노테이션이 있으므로 이에 대해서 학습할 필요가 있습니다. REST 방식의 구현에 사용되는 어노테이션들을 구분해 보면 크게 '클래스 선언부'에서 사용되는 것과 '메서드'에서 사용되는 어노테이션으로 구분됩니다.

2.3.1 클래스 선언부에서 사용되는 어노테이션

클래스 선언부에 사용되는 어노테이션은 다시 스프링에서 빈(Bean)으로 처리하기 위한 어노테이션과 MVC를 위한 어노테이션으로 구분해 볼 수 있습니다.

스프링의 빈(Bean) 처리를 위한 어노테이션	Spring MVC를 위한 어노테이션
@RestController @RestControllerAdvice	@RequestMapping

@RestController

@RestController는 클래스 선언부에 적용 가능한 어노테이션으로 해당 클래스의 메서드 리턴값들은 Text나 JSON, XML 등과 같은 데이터로 처리됩니다. 스프링 부트의 경우 만일 메서드의 리턴값이 기본자료형이나 문자열이면 Text로 처리되고, 객체 타입이면 JSON으로 처리됩니다.

@RestControllerAdvice

@RestController에서 발생하는 예외를 전문적으로 처리하는 객체를 생성하기 위해서 사용합니다. 특정한 타입의 예외가 발생하면 이를 대신하는 로직을 작성하려고 사용합니다. @RestControllerAdvice를 이용하면 빈번하게 발생하는 예외 상황들을 정리해서 스프링의 빈(Bean)으로 만들 수 있습니다.

@RequestMapping

@RequestMapping은 클래스 선언부 혹은 메서드에 적용할 수 있습니다. @RequestMapping은 특정한 URI에 반응해야 하는 컨트롤러나 컨트롤러의 메서드를 지정하려고 사용합니다. 주로 클래스 선언부에는 공통적인 경로를 처리하기 위해서 선언하고 메서드에는 하위 경로를 처리하려고 사용합니다.

HTTP/HTTPS를 이용하면 GET/POST/PUT/DELETE 등의 다양한 전송 방식을 선택할 수 있는데 @RequestMapping은 이 모든 방식에 사용할 수 있습니다. 일반적으로 GET 방식에만 동작해야 하는 경우라면 @GetMapping과 같은 어노테이션을 이용합니다. 동일한 방식으로 @PostMapping, @PutMapping, @DelteMapping 등을 적용할 수 있습니다.

@Validated

@RequestMapping과 마찬가지로 @Validated는 클래스의 선언부와 메서드에 적용할 수 있습니다. @Validated를 이용해서 요청 시에 전달된 데이터에 대해서 검증하고 실패 시에 예외를 발생하게 됩니다.

2.3.2 메서드에서 사용되는 어노테이션

@RestController의 메서드들은 JSP나 Thymeleaf와 같이 서버 쪽에서 화면을 구성하지 않기 때문에 모든 리턴값이 순수한 데이터로 처리됩니다. 예전에 @RestController가 등장하기 전에는 클래스 선언부에는 @Controller 어노테이션을 적용하고 각 메서드에는 @ResponseBody라는 특별한 어노테이션 등을 적용해야만 했습니다.

@PathVariable

@PathVariable은 URI에서 특정한 경로의 값을 변수로 사용하기 위해서 사용합니다. 예를 들어 '/todos/123'과 같은 경로에서 '123'이라는 값을 변수로 처리하고 싶다면 @PathVariable을 사용해서 처리할 수 있습니다.

@RequestBody

@RequestBody는 파라미터로 전달되는 데이터를 객체형으로 변환하는 용도로 사용합니다. 예를 들어 JSON 포맷으로 전달되는 데이터를 특정한 DTO 타입의 객체로 바꿀 필요가 있는 경우에 해당 변수 앞에 @RequestBody를 적용합니다.

@RequestParam

@RequestParam은 쿼리스트링으로 전달되는 특정한 값을 처리하기 위해서 사용합니다. default 속성을 이용하면 값이 없는 경우에 기본값을 지정할 수도 있습니다.

@RequestMapping

클래스 선언부와 마찬가지로 @RequestMapping을 메서드에 적용할 수 있습니다. @RequestMapping은 produces와 consumes같은 추가적인 속성을 지정해서 특정한 종류의 요청만을 처리하거나 특정한 종류의 결과를 만들어 낼 수 있습니다.

@Valid /@Validated

@Valid는 스프링이 아닌 JavaEE의 어노테이션이지만, 수집되는 데이터를 검증하기 위해서 사용합니다. @Max나 @Min, @NotEmpty 등을 사용해서 메서드의 동작 전에 이를 감지하고 처리할 수 있습니다(@Valid를 사용하기 위해서는 관련 라이브러리를 추가해야만 합니다.). @Validated는 스프링에서 제공하는 어노테이션으로 클래스와 메서드 모두에 적용이 가능합니다(뒤쪽에서 예제로 다룹니다.).

2.4 REST의 테스트

REST 방식의 서비스를 작성하면서 가장 신경 쓰이는 부분은 화면이 없다는 점입니다. 화면이 제공될 필요가 없기 때문에 당연히 입력할 수 있는 창이 없으므로 GET 방식을 제외한 다른 방식들에 대한 호출은 다른 형태로 작성해야 합니다. 가장 많이 이용하는 방법은 Postman과 같은 REST 클라이언트 프로그램을 이용하는 방식입니다. 이번 절에서는 코드를 통해서 테스트하는 방법과 Postman을 이용해서 실행하는 방법을 알아봅니다.

2.4.1 테스트 코드 이용하기

스프링 부트는 프로젝트 생성 시에 이미 테스트 관련 라이브러리(build.gradle 파일에 있는 spring-boot-starter-test)를 포함하고 있기 때문에 이를 이용해서 REST 방식의 호출을 미리 테스트할 수 있습니다. 다만, 이 경우 @Log4j2는 적용되지 않기 때문에 Lombok의 기능을 이용해서 로그를 남기고 싶다면 build.gralde 파일의 dependencies 부분을 수정해야 합니다.

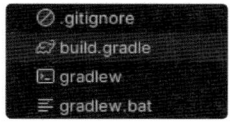

```
dependencies {
    ...생략

    testCompileOnly 'org.projectlombok:lombok'
    testAnnotationProcessor 'org.projectlombok:lombok'
}
```

build.gradle의 수정 사항이 발생하면 화면에 보이는 'Load Gradle Changes' 버튼을 이용해서 다시 로딩합니다.

프로젝트에 있는 test 폴더에 sample 패키지를 추가하고 SampleControllerTests 클래스를 추가합니다.

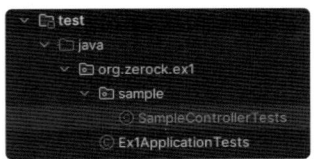

```java
package org.zerock.ex1.sample;

import lombok.extern.log4j.Log4j2;
import org.junit.jupiter.api.Test;
import org.springframework.beans.factory.annotation.Autowired;
import org.springframework.boot.test.context.SpringBootTest;
import org.springframework.boot.test.web.client.TestRestTemplate;

import java.util.Arrays;

@SpringBootTest(webEnvironment = SpringBootTest.WebEnvironment.RANDOM_PORT)
@Log4j2
public class SampleControllerTests {

    @Autowired(required = false)
    private TestRestTemplate testRestTemplate;

    @Test
    public void testHello() {

        String[] result = testRestTemplate.getForObject(
                "/api/v1/sample/hello",
                String[].class);

        log.info(Arrays.toString(result));

    }
}
```

REST 방식을 실제 브라우저처럼 테스트하기 위해서는 @SpringBootTest로 시작하는 코드가 가장 중요합니다. SpringBootTest.WebEnvironment.RANDOM_PORT는 임의의 포트로 Tomcat을 실행해서 테스트가 가능하도록 합니다.

TestRestTemplate은 스프링 부트에서 제공하는 REST 방식의 테스트에 사용할 수 있는 기능입니다. 클래스 선언부에 적용되어 있는 SpringBootTest.WebEnvironment.RANDOM_PORT와 항상 같이 사용되는데 임의의 포트로 동작하는 서버에 브라우저처럼 요청을 전송하고 받는 테스트를 수행할 수 있습니다. getForObject( )는 GET 방식으로 동작하고 결과 데이터를 특정한 타입의 객체로 변환해서 사용하고자 할 때 이용하는 메서드입니다.

testHello( )를 실행하면 아래와 같이 서버에서 SampleController가 동작한 것을 실제 서버처럼 확인할 수 있습니다.

```
Completed initialization in 1 ms
GET "/api/v1/sample/hello", parameters={}
Mapped to org.zerock.ex1.sample.controller.SampleController#hello()
Using 'application/json', given [application/json, application/*+json] and supported [application/json, application/*+json]
Writing [{Hello, World}]
Completed 200 OK
Response 200 OK
Reading to [java.lang.String[]]
[Hello, World]
```

2.4.2 Postman 이용하기

REST 방식의 호출을 만들기 위한 프로그램을 REST Client 프로그램이라고 하는데 브라우저의 확장 프로그램이나 Postman과 같은 별도의 애플리케이션으로 설치해서 사용이 가능합니다.

Postman은 무료로 사용할 수 있고 Google 계정 등을 통해서 가입한 후 이용할 수 있습니다.

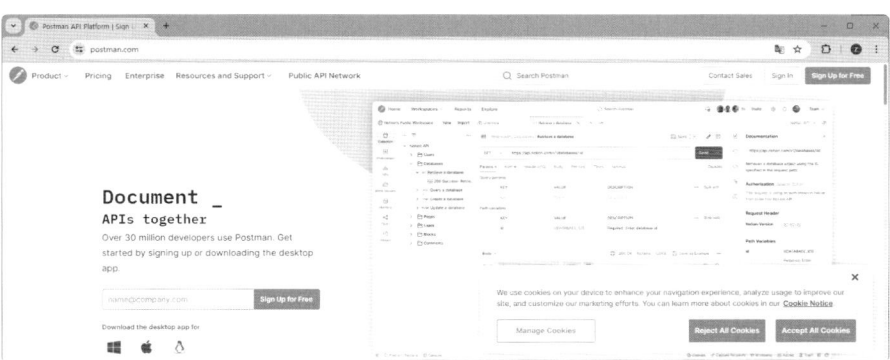

Postman을 실행한 후에는 Workspaces라는 작업 공간을 만든 후에 'Create Collection' 메뉴를 이용해서 폴더와 비슷한 구조를 생성할 수 있습니다. 생성된 Collection에 'Add request'를 이용해서 새로운 요청을 작성할 수 있습니다.

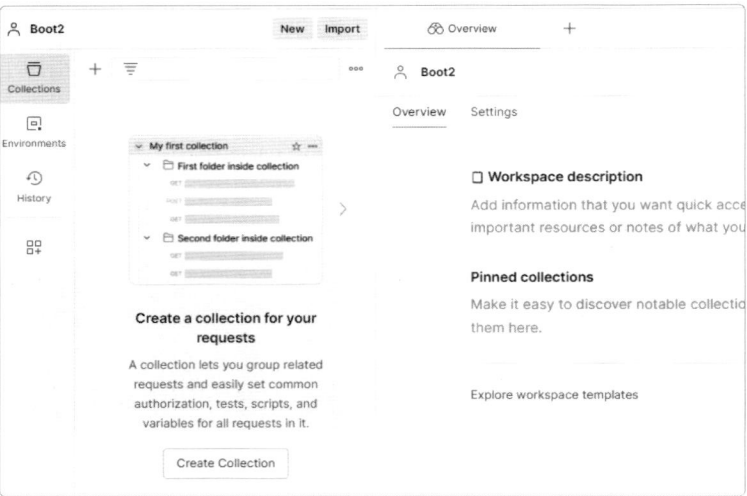

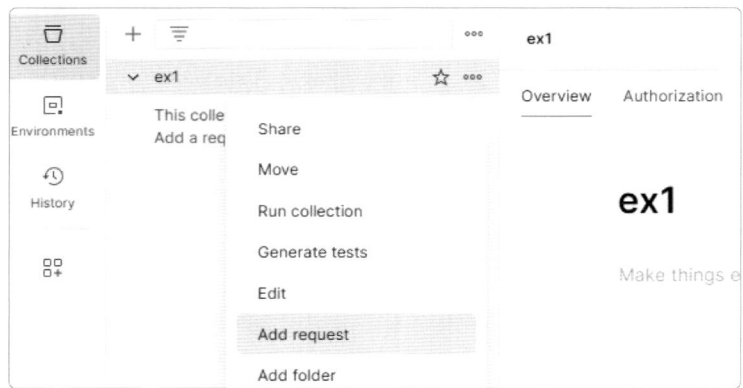

Postman에서 작성된 Workspaces에 'Blank Collection'를 추가하고 'http://localhost:8080/api/v1/sample/hello'를 요청합니다.

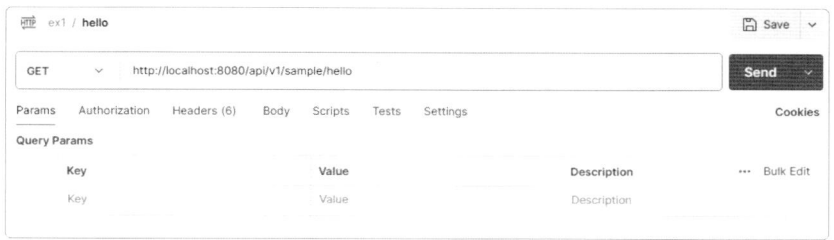

프로젝트 생성 시에 만들어진 Ex1Application을 실행해서 8080 포트로 프로젝트를 실행한 상태에서 테스트를 합니다. Postman에서 'Send' 버튼으로 요청을 전송할 수 있고 결과를 아래 화면처럼 확인할 수 있습니다.

스프링 부트의 경우 스프링 프레임워크만을 이용할 때와는 달리 다양한 테스트 방식을 만들어서 사용할 수 있습니다. 예제에서는 소개하지 않았지만, 'Spring REST Docs'나 'OpenAPI' 등을 이용하는 문서화 도구들도 테스트가 가능한 링크를 생성할 수 있습니다.

이 책에서 테스트 코드는 주로 데이터베이스를 이용하는 부분에서 사용하고, REST 방식에 대한 테스트는 Postman을 이용합니다.

Chapter 03

Spring Data JPA

API 서버를 구성할 때 데이터베이스와 관련된 처리는 Spring Data JPA를 이용해서 처리합니다. JPA는 객체지향의 객체들과 데이터베이스의 관계를 처리해 주기 때문에 데이터베이스에 독립적인 개발이 가능하게 됩니다.

JPA는 내부적으로 현재 연결된 데이터베이스에 맞는 SQL을 생성하기 때문에 개발자가 직접 SQL을 작성하지 않고도 여러 데이터베이스에서 사용 가능한 프로그램을 작성할 수 있습니다.

3.1 MariaDB 설치

예제에서 사용할 RDBMS는 무료인 MariaDB를 이용합니다. MariaDB는 mariadb.org 사이트에서 다운로드할 수 있습니다.

운영체제가 Mac이 아니라면 직접 설치 파일을 다운로드하는 방식이 편합니다(Mac의 경우 Homwbrew를 이용해서 설치합니다.). 설치 과정에서 가장 중요한 것은 root 계정의 패스워드를 지정하는 부분입니다(패스워드 분실 시 필요한 작업을 할 수 없으니 주의해야 합니다.). 또한, 한글 등의 문제가 없으려면 'Use UTF8 as default server's character set'을 체크해야 하는 것을 권장합니다.

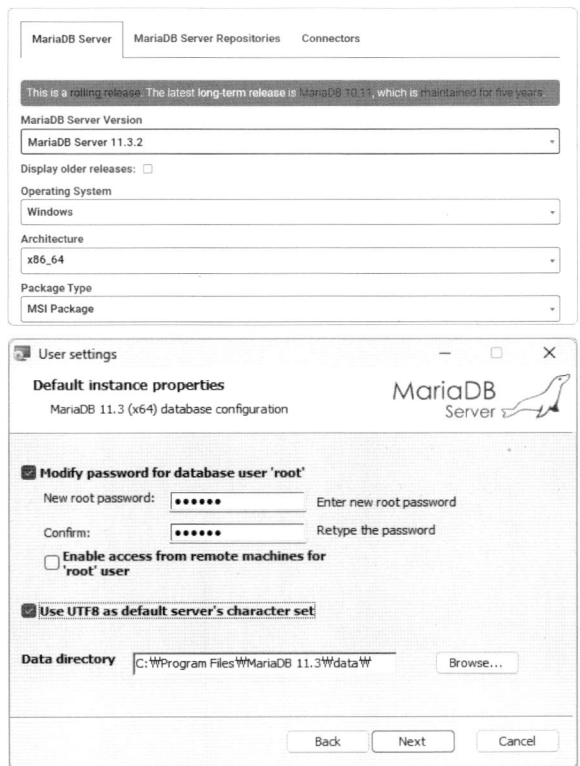

3.1.1 MariaDB 연결

Windows의 경우 MariaDB를 설치하고 나면 HeidiSQL이라는 프로그램이 같이 설치됩니다. 이를 이용해서 설치 시에 만들어진 root 계정의 연결을 시도할 수 있습니다. 만일, Intellij Ultimate 버전을 이용한다면 잠시 후에 생성하는 프로젝트의 오른쪽 탭에 있는 데이터베이스를 이용해서도 연결이 가능합니다.

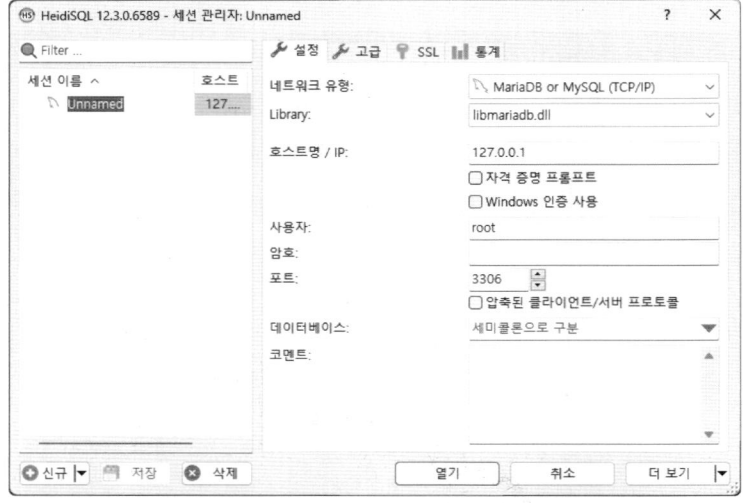

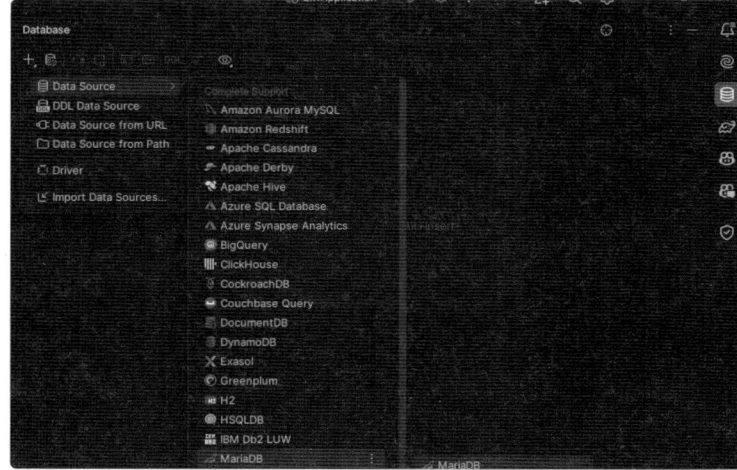

3.1.2 실습을 위한 데이터베이스 생성

특별한 경우가 아니라면 root는 외부에서 연결할 수 없도록 하는 것이 안전합니다. 대신에 root 계정을 이용해서 새로운 데이터베이스를 생성하고 새로운 사용자를 생성해서 해당 데이터베이스에 사용할 수 있는 권한을 부여합니다.

root 계정으로 연결되었다면 'bootdb2'라는 새로운 데이터베이스를 생성하고, 'bootdb2user'라는 계정을 생성해 줍니다. MariaDB의 경우 동일한 계정이라도 접근할 수 있는 IP를 지정하므로 'localhost'와 함께 '%'로 설정되는 계정도 같이 생성해 줍니다.

```
CREATE DATABASE bootdb2;
CREATE USER 'bootdb2user'@'localhost' IDENTIFIED BY 'bootdb2user';
CREATE USER 'bootdb2user'@'%' IDENTIFIED BY 'bootdb2user';
GRANT ALL PRIVILEGES ON bootdb2.* TO 'bootdb2user'@'localhost';
GRANT ALL PRIVILEGES ON bootdb2.* TO 'bootdb2user'@'%';
```

3.2 Spring Data JPA 프로젝트의 생성

Spring Data JPA를 이용하는 예제는 가장 많이 사용되는 'Todo'를 주제로 API 서버를 제작할 것이므로 새로운 프로젝트를 생성합니다. 프로젝트 생성 시에 주의해야 할 것은 'Spring Data JPA'와 'MariaDB Driver' 항목을 추가하는 것입니다.

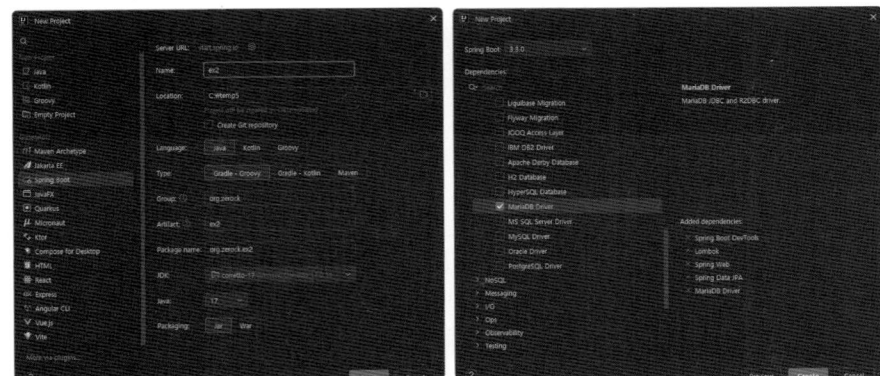

생성된 프로젝트를 실행하면 예상과 달리 프로젝트가 정상적으로 실행되지 못하고 에러가 발생하는 것을 확인할 수 있습니다.

```
***************************
APPLICATION FAILED TO START
***************************

Description:

Failed to configure a DataSource: 'url' attribute is not specified and no embedded datasource could be configured.

Reason: Failed to determine a suitable driver class
```

프로젝트 실행에 문제가 생기는 이유는 스프링 부트가 가지는 '자동 설정(auto configuration)'이라는 특징 때문입니다. '자동 설정'은 특정한 모듈(라이브러리)이 추가되면 스프링 부트에서 자동으로 관련된 설정을 이용하는 기능입니다. 생성된 프로젝트의 경우 'Spring Data JPA'를 추가했기 때문에 이와 관련해서 데이터베이스 관련 설정을 필요로 하기 때문입니다.

프로젝트 생성 시 만들어진 application.properties 파일에 데이터베이스 관련 설정을 추가합니다.

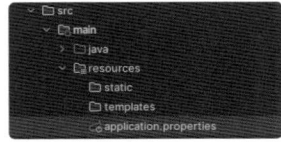

개발 단계에서는 추가로 설정할 내용들이 있지만, 우선적으로 데이터베이스 연결과 관련된 부분들만 추가합니다.

```
spring.datasource.driver-class-name=org.mariadb.jdbc.Driver
spring.datasource.url=jdbc:mariadb://localhost:3306/bootdb2
spring.datasource.username=bootdb2user
spring.datasource.password=bootdb2user
```

위와 같이 수정된 프로젝트를 다시 실행해 보면 정상적으로 프로젝트가 실행되는 것을 확인할 수 있습니다(8080 포트로 실행된다는 메시지가 나오는지 확인합니다.).

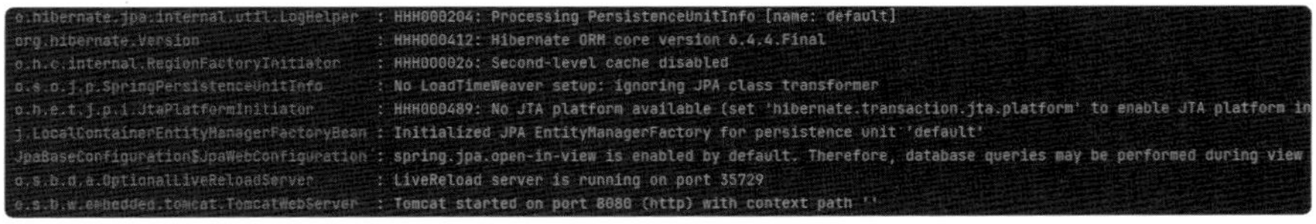

만일 에러가 발생하면 위의 그림과 달리 에러 메시지들이 출력되는데 에러의 원인이 설명되어 있으므로 주의 깊게 봐야 합니다.

3.2.1 HikariCP관련 설정

스프링 부트가 데이터베이스를 연결할 때 사용하는 커넥션 풀(connection pool) 라이브러리는 HikariCP 라이브러리입니다. 커넥션 풀은 데이터베이스와 미리 연결을 해 두었다가 필요할 때 사용하고 다시 반납하는 방식으로 동작하는데, 개발 단계에서는 처음부터 데이터베이스 연결을 많이 할 필요가 없으므로 이를 조정해 두는 것이 좋습니다(기본값은 10이므로 매번 프로젝트가 실행될 때마다 데이터베이스와 10개의 연결을 미리 맺어두게 됩니다.).

실제 운영 환경이 아니라면 데이터베이스 연결을 최소화해서 application.properties 파일에 아래와 같이 최소 2개의 연결을 유지하고 최대한 5개의 연결만 유지하는 설정을 추가합니다.

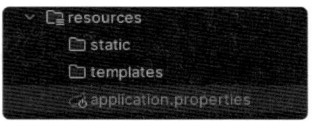

```
spring.application.name=ex2

spring.datasource.driver-class-name=org.mariadb.jdbc.Driver
spring.datasource.url=jdbc:mariadb://localhost:3306/bootdb2
spring.datasource.username=bootdb2user
spring.datasource.password=bootdb2user

spring.datasource.hikari.minimum-idle=2
spring.datasource.hikari.maximum-pool-size=5
```

3.2.2 엔티티 클래스 생성

JPA(Java Persistence API)에 대해서는 잠시 후에 설명하겠지만, JPA는 객체들을 데이터베이스와 동기화시켜서 관리합니다. 이때 데이터베이스 안에 있는 레코드(데이터) 하나하나는 JPA에서는 별도의 객체로 관리되는데 이러한 객체들을 엔티티(entity) 객체라고 합니다.

데이터베이스의 테이블을 Java 언어의 클래스와 데이터의 구조를 정의한다는 점에서 비슷하지만, 상세한 설정들은 같을 수 없습니다. 예를 들어 데이터베이스의 문자열을 표현하기 위해서 varchar,varchar2 타입을 이용하고 길이의 설정도 필요하지만, Java 언어에서 사용하는 java.lang.String은 이러한 설정이 불가능합니다.

예를 들어 Java 클래스에서는 String email과 같은 표현만이 가능하지만, 테이블에서 아래와 같이 Not Null 제약조건이나 기본값, 길이 등의 더 많은 설정이 가능합니다.

과거에는 이러한 차이를 극복하기 위해서 테이블과 클래스 간의 관계를 XML로 설정해 주었지만, 어노테이션의 등장 이후로는 주로 어노테이션을 추가하는 방식으로 해당 클래스의 정보를 설정합니다.

프로젝트 내에 entity 패키지를 추가하고 TodoEntity 클래스를 추가합니다(본래 엔티티는 복수형으로 작성하는 것이 좋지만, 개발 현장에서 혼란스러워하는 경우가 종종 있어서 예제에서는 단수형을 이용하겠습니다.).

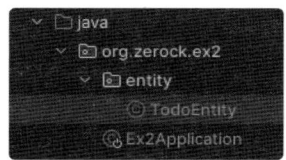

TodoEntity 클래스는 여러 종류의 어노테이션을 사용해서 작성합니다.

```
package org.zerock.ex2.entity;

import jakarta.persistence.*;
import lombok.*;
import java.time.LocalDate;

@Entity
@Getter
@ToString
@AllArgsConstructor
@NoArgsConstructor
@Table(name = "tbl_todos")
@Builder

public class TodoEntity {

    @Id
```

```
    @GeneratedValue(strategy = GenerationType.IDENTITY)
    private Long mno;

    @Column(length = 500, nullable = false)
    private String title;

    @Column(length = 500, nullable = false)
    private String writer;

    private LocalDate dueDate;
}
```

사용된 어노테이션들은 다음과 같습니다.

- @Entity: 해당 클래스의 인스턴스는 엔티티 객체임을 명시
- @Getter/@ToString: Lombok으로 getter들과 toString( )을 생성함
- @AllArgsConstructor/@NoArgsConstructor: 모든 멤버 변수에 해당하는 매개변수를 받는 생성자와 매개변수가 없는 생성자를 추가함
- @Table: 해당 엔티티 클래스와 실제 데이터베이스상의 테이블 매칭 정보
- @Builder: 생성자 외에 빌더 패턴을 위한 코드를 생성함(조금 뒤에 테스트 시에 사용)
- @Id: 데이터베이스에서 PK(primary key)가 되는 칼럼 지정
- @GeneratedValue: 해당 칼럼의 값은 자동으로 생성되는 값
- GenerationTYpe.IDENTITY: MariaDB의 경우 auto_increment로 생성
- @Column: 문자열의 경우 varchar 타입의 길이 255 칼럼이 생성되는데 이에 대한 길이나 제약 조건을 조정

JPA에서 가장 먼저 기억해야 하는 원칙은 모든 엔티티는 아이디(@Id)가 존재한다는 점입니다. Id는 데이터베이스에서 Primary Key(이하 PK)에 해당합니다. JPA에는 Id가 있는 객체들은 엔티티 객체라고 부르고 그렇지 않은 객체들은 값 객체(Value Object)라고 합니다.

> **NOTE: 키생성전략 by ChatGPT**
>
> - AUTO: JPA 구현체가 적절한 키 생성 전략을 자동으로 선택합니다. 보통 이 옵션은 데이터베이스에 따라 기본 키 생성을 위해 자동 증가(auto-increment) 기능이나 시퀀스를 사용합니다.
> - IDENTITY: 데이터베이스의 자동 증가(auto-increment) 기능을 사용하여 기본 키를 생성합니다. 이 전략은 MySQL, SQL Server, PostgreSQL 등에서 주로 사용됩니다.
> - SEQUENCE: 데이터베이스의 시퀀스를 사용하여 기본 키를 생성합니다. 이 전략은 Oracle과 같은 데이터베이스에서 주로 사용합니다. @SequenceGenerator 어노테이션을 함께 사용하여 시퀀스를 지정할 수 있습니다.
> - TABLE: 키 생성에 사용할 전용 테이블을 만들어 기본 키를 생성합니다. 이 전략은 데이터베이스의 자동 증가 기능이나 시퀀스가 지원되지 않는 경우에 사용될 수 있습니다. @TableGenerator 어노테이션을 함께 사용하여 테이블 생성 전략을 지정할 수 있습니다.

3.2.3 테이블 자동생성 설정

Spring Data JPA는 엔티티 클래스를 이용해서 프로젝트를 실행할 때 설정에 따라서 데이터베이스 내 테이블을 생성/삭제하거나 별도로 'schema.sql' 파일을 이용해서 DDL(create table..)들을 작성해 두면 자동으로 테이블을 생성할 수 있습니다(이때 schema.sql 파일의 위치는 src/main/resources 폴더입니다.).

예제에서는 테이블 생성 관련 DDL을 직접 작성하지 않고 Spring Data JPA의 설정을 이용해서 작성합니다. application.properties 파일에 새로운 설정을 추가합니다.

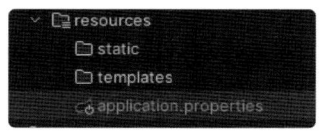

```
spring.application.name=ex2


spring.datasource.driver-class-name=org.mariadb.jdbc.Driver
spring.datasource.url=jdbc:mariadb://localhost:3306/bootdb2
spring.datasource.username=bootdb2user
spring.datasource.password=bootdb2user

spring.datasource.hikari.minimum-idle=2
spring.datasource.hikari.maximum-pool-size=5

# DDL Generation (none|validate|update|create|create-drop)

spring.jpa.hibernate.ddl-auto=update

# SQL SHOW
spring.jpa.show-sql=true
spring.jpa.properties.hibernate.format_sql=true

# MariaDB
spring.jpa.properties.hibernate.dialect=org.hibernate.dialect.MariaDBDialect
```

> **NOTE: DDL 설정 by ChatGPT**
>
> - none: JPA는 데이터베이스 스키마를 생성하거나 수정하지 않습니다. 이 옵션을 사용하면 데이터베이스 스키마가 이미 존재하므로 스키마를 수동으로 관리해야 합니다.
> - create: 애플리케이션이 시작될 때 JPA가 데이터베이스 스키마를 생성합니다. 이전에 존재했던 데이터베이스 테이블과 데이터는 모두 삭제되고 새롭게 생성됩니다.
> - create-drop: create 옵션과 유사하지만, 애플리케이션이 시작될 때 데이터베이스 스키마를 생성하고 애플리케이션이 종료될 때 스키마를 삭제합니다.
> - update: 애플리케이션이 시작될 때 JPA가 데이터베이스 스키마를 업데이트합니다. 기존 테이블 구조를 수정하거나 필요한 테이블을 추가할 수 있습니다. 기존 데이터는 유지됩니다.
> - validate: 애플리케이션이 시작될 때 JPA가 데이터베이스 스키마를 확인합니다. 스키마가 엔티티 클래스와 일치하는지 검증하며, 불일치가 있는 경우 예외를 발생시킵니다. 데이터베이스 스키마를 생성하거나 수정하지 않습니다.

위의 설정을 추가한 상태에서 프로젝트를 실행하면 테이블이 존재하지 않는 경우에는 아래와 같이 테이블 생성 DDL이 실행되는 것을 확인할 수 있습니다.

```
Hibernate:
    create table tbl_todos (
        mno bigint not null auto_increment,
        due_date date,
        title varchar(500) not null,
        writer varchar(500) not null,
        primary key (mno)
    ) engine=InnoDB
```

현재 DDL과 관련된 설정값은 update이므로 클래스에 새로운 멤버 변수나 칼럼 설정이 변경되면 이를 반영합니다. 하지만, 기존과 동일한 경우라면 기존에 생성된 테이블을 수정하지 않습니다.

3.3 Spring Data JPA 소개

본격적인 개발에 앞서 JPA와 Spring Data JPA에 대해서 알아둘 필요가 있습니다. JPA는 'Java Persistence API'의 약자로 Java 언어에서 지정한 객체의 '영속성 관리'에 대한 스펙을 의미합니다. 이때 '영속성 관리'라는 말은 ORM(Object-Relational Mapping) 패러다임이 추구하는 객체지향 구조를 관계형 데이터베이스에 매핑해서 관리하는 방식을 의미합니다. ORM에서는 객체지향에서 하나의 객체가 관계형 데이터베이스에서 하나의 레코드가 되도록 관리되는데 이를 위한 설정을 매핑(mapping)이라고 합니다.

ORM은 하나의 패러다임이므로 프로그래밍 언어들은 이를 구현하기 위해서 각자 언어에 맞는 스펙을 결정하게 됩니다. JPA는 Java 언어에서 선택한 ORM 스펙을 의미합니다.

JPA가 Java에서 지정된 스펙이기 때문에 이를 구현한 실제 구현체 라이브러리나 프레임워크들이 존재하게 됩니다. 예를 들어 JDK도 하나의 스펙이고 이를 다양한 제조업체(벤더)들이 구현하듯이 JPA도 다양한 구현체가 존재하는데 스프링 부트는 Hibernate라는 라이브러리를 선택하고 있습니다.

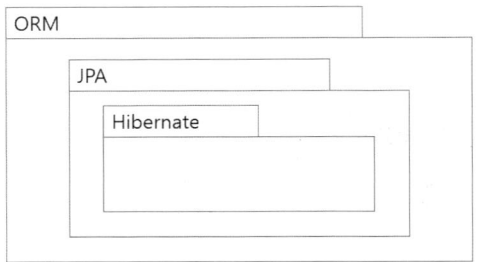

3.3.1 Hibernate와 영속 컨텍스트(Persistence Context)

TodoEntity 클래스를 보면 어노테이션을 제외하면 일반 클래스들과 차이가 없어 보입니다. 하지만, 실제 객체가 만들어지면 엔티티 객체들은 엔티티 매니저(Entity Manager)에 의해서 관리됩니다.

우선 엔티티 객체의 상태에 대해서 알아 두어야 합니다. 엔티티 객체는 크게 3가지의 상태 중 하나가 됩니다. 영속 상태(persistent), 준영속 상태(detached), 비영속 상태(transient)라고 분류 되는데 이를 비유를 통해서 알아보겠습니다.

- 영속 컨텍스트 == 회사: 영속 컨텍스트는 회사라는 공간에서 직원들(엔티티 객체)들을 관리합니다. 엔티티 객체들은 모두 회사 내 인사 기록(데이터베이스)의 내용과 일치합니다.
- 엔티티 매니저 == 회사 주인: 엔티티 매니저는 직원(엔티티 객체)들을 채용하거나 해고할 수 있습니다.
- 엔티티 == 직원 혹은 전직원 혹은 지원자: 엔티티 객체가 지원자의 신분인 경우는 비영속 상태(transient)라고 부릅니다. 영속 컨텍스트(회사)에 입사하게 되면 영속(persistent) 상태가 됩니다. 엔티티 객체가 영속 상태가 되었다는 의미는 회사 내 인사 기록(데이터베이스)의 내용과 현재 상태가 동일하다는 뜻입니다.
    - 비영속(transient) 객체: 아직 영속 컨텍스트와 관련이 전혀 없고, 데이터베이스와도 관련이 없는 객체
    - 준영속(detached)은 영속 컨텍스트에서 떨어져 분리된(detach) 상태입니다. 예를 들어 트랜잭션이 종료된 상황이면 영속 객체는 준영속 상태가 됩니다.
    - 영속 상태의 경우 '변경 감지(더티 체크(dirty checking))'라는 관리 기법이 동원됩니다. 이 경우 엔티티 객체의 변경이 되면 자동으로 데이터베이스에도 반영되게 됩니다.

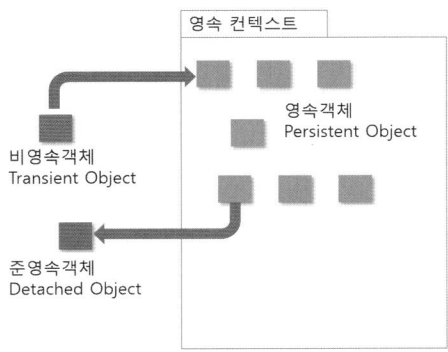

Hibernate를 이용하는 경우에는 엔티티 객체를 관리하는 여러 API와 트랜잭션, 예외 처리 등에 직접 신경을 쓰면서 개발을 해야 하지만, Spring Data JPA를 더 간단한 방식으로 개발할 수 있습니다.

Spring Data JPA의 리포지토리(Repository)

스프링은 다양한 기술을 배척하지 않고 이들과 통합할 수 있는 방법을 지원하는 정책을 펼치는데, 그렇기 때문에 같은 기능을 구현한다고 해도 다양한 기존 기술을 함께 이용할 수 있습니다. Spring Data JPA는 스프링 프레임워크와 JPA의 구현체인 Hibernate의 연결 역할을 합니다.

Spring Data JPA에는 기존의 Hibernate를 이용하는 경우 직접 작성해야 하는 코드를 미리 구현해 두거나 새로운 API들을 지원해서 기능을 작성할 수 있습니다. Spring Data JPA에서 가장 중요한 부분은 리포지토리라는 이름을 가지는 인터페이스입니다. 리포지토리는 개발자가 직접 코드를 작성하지 않아도 CRUD나 페이징 처리와 같은 기능을 지원하기 때문에 빠르고 안정적인 코드를 생성할 수 있습니다.

예제에서는 repository 패키지를 추가하고 TodoRepository 인터페이스를 정의합니다.

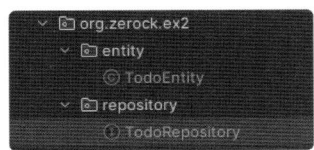

```
package org.zerock.ex2.repository;

import org.springframework.data.jpa.repository.JpaRepository;
import org.zerock.ex2.entity.TodoEntity;

public interface TodoRepository extends JpaRepository<TodoEntity, Long>{

}
```

작성한 TodoRepository 인터페이스는 Spring Data JPA가 가지고 있는 JpaRepository 인터페이스를 상속해서 작성하는 것만으로 등록, 수정, 삭제, 조회, 페이징 처리 등의 개발이 모두 끝나게 됩니다.

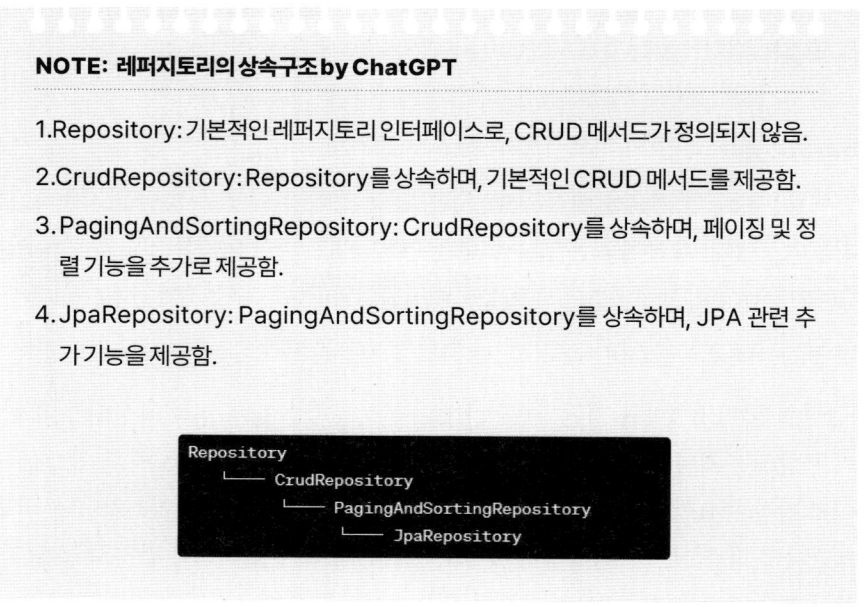

3.3.2 리포지토리와 CRUD

작성된 TodoRepository의 동작은 개발의 다음 단계에 가기 전에 직접 확인하는 것이 안전합니다. 스프링 부트는 리포지토리의 테스트를 위해서 @DataJpaTest라는 어노테이션을 제공합니다. 기존에 사용하던 @SpringBootTest는 프로젝트 전체를 실행하는데 비해 @DataJpaTest는 @Entity와 같이 데이터베이스 관련 부분만을 실행합니다.

test 폴더 내 repository 패키지를 추가하고 TodoRepositoryTests 클래스를 추가합니다.

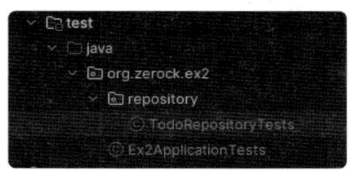

```
package org.zerock.ex2.repository;

import org.springframework.beans.factory.annotation.Autowired;
import org.springframework.boot.test.autoconfigure.jdbc.
AutoConfigureTestDatabase;
import org.springframework.boot.test.autoconfigure.orm.jpa.DataJpaTest;
import org.springframework.transaction.annotation.Propagation;
import org.springframework.transaction.annotation.Transactional;

@DataJpaTest
@AutoConfigureTestDatabase(replace = AutoConfigureTestDatabase.Replace.
NONE)
@Transactional(propagation = Propagation.NOT_SUPPORTED)
public class TodoRepositoryTests {

    @Autowired
    private TodoRepository todoRepository;

}
```

테스트 코드의 클래스 선언부에는 @AutoConfigureTestDatabase를 적용하는데 AutoConfigureTestDatabase.Replace.NONE 설정이 없으면 실제 데이터베이스를 이용할 수 없으므로 주의해야 합니다.

새로운 데이터 추가

새로운 데이터를 추가하는 작업은 save( )를 이용해서 엔티티 객체를 영속 상태로 바꾸고 데이터베이스에 insert문이 실행되게 됩니다.

TodoRepositoryTests에 @Test를 사용해서 테스트 코드를 작성합니다(import 코드 부분도 추가하였습니다.).

```java
package org.zerock.ex2.repository;

import org.junit.jupiter.api.Test;
import org.springframework.beans.factory.annotation.Autowired;
import org.springframework.boot.test.autoconfigure.jdbc.AutoConfigureTestDatabase;
import org.springframework.boot.test.autoconfigure.orm.jpa.DataJpaTest;
import org.springframework.transaction.annotation.Propagation;
import org.springframework.transaction.annotation.Transactional;
import org.zerock.ex2.entity.TodoEntity;

import java.time.LocalDate;

…생략

@Test
public void testInsert() {
    TodoEntity todoEntity = TodoEntity.builder()
            .title("부트 끝내기 ")
            .writer("user00")
            .dueDate(LocalDate.of(2025, 12, 23))
            .build();

    todoRepository.save(todoEntity);

    System.out.println("New TodoEntity MNO: " + todoEntity.getMno());

}
```

testInsert( )에서는 TodoEntity 객체를 생성하는데 title, writer 등은 지정되지만, 실제 테이블에서 PK 역할을 하는 mno값은 지정되지 않았습니다(자동생성의 경우 @Id에 해당하는 값이 null인 경우에는 insert로 간주됩니다.).

엔티티 객체는 TodoRepository의 save( )를 통해서 저장하는데, 데이터베이스에 저장되는 과정이 이루어지고 엔티티 객체는 mno값을 가지게 됩니다. 마지막 라인은 생성되고 저장된 번호를 확인해 보기 위해서 사용합니다.

testInsert( )를 실행하면 다음과 같이 insert문이 실행되는 것을 확인할 수 있습니다(마지막 번호는 데이터베이스의 상황에 따라 다른 값이 자동으로 생성됩니다.).

```
Hibernate:
    insert
    into
        tbl_todos
        (due_date, title, writer)
    values
        (?, ?, ?)
New TodoEntity MNO: 1
```

실제 데이터베이스 내 tbl_todos 테이블에 제대로 데이터가 추가되었는지 확인합니다.

테스트 작업을 위해서 100개의 Todo를 추가하는 테스트 코드를 아래와 같이 작성하고 실행합니다.

```java
@Test
public void testInsertDummies() {

    for (int i = 0; i < 100; i++) {
        TodoEntity todoEntity = TodoEntity.builder()
                .title("Test Todo..." + i)
                .writer("tester" + i)
                .dueDate(LocalDate.of(2025, 11, 30))
                .build();

        todoRepository.save(todoEntity);
        System.out.println("New TodoEntity MNO: " + todoEntity.getMno());
    }//end for
}
```

testInsertDummies( )는 테스트용 더미 데이터를 넣어주는 코드이기 때문에 데이터베이스에는 100개의 insert문이 실행됩니다. 테스트 코드의 실행 후에 데이터베이스를 아래와 같이 확인합니다.

```
 86 2025-11-30    Test Todo...84    tester84
 87 2025-11-30    Test Todo...85    tester85
 88 2025-11-30    Test Todo...86    tester86
 89 2025-11-30    Test Todo...87    tester87
 90 2025-11-30    Test Todo...88    tester88
 91 2025-11-30    Test Todo...89    tester89
 92 2025-11-30    Test Todo...90    tester90
 93 2025-11-30    Test Todo...91    tester91
 94 2025-11-30    Test Todo...92    tester92
 95 2025-11-30    Test Todo...93    tester93
 96 2025-11-30    Test Todo...94    tester94
 97 2025-11-30    Test Todo...95    tester95
 98 2025-11-30    Test Todo...96    tester96
 99 2025-11-30    Test Todo...97    tester97
100 2025-11-30    Test Todo...98    tester98
101 2025-11-30    Test Todo...99    tester99
```

데이터 조회

JpaRepository에는 findById( )라는 기능을 이용해서 @Id 타입의 값(PK값)으로 엔티티 객체를 조회할 수 있습니다. 다만, findById( )의 경우 해당 데이터가 존재하지 않을 수도 있기 때문에 null 처리 대신에 사용하는 java.util.Optional 타입을 리턴 타입으로 사용합니다.

TodoRepositoryTests에 testRead( )를 아래와 같이 추가합니다. 테스트하는 Todo의 번호는 데이터베이스에 있는 값을 이용합니다.

```java
@Test
public void testRead() {
    Long mno = 58L;

    Optional<TodoEntity> result = todoRepository.findById(mno);

    result.ifPresent(todoEntity -> {
        System.out.println(todoEntity);
    });
}
```

testRead( )의 실행 결과를 보면 select문이 실행되는 것을 확인할 수 있습니다. 만일 Optional의 결과가 존재한다면 실행되는 부분은 ifPresent( )를 이용해서 작성합니다.

```
Hibernate:
    select
        te1_0.mno,
        te1_0.due_date,
        te1_0.title,
        te1_0.writer
    from
        tbl_todos te1_0
    where
        te1_0.mno=?
```

트랜잭션(Transaction) 설정에 따른 차이

수정 작업을 진행하기 전에 영속 상태와 더불어 트랜잭션에 대한 약간의 지식도 필요합니다. @DataJpaTest의 경우 원래는 하나의 메서드 단위로 하나의 트랜잭션으로 처리됩니다. 다만, 현재 테스트 코드의 설정에는 @Transactional(propagation = Propagation.NOT_SUPPORTED)로 지정해서 메서드 단위로 트랜잭션이 처리되지 않도록 해 두었습니다.

JPA에서는 트랜잭션이 시작되면 영속 컨텍스트가 생성됩니다. 영속 컨텍스트가 만들어지고 findById( )를 했다면 먼저 영속 컨텍스트에 있는지 살펴보고 없다면 데이터베이스를 조회하게 됩니다. 이후 해당 엔티티 객체는 영속 컨텍스트가 관리하는 영속 상태가 됩니다. 이 상황에서는 동일한 엔티티 객체를 조회하면 영속 컨텍스트 내에 있는 객체를 그대로 사용하기 때문에 별도의 select가 실행되지 않습니다.

예를 들어 testRead2( )는 동일한 데이터를 두 번 호출합니다. 현재 테스트 클래스는 트랜잭션을 지원하지 않도록 해 두었으므로 두 번의 select가 실행됩니다.

```
@Test
public void testRead2() {
    Long mno = 55L;

    Optional<TodoEntity> result = todoRepository.findById(mno);

    result.ifPresent(todoEntity -> {
        System.out.println(todoEntity);
    });

    Optional<TodoEntity> result2 = todoRepository.findById(mno);
```

```
    result2.ifPresent(todoEntity -> {
        System.out.println(todoEntity);
    });
}
```

실행 결과를 보면 findById( )를 할 때 마다 select가 실행된 것을 볼 수 있습니다.

```
Hibernate:
    select
        te1_0.mno,
        te1_0.due_date,
        te1_0.title,
        te1_0.writer
    from
        tbl_todos te1_0
    where
        te1_0.mno=?
TodoEntity(mno=55, title=Test Todo...53, writer=tester53, dueDate=2025-11-30)
Hibernate:
    select
        te1_0.mno,
        te1_0.due_date,
        te1_0.title,
        te1_0.writer
    from
        tbl_todos te1_0
    where
        te1_0.mno=?
TodoEntity(mno=55, title=Test Todo...53, writer=tester53, dueDate=2025-11-30)
```

동일한 메서드에 @org.springframework.transaction.annotation.Transactional을 추가하면 상황이 달라집니다. 메서드가 실행되는 동안 영속 컨텍스트가 유지되기 때문에 select한 결과로 보관되고 있는 엔티티 객체를 그대로 사용하게 됩니다(이렇게 영속 컨텍스트가 엔티티 객체들을 보관하는 곳을 1차 캐시라고 합니다.).

```
@Test
@Transactional
public void testRead2() {
    Long mno = 55L;

    //이하 생략
}
```

실행 결과를 보면 처음에는 select가 실행되었지만, 다음에는 데이터베이스를 조회하지 않는 것을 볼 수 있습니다.

```
Hibernate:
    select
        te1_0.mno,
        te1_0.due_date,
        te1_0.title,
        te1_0.writer
    from
        tbl_todos te1_0
    where
        te1_0.mno=?
TodoEntity(mno=55, title=Test Todo...53, writer=tester53, dueDate=2025-11-30)
TodoEntity(mno=55, title=Test Todo...53, writer=tester53, dueDate=2025-11-30)
```

비슷한 논리로 하나의 트랜잭션 내에서 엔티티를 조회하면 해당 엔티티 객체는 영속 상태이고 만일 엔티티 객체를 수정이나 삭제하게 되면 영속 컨텍스트는 이를 데이터베이스에 반영하기 위해서 update나 delete를 실행하게 되는데 이러한 기능을 '변경 감지(더티 체킹(dirty checking))'라고 합니다.

데이터 수정

먼저 영속 상태의 데이터를 변경하기 위해서 TodoEntity의 제목(title)이나 작성자(writer), 만기일(dueDate)을 수정할 수 있도록 TodoEntity에 수정 가능한 기능들을 추가합니다(엔티티 객체의 수정은 setter를 만드는 대신에 주로 changeXXX( )와 같이 다른 이름을 사용합니다.).

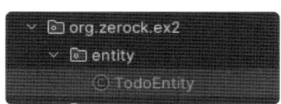

```
package org.zerock.ex2.entity;


import jakarta.persistence.*;
import lombok.*;

import java.time.LocalDate;

@Entity
```

```java
@Getter
@ToString
@AllArgsConstructor
@NoArgsConstructor
@Table(name = "tbl_todos")
@Builder

public class TodoEntity {

    @Id
    @GeneratedValue(strategy = GenerationType.IDENTITY)
    private Long mno;

    @Column(length = 500, nullable = false)
    private String title;

    @Column(length = 500, nullable = false)
    private String writer;

    private LocalDate dueDate;

    public void changeTitle(String title) {
        this.title = title;
    }

    public void changeWriter(String writer) {
        this.writer = writer;
    }

    public void changeDueDate(LocalDate dueDate) {
        this.dueDate = dueDate;
    }

}
```

TodoEntityTests에 testUpdateDirtyCheck( )를 아래와 같이 작성합니다. @DataJpaTest의 모든 메서드는 트랜잭션을 이용하게 되어있는데 (클래스의 선언부에는 메서드의 트랜잭션을 이용하지 않는 것으로 설정되어 있습니다.) 기본적으로 테스트가 끝나면 원래의 상태로 되돌리게(rollback) 되기 때문에 @Commit 설정을 추가합니다(일반적으로 테스트 환경에서는 @Commit을 이용하지 않는 것이 좋습니다만, SQL의 실행을 확인하기 위해서 특별히 사용합니다.).

```
@Test
@Transactional
@Commit
public void testUpdateDirtyCheck() {

    Long mno = 58L;

    //동일 트랜잭션 내에서 처리되고 있는 영속 상태의 엔티티 객체
    Optional<TodoEntity> result = todoRepository.findById(mno);

    TodoEntity todoEntity = result.get();

    System.out.println("OLD : " + todoEntity);

    todoEntity.changeTitle("Change Title..." + Math.random());
    todoEntity.changeWriter("Change Wriiter" + Math.random());

    System.out.println("Changed :" + todoEntity);

}
```

testUpdateDirtyCheck( )에는 TodoEntity 객체의 title과 writer를 매번 (랜덤한 값) 변경하고 있습니다.(JPA는 엔티티 객체의 변경이 없으면 update 실행이 되지 않습니다.).

코드상에는 save( )가 작성되지 않았지만, 테스트 코드를 실행하면 select문과 update문이 실행되는 것을 확인할 수 있습니다.

```
Hibernate:
    select
        te1_0.mno,
        te1_0.due_date,
        te1_0.title,
        te1_0.writer
    from
        tbl_todos te1_0
    where
        te1_0.mno=?
```

```
Hibernate:
    update
        tbl_todos
    set
        due_date=?,
        title=?,
        writer=?
    where
        mno=?
```

아래의 코드는 거의 동일한 코드지만 @Transactional이 없는 경우입니다.

```java
@Test
@Commit
public void testUpdateDetached() {
    Long mno = 58L;

    //동일 트랜잭션 내에서 처리되고 있는 영속 상태의 엔티티 객체
    Optional<TodoEntity> result = todoRepository.findById(mno);

    TodoEntity todoEntity = result.get();

    System.out.println("OLD : " + todoEntity);

    todoEntity.changeTitle("Change Title..." + Math.random());
    todoEntity.changeWriter("Change Writer.." + Math.random());
    System.out.println("Changed :" + todoEntity);

    //save( )하지 않으면 update 되지 않음
    //todoRepository.save(todoEntity);
}
```

트랜잭션이 없는 상태이므로 'select'가 일어난 후에는 TodoEntity 객체는 영속 컨텍스트에서 분리된(detached) 상태가 됩니다. 이 상태에서는 객체를 변경해도 데이터베이스에 반영되지 않습니다(퇴사한 직원이라고 생각하면 이해가 쉽습니다.).

```
Hibernate:
    select
        te1_0.mno,
        te1_0.due_date,
        te1_0.title,
        te1_0.writer
    from
        tbl_todos te1_0
    where
        te1_0.mno=?
OLD : TodoEntity(mno=58, title=Change Title...0.02390647222414921, w
Changed :TodoEntity(mno=58, title=Change Title...0.3040785106543785,
```

만일 이런 상황이라면 반드시 save( )가 있는 라인의 주석을 해제해야만, 데이터베이스에 반영됩니다. save( )가 호출되면 특이하게도 3번의 SQL이 실행됩니다.

첫 번째 select는 findById( )에 의해서 실행됩니다. 현재 모든 작업이 하나의 트랜잭션으로 묶여 있는 것이 아니므로 독립적으로 select문이 실행됩니다.

```
Hibernate:
    select
        te1_0.mno,
        te1_0.due_date,
        te1_0.title,
        te1_0.writer
    from
        tbl_todos te1_0
    where
        te1_0.mno=?
OLD : TodoEntity(mno=58, title=Change Title...0.02390647222414921, w
Changed :TodoEntity(mno=58, title=Change Title...0.8188994508256215,
```

두 번째와 세 번째는 실행된 후에 TodoEntity의 changeTitle( ), changeWriter( )가 호출된 후에 save( )를 호출할 때 이루어집니다. JPA 입장에서는 PK값이 있기 때문에 해당 데이터를 update 해야 하는지 insert 해야 하는지 판단할 필요가 있으므로 다시 select가 실행됩니다(트랜잭션 처리가 되어 있지 않다는 점을 기억해야 합니다.).

```
OLD : TodoEntity(mno=58, title=Change Title...0.02390647222414921, w
Changed :TodoEntity(mno=58, title=Change Title...0.8188994508256215,
Hibernate:
    select
        te1_0.mno,
        te1_0.due_date,
        te1_0.title,
        te1_0.writer
    from
        tbl_todos te1_0
    where
        te1_0.mno=?
```

해당 번호의 엔티티 객체가 있고 변경된 내용이 있는 상황이라면 update문이 실행됩니다.

```
Hibernate:
    update
        tbl_todos
    set
        due_date=?,
        title=?,
        writer=?
    where
        mno=?
```

데이터 삭제

데이터 삭제는 간단하게 PK의 값(@Id)을 사용해서 삭제하는 deleteById( )를 이용하거나 수정과 같이 동일 트랜잭션 내에서 삭제하는 delete( )를 이용할 수 있습니다.

데이터베이스상에서 실제 데이터를 삭제하기 위해서 마지막 번호를 확인해 둡니다.

만일 101번 데이터를 삭제한다고 가정하고 이를 @Transacational 처리를 이용하면 다음과 같이 작성할 수 있습니다(앞에서도 언급했는데 @Commit을 테스트 환경에서 사용하는 것은 바람직하지는 않지만, 예제에서는 SQL의 동작 여부를 확인하기 위해서 사용합니다.).

```java
@Test
@Transactional
@Commit
public void testDelete() {
    Long mno = 101L;

    Optional<TodoEntity> result = todoRepository.findById(mno);

    result.ifPresent(todoEntity -> {
        todoRepository.delete(todoEntity);
    });

}
```

```
Hibernate:
    select
        te1_0.mno,
        te1_0.due_date,
        te1_0.title,
        te1_0.writer
    from
        tbl_todos te1_0
    where
        te1_0.mno=?
Hibernate:
    delete
    from
        tbl_todos
    where
        mno=?
```

deleteById( )를 이용하는 방법은 데이터가 있는지를 확인하기 때문에 마찬가지로 select 문과 delete문이 실행됩니다.

```java
@Test
@Transactional
@Commit
public void testDeleteById() {

    //삭제하기 전에 확인
    Long mno = 100L;

    todoRepository.deleteById(mno);

}
```

실행 결과를 보면 이전과 차이가 없는 것을 확인할 수 있습니다.

```
Hibernate:
    select
        te1_0.mno,
        te1_0.due_date,
        te1_0.title,
        te1_0.writer
    from
        tbl_todos te1_0
    where
        te1_0.mno=?
Hibernate:
    delete
    from
        tbl_todos
    where
        mno=?
```

3.3.3 페이징 처리와 Querydsl

리포지토리를 이용하면 페이징 처리 역시 간단하게 구현할 수 있습니다. 구분을 하자면 다음과 같습니다.

- findAll( )을 이용하는 방식
- @Query를 이용하는 방식
- Querydsl/JOOQ 등의 라이브러리를 이용하는 방식

각 방식은 사용해야 하는 상황이 모두 다르기 때문에 정확하게 구분해서 사용해야 합니다.

findAll( )을 이용하는 방법

findAll( )은 말 그대로 모든 데이터를 조회할 때 사용하지만, findAll( ) 메서드의 파라미터로 Pagable 타입을 지정하면 모든 목록이 아니라 페이징 처리의 용도로 사용됩니다.

findAll( )에서 신기한 점은 페이징 처리의 경우 데이터베이스에 더 많은 결과가 존재하면 자동으로 count 관련 쿼리를 실행한다는 점입니다. 예를 들어 10개씩 페이징 처리를 한다면 10개 이상의 데이터가 감지되었을 때 자동으로 count를 계산하는 쿼리가 실행됩니다. 이렇게 실행하는 count 쿼리는 실제 목록 데이터와 묶여서 Page< >라는 타입으로 반환됩니다.

TodoRepositoryTests에 테스트 코드를 작성해 봅니다.

페이징 처리를 하는 경우에는 org.springframework.data.domain 패키지를 많이 사용하게 됩니다.

```
...
import org.springframework.data.domain.Page;
import org.springframework.data.domain.PageRequest;
import org.springframework.data.domain.Pageable;
import org.springframework.data.domain.Sort;
import org.springframework.test.annotation.Commit;
...

@Test
public void testPaging() {

    Pageable pageable = PageRequest.of(0, 10, Sort.by("mno").descending());

    Page<TodoEntity> result = todoRepository.findAll(pageable);

    System.out.println(result.getTotalPages());

    System.out.println(result.getTotalElements());

    java.util.List<TodoEntity> todoEntityList = result.getContent();

    todoEntityList.forEach(todoEntity -> {
        System.out.println(todoEntity);
    });
}
```

페이징 처리에는 페이지 번호, 한 페이지당 사이즈, 정렬 조건 등을 지정할 수 있습니다. 위의 코드에서는 페이지 번호는 0, 사이즈는 10개, 정렬 조건은 mno 칼럼의 역순으로 지정되었습니다. 페이지 번호의 인덱스 값은 0부터 시작하기 때문에 실제로는 1페이지에 해당합니다.

위의 코드를 실행하면 현재 데이터베이스에 데이터가 충분한 경우 목록 데이터를 가져오는 쿼리와 count 관련 쿼리가 실행되는 것을 확인할 수 있습니다.

```
Hibernate:
    select
        te1_0.mno,
        te1_0.due_date,
        te1_0.title,
        te1_0.writer
    from
        tbl_todos te1_0
    order by
        te1_0.mno desc
    limit
        ?, ?
```

```
Hibernate:
    select
        count(te1_0.mno)
    from
        tbl_todos te1_0
```

테스트 결과에서는 현재 데이터베이스에 있는 데이터의 개수와 계산된 마지막 페이지 번호 등을 구해서 출력합니다(현재 테스트가 진행 중인 테이블에는 99개의 데이터가 있습니다. 이를 10개씩 페이징 처리했을 경우 마지막 페이지 번호는 10이 됩니다.).

```
10
99
TodoEntity(mno=99, title=Test Todo...97, writer=tester97, dueDate=2025-11-30)
TodoEntity(mno=98, title=Test Todo...96, writer=tester96, dueDate=2025-11-30)
TodoEntity(mno=97, title=Test Todo...95, writer=tester95, dueDate=2025-11-30)
TodoEntity(mno=96, title=Test Todo...94, writer=tester94, dueDate=2025-11-30)
TodoEntity(mno=95, title=Test Todo...93, writer=tester93, dueDate=2025-11-30)
TodoEntity(mno=94, title=Test Todo...92, writer=tester92, dueDate=2025-11-30)
TodoEntity(mno=93, title=Test Todo...91, writer=tester91, dueDate=2025-11-30)
TodoEntity(mno=92, title=Test Todo...90, writer=tester90, dueDate=2025-11-30)
TodoEntity(mno=91, title=Test Todo...89, writer=tester89, dueDate=2025-11-30)
TodoEntity(mno=90, title=Test Todo...88, writer=tester88, dueDate=2025-11-30)
```

@Query를 이용하는 방식

@Query는 메서드에 적용하는 어노테이션으로 JPQL이라고 부르는 쿼리언어(Query Language)를 이용해서 작성됩니다. JPQL은 SQL과 유사한 형식으로 작성되는데 JPA의 목적 자체가 어떠한 종류의 관계형 데이터베이스든 관계없이 동일하게 동작하게 하는 것을 목표

로 한다는 사실을 생각해 보면 특정한 데이터베이스에 종속적인 SQL을 사용할 수 없기 때문에 만들어진 JPA의 특징으로 이해할 수 있습니다.

JPQL은 직접 데이터베이스를 조회하는 방식이 아니기 때문에 엔티티 클래스를 이용하고 칼럼 대신에 엔티티 객체의 변수를 이용하는 점을 제외하면 일반적인 쿼리와 유사합니다. @Query는 JPQL을 이용해서 페이징 처리를 지정할 수 있는데, 이 경우 동일하게 Pageagle을 매개변수로 이용하고 Page<> 타입을 리턴 타입으로 지정하면 됩니다.

TodoRepository 인터페이스에 새로운 메서드를 선언하고 @Query를 적용해 봅니다.

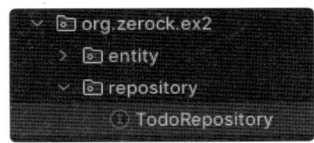

TodoRepository에 listAll( )이라는 메서드를 추가합니다.

```java
package org.zerock.ex2.repository;

import org.springframework.data.domain.Page;
import org.springframework.data.domain.Pageable;
import org.springframework.data.jpa.repository.JpaRepository;
import org.springframework.data.jpa.repository.Query;
import org.zerock.ex2.entity.TodoEntity;

public interface TodoRepository extends JpaRepository<TodoEntity, Long> {

    @Query("select t from TodoEntity t ")
    Page<TodoEntity> listAll(Pageable pageable);

}
```

테스트 코드를 이용해서 listAll( )의 동작을 확인합니다. 이전 테스트 코드와 달리 정렬 조건이 이미 JPQL로 작성되어 있기 때문에 Pageable 타입의 객체를 만들 때 정렬 조건을 생략할 수 있습니다.

```
@Test
public void testListAll() {

    Pageable pageable = PageRequest.of(0, 10, Sort.by("mno").descending());

    Page<TodoEntity> result = todoRepository.listAll(pageable);

    System.out.println(result.getContent());

}
```

테스트 코드를 실행하면 기존과 동일한 결과를 만들어 내는 것을 확인할 수 있습니다.

@Query 어노테이션의 속성

@Query의 경우 value, countQuery, nativeQuery라는 속성을 지정할 수 있습니다. value는 작성하는 쿼리에 해당하는 문자열이고, countQuery는 데이터 개수를 계산하는 쿼리를 지정하기 위해서 사용합니다. 마지막으로 nativeQuery 속성은 간혹 특정한 데이터베이스에서 지원하는 함수 등을 이용하기 위해서 해당 데이터베이스에서만 동작하는 쿼리를 작성해야 할 때 사용합니다.

TodoRepository의 listAll( )에 이러한 속성들을 지정하면 다음과 같은 형태가 됩니다.

```
@Query(
        value = "select * from tbl_todos t " ,
        countQuery = " select count(*) from tbl_todos ",
        nativeQuery = true
)
Page<TodoEntity> listAll(Pageable pageable);
```

검색 조건의 처리

@Query를 이용하면 다음과 같은 처리가 가능합니다.

- 특정한 속성(칼럼)들만을 조회 - 예를 들어 title, director와 같이 특정한 값들만 추출할 수 있습니다. 이 경우 Object[ ] 타입이 리턴값이 됩니다.
- where 조건절의 사용 - where 조건을 작성하고 특정한 파라미터를 지정할 수 있습니다.

예를 들어 제목(title)에 특정한 문자열이 존재하는 Todo들을 찾는다면 특정한 문자열을 매개변수로 지정해서 다음과 같이 작성할 수 있습니다.

```
@Query("select t from TodoEntity t " +
        " where t.title like %:keyword% and t.mno > 0 order by t.mno desc")
Page<TodoEntity> listOfTitle(@Param("keyword") String keyword, Pageable
pageable);
```

JPQL에서는 매개변수 앞에 ':'를 붙여서 표시하고 메서드에서는 @Param을 이용해서 변수명을 지정해 주면 됩니다(간혹 @Param을 생략해도 변수명을 기준으로 동작하기 때문에 괜찮다는 설명이 나오기도 하지만, 그럴 경우 별도의 옵션을 지정해야 하는 경우가 발생할 수 있으므로 예제에서는 사용하는 것으로 구성합니다.).

@Query를 이용하면 where 조건절을 조정할 수 있기 때문에 유용합니다. 만일 직접 JPQL을 작성하고 싶지 않다면, @Query 외에도 Spring Data JPA에는 '쿼리 메서드(JPA query methods)'라는 기능을 이용할 수도 있습니다.

'쿼리 메서드'는 메서드의 이름 자체가 쿼리가 되는 특이한 기능입니다. 아래 그림은 공식 문서 내용의 일부인데 'findBy.. 혹은 getBy..' 등의 이름으로 시작하는 메서드에 where 조건에 해당하는 속성(칼럼)과 JPQL의 키워드 등을 결합해서 'findByTitleLike'와 같은 메서드를 정의하는 아이디어입니다(더 자세한 내용은 https://docs.spring.io/spring-data/jpa/reference/jpa/query-methods.html을 통해서 확인할 수 있습니다.).

쿼리 메서드 기능은 편리하기는 하지만, 복잡한 where 조건을 만들어야 하는 경우에는 메서드명이 상당히 복잡해지고 조인 처리 등에 적용이 어렵기 때문에 실제 개발에서는 자주 사용하지 않습니다.

Querydsl

@Query를 이용해서 기존의 SQL 기능들을 어느 정도 사용할 수 있기는 하지만, 어노테이션 자체는 이미 고정된 문자열이기 때문에 상황에 따라서 다른 JPQL 등을 만들어 낼 수 없다는 단점이 있습니다. 때문에 상황에 따라 다양한 조건을 만들어야 할 때는 @Query 대신에 jOOQ나 Querydsl 등을 이용합니다. 국내에서는 Querydsl의 점유율이 높기 때문에 Querydsl을 기준으로 예제를 작성해 봅니다.

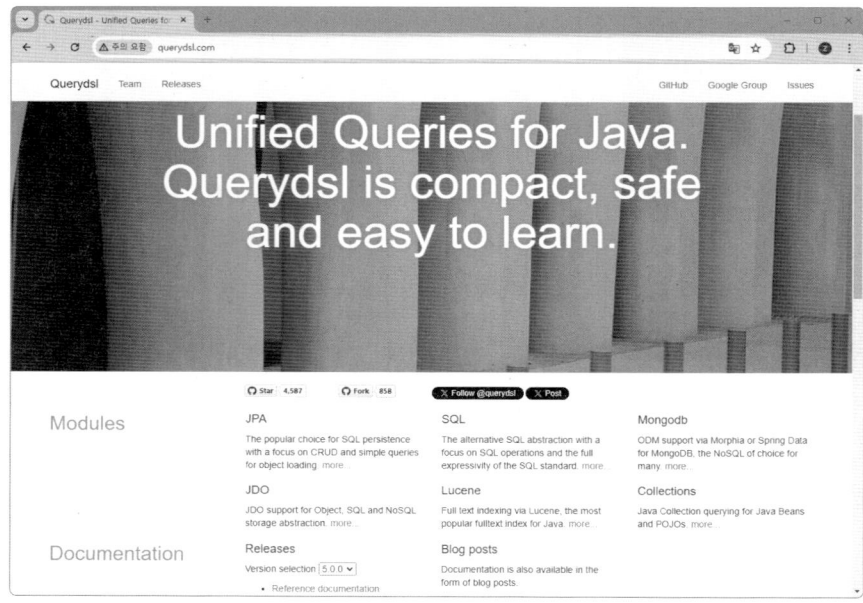

Querydsl을 적용하기 위해서는 우선 필요한 라이브러리들을 추가해 주어야 하므로 build. gradle 파일을 수정합니다.

기존 파일에 buildscript 부분을 아래와 같이 추가하고 의존성(dependencies) 부분에 라이브러리를 추가합니다. sourceSets에는 Querydsl이 만들어 내는 결과물을 사용하기 위해서 폴더를 지정합니다.

```
buildscript {
    ext {
        queryDslVersion = "5.0.0"
    }
}

plugins {
    ...생략
}

...생략

dependencies {
    ...생략

    //QueryDSL
    implementation "com.querydsl:querydsl-jpa:${queryDslVersion}:jakarta"

    annotationProcessor(
            "jakarta.persistence:jakarta.persistence-api",
            "jakarta.annotation:jakarta.annotation-api",
            "com.querydsl:querydsl-apt:${queryDslVersion}:jakarta"
    )
}

tasks.named('test') {
    useJUnitPlatform()
}
```

Gradle 메뉴 혹은 터미널 환경을 이용해서 Gradle의 clean 태스크를 실행합니다. clean이 실행되면 현재 프로젝트의 구조에서 build라는 폴더가 사라지는 것을 확인할 수 있습니다(아래 그림 중에서 왼쪽은 clean을 실행하기 전의 프로젝트 구성이고 오른쪽은 이후의 구성입니다.).

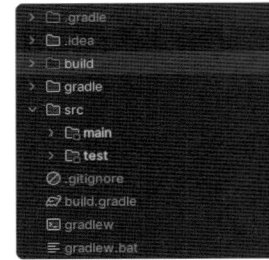 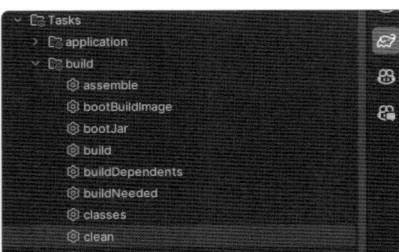 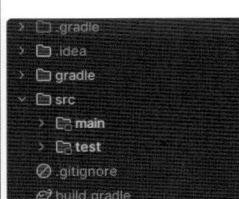

다시 Gradle 메뉴에서 other 항목에 있는 compileJava 태스크(other 항목)를 실행합니다.

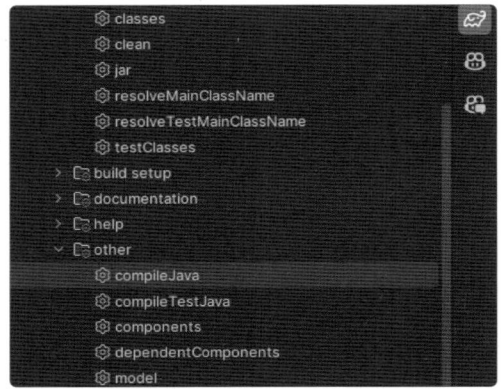

정상적으로 compileJava가 실행되면 아래 그림과 같이 build 폴더가 생성되고 내부에 'Q'로 시작하는 QTodoEntity.java 파일이 생성되는 것을 볼 수 있습니다(build 폴더에 .java 파일은 수정할 일이 없는 파일입니다.). build 폴더의 파일들은 원칙적으로 빌드 과정에서 생성되는 파일들이기 때문에 개발자가 직접 수정하지 않는 파일들이라고 생각해야 합니다.

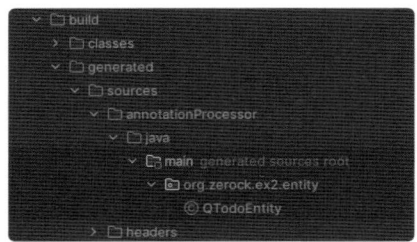

Querydsl의 실행으로 인해 만들어진 'Q'로 시작하는 클래스를 'Q도메인 클래스'라고 하는데 동적으로 JPQL을 만들기 위해서 사용됩니다.

Querydsl과 리포지토리 결합

Querydsl로 만들어진 Q도메인 클래스를 이용해서 리포지토리에 새로운 메서드를 추가해 봅니다. 이 과정은 다음과 같은 순서로 진행됩니다.

1) 별도의 인터페이스 설계
2) 해당 인터페이스의 구현 클래스 작성 – Q도메인 클래스 사용
3) 기존 리포지토리에 추가

가장 먼저 할 일은 작성하고자 하는 기능을 인터페이스로 정의하는 하는 것입니다. 예제에서는 repository 폴더 내에 search 패키지를 추가한 후에 TodoSearch라는 인터페이스를 정의합니다.

```java
package org.zerock.ex2.repository.search;

import org.springframework.data.domain.Page;
import org.springframework.data.domain.Pageable;
import org.zerock.ex2.entity.TodoEntity;

public interface TodoSearch {

    Page<TodoEntity> search1(Pageable pageable);
}
```

인터페이스 구현 클래스를 작성합니다. 구현 클래스를 만들 때 반드시 '인터페이스의 이름 +Impl'로 지정하는 점을 주의합니다. 예제는 TodoSearchImpl로 지정합니다.

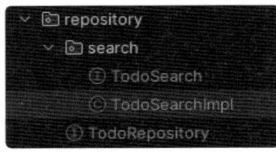

TodoSearchImpl 클래스는 QuerydslRepositorySupport 클래스를 상속받는 점을 주의합니다.

QuerydslRepositorySupport 클래스는 생성자가 있으므로 TodoSearchImpl 클래스에서 부모 클래스의 생성자를 지정해야만 합니다.

```
package org.zerock.ex2.repository.search;

import lombok.extern.log4j.Log4j2;
import org.springframework.data.domain.Page;
import org.springframework.data.domain.Pageable;
import org.springframework.data.jpa.repository.support.
QuerydslRepositorySupport;
import org.zerock.ex2.entity.TodoEntity;

@Log4j2
public class TodoSearchImpl extends QuerydslRepositorySupport implements
TodoSearch{

    public TodoSearchImpl() {
        super(TodoEntity.class);
    }

    @Override
    public Page<TodoEntity> search1(Pageable pageable) {

        return null;

    }
}
```

마지막 단계는 TodoRepository에 TodoSearch 인터페이스를 추가해 줍니다.

```
import org.zerock.ex2.repository.search.TodoSearch;

public interface TodoRepository extends JpaRepository<TodoEntity, Long>,
TodoSearch { … 생략… }
```

TodoSearchImpl 클래스에는 @Log4j2를 적용하고 Q도메인 클래스를 사용하는 코드를 추가합니다.

```
package org.zerock.ex2.repository.search;

import com.querydsl.jpa.JPQLQuery;
import lombok.extern.log4j.Log4j2;
import org.springframework.data.domain.Page;
import org.springframework.data.domain.Pageable;
import org.springframework.data.jpa.repository.support.
QuerydslRepositorySupport;
import org.zerock.ex2.entity.QTodoEntity;
import org.zerock.ex2.entity.TodoEntity;


@Log4j2
public class TodoSearchImpl extends QuerydslRepositorySupport implements
TodoSearch{

    public TodoSearchImpl() {
        super(TodoEntity.class);
    }

    @Override
    public Page<TodoEntity> search1(Pageable pageable) {

        log.info("search1............");

        QTodoEntity todoEntity = QTodoEntity.todoEntity;

        JPQLQuery<TodoEntity> query = from(todoEntity);
```

```
        query.where(todoEntity.mno.gt(0L));

        return null;
    }
}
```

search1( )에는 만들어진 QTodoEntity 클래스를 import 해서 JPQLQuery 객체를 생성합니다. JPQLQuery 객체는 기존에 문자열로 만드는 JPQL을 코드를 통해서 생성할 때 사용하는 API입니다. 이를 이용해서 where절과 같은 구문들을 생성할 수 있습니다. 예제에서는 'mno > 0'가 처리되고 있습니다.

아직까지 JPQLQuery를 실행하지는 않았기 때문에 search1( )을 실행해서 SQL문이 출력되지는 않겠지만, 테스트 코드를 미리 작성해 둡니다.

```
@Test
public void testSearch1(){

    Pageable pageable = PageRequest.of(0, 10, Sort.by("mno").descending());

    Page<TodoEntity> result = todoRepository.search1(pageable);

}
```

testSearch1( )을 실행해서 먼저 실행에 문제가 없는지 확인합니다. 간혹 QTodoEntity 클래스를 찾을 수 없는 에러가 발생하는 경우가 있는데 이런 경우에는 프로젝트의 build 폴더를 지우고 다시 실행합니다.

정상적으로 실행되면 아래와 같은 로그가 출력되는 것을 확인합니다.

```
o.s.d.j.r.query.QueryEnhancerFactory     : Hibernate is in classpath; If applicable, HQL parser will be used.
o.z.ex2.repository.TodoRepositoryTests   : Started TodoRepositoryTests in 1.93 seconds (process running for 2
o.z.e.repository.search.TodoSearchImpl   : search1...........
```

TodoSearchImpl에는 페이징 처리를 적용하고 목록 데이터를 조회하고, 데이터의 개수를 조회합니다.

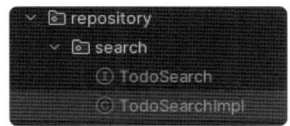

```java
@Override
public Page<TodoEntity> search1(Pageable pageable) {

    log.info("search1............");

    QTodoEntity todoEntity = QTodoEntity.todoEntity;

    JPQLQuery<TodoEntity> query = from(todoEntity);

    query.where(todoEntity.mno.gt(0L));

    getQuerydsl().applyPagination(pageable, query);

    java.util.List<TodoEntity> entityList = query.fetch();

    long count = query.fetchCount();

    return null;
}
```

applyPagination( )은 파라미터로 전달되는 pageable을 그대로 이용할 수 있기 때문에 별도의 페이징 처리에 대해서 고민하지 않아도 됩니다. 페이징 처리까지 적용된 후에 fetch( )와 fetchCount( )를 실행합니다. 테스트 코드를 실행하면 아래와 같은 SQL이 실행되는 것을 확인할 수 있습니다.

```
Hibernate:
    select
        te1_0.mno,
        te1_0.due_date,
        te1_0.title,
        te1_0.writer
    from
        tbl_todos te1_0
    where
        te1_0.mno>?
    order by
        te1_0.mno desc
    limit
        ?, ?

Hibernate:
    select
        count(te1_0.mno)
    from
        tbl_todos te1_0
    where
        te1_0.mno>?
```

최종적으로 반환 타입인 org.springframework.data.domain.Page< >를 생성해 줍니다. Page는 인터페이스이므로 이를 구현한 클래스 중에서 org.springframework.data.domain.PageImpl 클래스를 이용해서 생성합니다.

```java
@Override
public Page<TodoEntity> search1(Pageable pageable) {

    log.info("search1............");

    …

    java.util.List<TodoEntity> entityList = query.fetch();

    long count = query.fetchCount();

    return new PageImpl<>(entityList, pageable, count);
    }
}
```

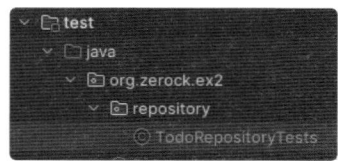

테스트 코드에서는 정상적으로 결과를 받아서 사용하도록 코드를 수정합니다.

```java
@Test
public void testSearch1(){

    Pageable pageable = PageRequest.of(0, 10, Sort.by("mno").
descending());

    Page<TodoEntity> result = todoRepository.search1(pageable);

    System.out.println(result.getTotalPages());

    System.out.println(result.getTotalElements());

    java.util.List<TodoEntity> todoEntityList = result.getContent();

    todoEntityList.forEach(todoEntity -> {
        System.out.println(todoEntity);
    });
}
```

```
10
99
TodoEntity(mno=99, title=Test Todo...97, writer=tester97, dueDate=2025-11-30)
TodoEntity(mno=98, title=Test Todo...96, writer=tester96, dueDate=2025-11-30)
TodoEntity(mno=97, title=Test Todo...95, writer=tester95, dueDate=2025-11-30)
TodoEntity(mno=96, title=Test Todo...94, writer=tester94, dueDate=2025-11-30)
TodoEntity(mno=95, title=Test Todo...93, writer=tester93, dueDate=2025-11-30)
TodoEntity(mno=94, title=Test Todo...92, writer=tester92, dueDate=2025-11-30)
TodoEntity(mno=93, title=Test Todo...91, writer=tester91, dueDate=2025-11-30)
TodoEntity(mno=92, title=Test Todo...90, writer=tester90, dueDate=2025-11-30)
TodoEntity(mno=91, title=Test Todo...89, writer=tester89, dueDate=2025-11-30)
TodoEntity(mno=90, title=Test Todo...88, writer=tester88, dueDate=2025-11-30)
```

Querydsl을 이용하면 if나 switch, for문들을 직접 작성하면서 원하는 조건절을 처리할 수가 있기 때문에 경우의 수가 많은 검색 조건일 때 주로 사용됩니다.

3.3.4 Projections와 DTO

JPA에서 엔티티 객체들은 영속 컨텍스트가 관리하는 존재이기 때문에 가능하면 여러 곳에서 사용하지 않도록 만들어주는 것이 안전합니다. 대부분의 경우 엔티티 객체는 그대로 사용하지 않고, DTO 등으로 변환해서 사용하게 되는데 이 경우에는 Spring Data JPA의 Projections라는 기능을 이용하면 변환 과정을 쉽게 처리할 수 있습니다. Projections 기능은 bean 방식이라고 하는 setter를 이용하는 방식과 constructor라고 하는 생성자를 이용하는 방법을 사용할 수 있습니다.

예를 들어 TodoEntity의 데이터를 담을 수 있는 TodoDTO라는 클래스를 이용한다면 다음과 같이 dto 패키지와 TodoDTO 클래스를 정의할 수 있습니다.

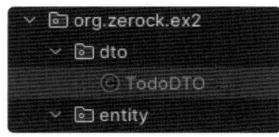

```java
package org.zerock.ex2.dto;

import lombok.Data;
import lombok.NoArgsConstructor;
import org.zerock.ex2.entity.TodoEntity;

import java.time.LocalDate;


@Data
@NoArgsConstructor
public class TodoDTO {

    private Long mno;

    private String title;

    private String writer;

    private LocalDate dueDate;

    public TodoDTO(TodoEntity todoEntity){
        this.mno = todoEntity.getMno();
        this.title = todoEntity.getTitle();
        this.writer = todoEntity.getWriter();
        this.dueDate = todoEntity.getDueDate();
    }

}
```

TodoDTO는 TodoEntity의 데이터를 복사해서 가지고 있는 객체이기 때문에 다른 객체들처럼 읽기/쓰기가 가능해도 상관없습니다. @NoArgsConstructor는 Spring Data JPA가 직접 객체를 만드는 경우에 사용하기 위해서 추가합니다. Projections의 constructor를 이용하는 경우를 대비해서 TodoEntity를 생성자의 파라미터로 사용하는 생성자를 정의해 둡니다.

리포지토리에서 엔티티 객체를 반환하는 대신에 DTO 객체를 반환하는 기능은 @Query를 이용하거나 Querydsl을 이용하는 경우에 사용할 수 있습니다.

@Query에서 Projections 이용하기

TodoRepository에서 특정한 번호의 Todo 데이터를 가져오는 기능을 Projections를 이용해서 바로 추출하면 아래 코드에서 getDTO( )의 형태가 됩니다.

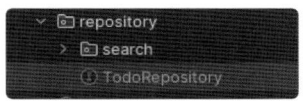

```java
package org.zerock.ex2.repository;

import org.springframework.data.domain.Page;
import org.springframework.data.domain.Pageable;
import org.springframework.data.jpa.repository.JpaRepository;
import org.springframework.data.jpa.repository.Query;
import org.springframework.data.repository.query.Param;
import org.zerock.ex2.dto.TodoDTO;
import org.zerock.ex2.entity.TodoEntity;
import org.zerock.ex2.repository.search.TodoSearch;

import java.util.Optional;

public interface TodoRepository extends JpaRepository<TodoEntity, Long>
, TodoSearch {

    @Query("select t from TodoEntity t ")
    Page<TodoEntity> listAll(Pageable pageable);

    @Query("select t from TodoEntity t where t.mno = :mno")
    Optional<TodoDTO> getDTO(@Param("mno") Long mno);

}
```

TodoDTO의 생성자로 TodoEntity를 파라미터로 전달받을 수 있기 때문에 위의 코드는 타입이 달라 보이지만, 정상적으로 동작합니다.

테스트 코드를 작성해서 getDTO( )의 동작을 확인합니다.

```
@Test
public void testGetTodoDTO() {

    Long mno = 59L;

    Optional<TodoDTO> result = todoRepository.getDTO(mno);

    result.ifPresent(todoDTO -> {
        System.out.println(todoDTO);
    });
}
```

테스트 결과를 보면 엔티티 객체가 아닌 DTO 객체가 생성된 것을 확인할 수 있습니다.

```
Hibernate:
    select
        te1_0.mno,
        te1_0.due_date,
        te1_0.title,
        te1_0.writer
    from
        tbl_todos te1_0
    where
        te1_0.mno=?
TodoDTO(mno=59, title=Test Todo...57, writer=tester57, dueDate=2025-11-30)
```

Querydsl에서 Projections 사용하기

Querydsl을 이용하는 경우에는 Projections.bean( ) 혹은 Projections.constructor( )라는 기능을 이용해서 JPQLQuery의 결과를 바로 DTO로 변환할 수 있습니다.

TodoSearch에 TodoDTO의 목록을 반환하도록 메서드를 추가합니다.

```
package org.zerock.ex2.repository.search;

import org.springframework.data.domain.Page;
import org.springframework.data.domain.Pageable;
import org.zerock.ex2.dto.TodoDTO;
import org.zerock.ex2.entity.TodoEntity;

public interface TodoSearch {

    Page<TodoEntity> search1(Pageable pageable);

    Page<TodoDTO> searchDTO(Pageable pageable);
}
```

TodoSearchImpl에서의 구현은 다음과 같습니다(import 주의).

```
import com.querydsl.core.types.Projections;
import com.querydsl.jpa.JPQLQuery;
import lombok.extern.log4j.Log4j2;
import org.springframework.data.domain.Page;
import org.springframework.data.domain.PageImpl;
import org.springframework.data.domain.Pageable;
import org.springframework.data.jpa.repository.support.QuerydslRepositorySupport;
import org.zerock.ex2.dto.TodoDTO;
import org.zerock.ex2.entity.QTodoEntity;
import org.zerock.ex2.entity.TodoEntity;


@Override
public Page<TodoDTO> searchDTO(Pageable pageable) {

    QTodoEntity todoEntity = QTodoEntity.todoEntity;

    JPQLQuery<TodoEntity> query = from(todoEntity);

    query.where(todoEntity.mno.gt(0L));
```

```
        getQuerydsl().applyPagination(pageable, query);

    JPQLQuery<TodoDTO> dtoQuery =
            query.select(Projections.constructor(TodoDTO.class, todoEntity));

    java.util.List<TodoDTO> dtoList = dtoQuery.fetch();

    long count = dtoQuery.fetchCount();

    return new PageImpl<>(dtoList, pageable, count);
}
```

searchDTO( )의 구현 부분을 보면 Projections.constructor( )를 이용해서 해당 데이터를 어떤 클래스로 만들 것인지를 지정합니다. 현재 TodoDTO에는 TodoEntity를 생성자의 파라미터로 만들었기 때문에 해당 생성자가 동작하게 됩니다.

최종적으로 테스트 코드를 작성해서 searchDTO( )를 호출해 봅니다.

```
@Test
public void testSearchDTO(){

    Pageable pageable = PageRequest.of(0, 10, Sort.by("mno").descending());

    Page<TodoDTO> result = todoRepository.searchDTO(pageable);

    System.out.println(result.getTotalPages());

    System.out.println(result.getTotalElements());

    java.util.List<TodoDTO> dtoList = result.getContent();

    dtoList.forEach(todoDTO -> {
        System.out.println(todoDTO);
    });

}
```

테스트 실행 결과를 확인해 보면 TodoDTO 객체들로 반환된 것을 확인할 수 있습니다.

```
10
99
MovieDTO(mno=99, title=Test Movie...97, director=tester97, releaseDate=2019-01-23)
MovieDTO(mno=98, title=Test Movie...96, director=tester96, releaseDate=2019-01-23)
MovieDTO(mno=97, title=Test Movie...95, director=tester95, releaseDate=2019-01-23)
MovieDTO(mno=96, title=Test Movie...94, director=tester94, releaseDate=2019-01-23)
MovieDTO(mno=95, title=Test Movie...93, director=tester93, releaseDate=2019-01-23)
MovieDTO(mno=94, title=Test Movie...92, director=tester92, releaseDate=2019-01-23)
MovieDTO(mno=93, title=Test Movie...91, director=tester91, releaseDate=2019-01-23)
MovieDTO(mno=92, title=Test Movie...90, director=tester90, releaseDate=2019-01-23)
MovieDTO(mno=91, title=Test Movie...89, director=tester89, releaseDate=2019-01-23)
MovieDTO(mno=90, title=Test Movie...88, director=tester88, releaseDate=2019-01-23)
```

동일한 결과를 만들더라도 Projections.bean( )을 이용한다면 다음과 같은 코드를 적용할 수 있습니다. bean 방식은 자바 빈(Bean)처럼 getter/setter 위주의 구성입니다.

```java
@Override
public Page<TodoDTO> searchDTO(Pageable pageable) {

    QTodoEntity todoEntity = QTodoEntity.todoEntity;

    JPQLQuery<TodoEntity> query = from(todoEntity);

    query.where(todoEntity.mno.gt(0L));

    getQuerydsl().applyPagination(pageable, query);

    //JPQLQuery<TodoDTO> dtoQuery = query.select(Projections.constructor(TodoDTO.class, todoEntity));

    JPQLQuery<TodoDTO> dtoQuery = query.select(
            Projections.bean(TodoDTO.class,
                    todoEntity.mno,
                    todoEntity.title,
                    todoEntity.writer,
                    todoEntity.dueDate));

    java.util.List<TodoDTO> dtoList = dtoQuery.fetch();

    long count = dtoQuery.fetchCount();

    return new PageImpl<>(dtoList, pageable, count);
}
```

Chapter 04

서비스 계층과 컨트롤러 계층

영속 계층에서 만들어진 데이터는 서비스 계층과 컨트롤러 계층을 통해서 JSON이나 XML 포맷의 데이터로 클라이언트 쪽으로 전송됩니다. 서비스 계층은 해당 API가 필요한 기능들을 구현하는 메서드의 형태로 표현하므로 메서드의 매개변수 리턴 타입, 예외 처리를 중점적으로 설계하게 됩니다. 예제에서는 AOP 기능을 함께 적용하는 방법을 같이 학습합니다.

컨트롤러 계층은 정상적인 경우와 더불어 예외가 발생했을 때 어떻게 메시지를 만들 것인지를 주의 깊게 학습해야 합니다.

4.1 서비스 계층의 설계

서비스 계층의 설계는 기본적으로 매개변수와 리턴 타입, 예외 처리를 중점적으로 설계해서 작성합니다. 서비스 계층은 컨트롤러와 리포지토리 사이를 연결해 주는 역할을 하는데 하나의 서비스에서 여러 리포지토리를 이용해서 원하는 작업을 하거나 비정상적인 상황에 대한 예외를 발생해 주는 역할을 합니다.

예제 프로젝트 내 service 패키지를 작성하고 TodoService 클래스를 작성합니다.

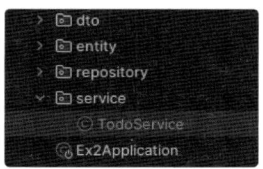

TodoService에는 @Service 어노테이션을 이용해서 스프링의 빈(Bean)으로 등록되게 처리합니다. 또한, 서비스 계층에서 가장 중요한 역할을 담당하는 트랜잭션을 추가합니다. 테스트 코드와 달리 해당 클래스의 모든 메서드는 하나의 트랜잭션 내에서 처리될 것입니다.

```java
package org.zerock.ex2.service;

import lombok.RequiredArgsConstructor;
import lombok.extern.log4j.Log4j2;
import org.springframework.stereotype.Service;
import org.springframework.transaction.annotation.Transactional;
import org.zerock.ex2.repository.TodoRepository;

@Service
@Transactional
@Log4j2
@RequiredArgsConstructor
public class TodoService {

    private final TodoRepository todoRepository;


}
```

TodoService 객체는 TodoRepository 객체가 있어야만 정상적으로 동작하므로(의존적인 관계) 생성자 주입을 하기 위해서 final과 생성자를 이용하는 자동 주입 방식으로 설계합니다.

> **NOTE: 의존성 주입에 인터페이스를 쓰는 게 좋은가? by ChatGPT**
>
> 의존성 주입에 인터페이스를 사용하는 것은 일반적으로 좋은 설계 원칙 중 하나입니다. 이는 코드의 유연성과 확장성을 높여주며, 코드의 결합도를 낮춰줍니다. 여기에는 몇 가지 이점이 있습니다.
>
> - 유연성: 인터페이스를 사용하면 해당 인터페이스를 구현한 여러 가지 클래스를 주입할 수 있습니다. 이는 코드를 변경하지 않고도 구현체를 교체하거나 새로운 구현체를 추가할 수도 있도록 해줍니다. 이는 특히 테스트 용이성을 높여줍니다.
>
> - 확장성: 인터페이스를 사용하면 새로운 기능을 추가할 때 기존 코드를 변경하지 않고도 새로운 구현체를 추가할 수 있습니다. 이는 애플리케이션이 성장하고 발전할 때 유용합니다.
>
> - 의존성 역전 원칙(Dependency Inversion Principle, DIP) 준수: 인터페이스를 사용하면 고수준 모듈이 저수준 모듈에 의존하지 않고, 추상화에 의존하도록 해줍니다. 이는 코드의 유연성과 재사용성을 높여줍니다.
>
> - 단위 테스트 용이성: 인터페이스를 사용하면 모의 객체(mock objects)를 사용하여 테스트하기가 더 쉬워집니다. 이는 의존성을 주입할 때 인터페이스를 사용하는 경우에 특히 유용합니다.
>
> 그러나 모든 상황에서 인터페이스를 사용하는 것이 항상 최적의 선택은 아닐 수 있습니다. 일부 간단한 경우에는 구체적인 클래스를 직접 주입하는 것이 더 간단할 수 있습니다. 따라서 상황에 맞게 적절한 판단을 내려야 합니다.

4.1.1 CRUD 처리

서비스 계층을 바라보는 컨트롤러의 입장을 생각해 보면 서비스 계층은 자신이 전달하는 데이터가 어떻게 저장되는지 알 수 없는 것이 정상입니다. 따라서 엔티티 객체가 아니라 컨트롤러가 알 수 있는 타입으로 코드를 작성하는데 이처럼 데이터의 교환에 사용하는 객체로 DTO(Data Transfer Object)를 이용합니다.

등록 처리

앞의 예제를 작성하면서 이미 DTO를 만들어 본 적이 있는데 DTO는 엔티티와 달리 상황에 따라 여러 개를 만들어서 사용하기도 합니다. 등록에 필요한 데이터는 이전에 만든 TodoDTO를 이용해서 구성하고 처리 결과는 리포지토리를 통해서 Todo의 번호(mno)까지 포함된 데이터를 반환하도록 설계해 봅니다.

> **NOTE: 등록 후에 적절한 리턴값 by ChatGPT**
>
> 서비스 계층에서 등록이나 추가 처리와 같은 작업을 수행할 때, 일반적으로는 해당 작업의 성공 여부를 나타내는 값을 리턴하는 것이 일반적입니다. 이 값을 통해 호출자가 작업이 성공했는지 실패했는지를 확인할 수 있습니다. 리턴값으로는 다음과 같은 방법들이 일반적으로 사용됩니다:
>
> Boolean 값: 작업이 성공했는지 여부를 나타내는 불리언(boolean) 값이 가장 일반적입니다. true는 성공을 나타내고 false는 실패를 나타냅니다.
>
> 정수 값: 성공이나 실패를 나타내는 정수 값을 사용할 수도 있습니다. 일반적으로 0은 성공을 나타내고 그 외의 값은 실패를 나타냅니다.
>
> 열거형(Enum): 복잡한 상태를 나타내기 위해 열거형을 사용할 수도 있습니다. 예를 들어, SUCCESS, FAILURE, DUPLICATE, INVALID_INPUT 등의 열거형 상태를 정의하여 리턴할 수 있습니다.
>
> 사용자 정의 객체: 작업 결과에 대한 자세한 정보를 전달하기 위해 사용자 정의 객체를 리턴할 수도 있습니다. 이 객체는 작업의 성공 여부뿐만 아니라 추가적인 정보를 포함할 수 있습니다. 예를 들어, 작업 성공 여부, 생성된 엔터티의 ID, 오류 메시지 등을 포함할 수 있습니다.
>
> 리턴값은 호출자가 해당 작업의 결과를 적절하게 처리하고 필요에 따라 추가적인 작업을 수행할 수 있도록 도와줍니다. 예를 들어, 등록 작업에서 실패한 경우 오류 메시지를 표시하거나 추가적인 로깅을 수행할 수 있습니다.

예제에서는 데이터베이스에 추가된 상태의 TodoDTO를 구성해서 반환하도록 합니다. 이렇게 하면 API 서버를 호출하는 입장에서는 다시 등록된 TodoDTO를 조회하기 위한 요청을 하지 않는다는 장점이 있습니다.

TodoService에는 register( )를 아래와 같이 선언해 둡니다.

```java
package org.zerock.ex2.service;

import lombok.RequiredArgsConstructor;
import lombok.extern.log4j.Log4j2;
import org.springframework.stereotype.Service;
import org.springframework.transaction.annotation.Transactional;
import org.zerock.ex2.dto.TodoDTO;
import org.zerock.ex2.repository.TodoRepository;

@Service
@Transactional
@Log4j2
@RequiredArgsConstructor
public class TodoService {

    private final TodoRepository todoRepository;

    public TodoDTO register(TodoDTO todoDTO) {

        //DTO를 엔티티 객체로 변환한다.

        //todoRepository를 이용해서 저장한다.

        //DTO에 저장된 번호를 저장해서 반환한다.

        return null;
    }
}
```

선언한 register( )를 보면 매개변수와 리턴 타입이 동일하지만, 매번 동일하게 설계되지는 않습니다. API 서버가 아닌 경우에는 주로 새로운 Todo가 저장되면서 만들어진 번호만을 전달하는 방식의 설계를 많이 했습니다. 이 경우 나중에 등록된 새로운 Todo를 확인하기 위해서 다시 한번 API 서버를 호출하는 경우가 발생하는 단점이 있습니다. 그래서 예제에서는 자신이 저장하는 Todo가 데이터베이스에 어떻게 저장되었는지 모든 결과를 알려주도록 TodoDTO 타입을 리턴 타입으로 설계합니다.

TodoRepository는 TodoEntity 타입의 엔티티 객체를 이용하기 때문에 TodoDTO는 TodoEntity 타입으로 변환될 필요가 있습니다. 이를 내부적으로 메서드로 분리해서 작성해 둡니다. 엔티티 객체를 DTO 타입으로 바꾸거나 DTO 타입을 엔티티 객체로 변환하는 메서드를 TodoDTO 내부에 아래와 같이 작성합니다.

```java
package org.zerock.ex2.dto;

import lombok.Data;
import lombok.NoArgsConstructor;
import org.zerock.ex2.entity.TodoEntity;

import java.time.LocalDate;

@Data
@NoArgsConstructor
public class TodoDTO {

    private Long mno;

    private String title;

    private String writer;

    private LocalDate dueDate;

    public TodoDTO(TodoEntity todoEntity){
        this.mno = todoEntity.getMno();
        this.title = todoEntity.getTitle();
        this.writer = todoEntity.getWriter();
        this.dueDate = todoEntity.getDueDate();
    }

    public TodoEntity toEntity(){
        return TodoEntity.builder()
```

```
            .mno(mno)
            .title(title)
            .writer(writer)
            .dueDate(dueDate)
            .build();
    }
}
```

TodoDTO의 toEntity( )를 이용해서 TodoService의 register( )를 완성하면 다음과 같은 형태가 됩니다.

```
package org.zerock.ex2.service;


import lombok.RequiredArgsConstructor;
import lombok.extern.log4j.Log4j2;
import org.springframework.stereotype.Service;
import org.springframework.transaction.annotation.Transactional;
import org.zerock.ex2.dto.TodoDTO;
import org.zerock.ex2.entity.TodoEntity;
import org.zerock.ex2.repository.TodoRepository;

…생략

    public TodoDTO register(TodoDTO todoDTO) {

        //DTO를 엔티티 객체로 변환한다.
        TodoEntity todoEntity = todoDTO.toEntity();

        //todoRepository를 이용해서 저장한다.
        todoRepository.save(todoEntity);

        //DTO에 저장된 번호를 저장해서 반환한다.

        return new TodoDTO(todoEntity);

    }
…생략
```

등록 작업 테스트

등록 작업 테스트는 정상적으로 서비스 객체와 리포지토리가 동작해야 하므로 @SpringBootTest를 이용해서 작성합니다. test 폴더 내에 service 패키지를 아래와 같이 추가합니다.

```java
package org.zerock.ex2.service;

import org.junit.jupiter.api.Test;
import org.springframework.beans.factory.annotation.Autowired;
import org.springframework.boot.test.context.SpringBootTest;
import org.zerock.ex2.dto.TodoDTO;

import java.time.LocalDate;

@SpringBootTest
public class TodoServiceTests {

    @Autowired
    private TodoService todoService;

    @Test
    public void testRegister() {

        TodoDTO todoDTO = new TodoDTO();
        todoDTO.setTitle("Test Todo");
        todoDTO.setWriter("user00");
        todoDTO.setDueDate(LocalDate.of(2025, 12, 23));

        TodoDTO resultDTO = todoService.register(todoDTO);

        System.out.println(resultDTO);
    }
}
```

기존의 테스트 코드와 달리 @SpringBootTest를 이용해서 실제로 프로젝트 전체를 실행하게 됩니다. 테스트 결과는 TodoDTO가 가진 데이터와 데이터베이스에 추가되면서 생성된 번호가 포함된 결과를 만들어냅니다(생성된 mno값은 데이터베이스 상황에 따라 다른 값일 수 있습니다.).

```
Hibernate:
    insert
    into
        tbl_todos
        (due_date, title, writer)
    values
        (?, ?, ?)
TodoDTO(mno=102, title=Test Todo, writer=user00, dueDate=2025-12-23)
```

조회 처리

조회 작업으로 이미 TodoRepository에서 TodoDTO로 반환해 주는 기능을 만들어 두었기 때문에 간단히 처리할 수 있습니다. 다만, 조회할 때 없는 번호의 Todo를 조회하는 경우 어떻게 할 것인가에 대해서 고민할 필요가 있습니다.

TodoService에 read( ) 기능을 추가합니다.

```java
public TodoDTO read(Long mno) {

    Optional<TodoDTO> result = todoRepository.getDTO(mno);

    TodoDTO todoDTO = result.orElseThrow();

    return todoDTO;
}
```

read( )에서 눈여겨봐야 하는 부분은 해당 번호(mno)의 데이터가 없는 경우 예외가 발생하게 되었다는 점입니다. 테스트를 통해서 어떤 예외가 발생하는지 알아봅니다.

```
@Test
public void testRead() {

    Long mno = 102L;//현재 DB에 존재하는 번호

    TodoDTO todoDTO = todoService.read(mno);

    System.out.println(todoDTO);
}
```

존재하는 번호의 경우에는 아무런 문제 없이 조회가 가능합니다.

만일 102번 데이터가 존재하지 않는다면 java.util에서 만들어지는 NoSuchElementException이 발생하는 것을 볼 수 있습니다.

예외 설계와 반영

컨트롤러의 입장에서 생각해 보면 TodoService 쪽을 호출했을 때 NoSuchElementException이 발생하면 어떤 의미로 해석해야 하는지 알 수 없기 때문에 바람직한 예외 처리 방식이라고 할 수는 없습니다. 이 기회에 API 서버에 없는 데이터를 조회하는 경우를 의미하는 예외를 하나 정의한 다음 사용한다면 컨트롤러 입장에서도 도움이 될 것입니다.

프로젝트 내에 exception 패키지를 추가하고 EntityNotFoundException을 아래와 같이 정의합니다.

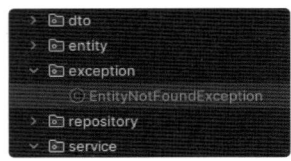

```java
package org.zerock.ex2.exception;

import lombok.Getter;
import lombok.ToString;

@Getter
@ToString
public class EntityNotFoundException extends RuntimeException {

    private String message;
    private int code;

    public EntityNotFoundException(String message) {
        super(message);
        this.message = message;
        this.code = 404;
    }
}
```

TodoService의 read()에서 EntityNotFoundException이 발생하도록 수정합니다.

```java
public TodoDTO read(Long mno) {

    Optional<TodoDTO> result = todoRepository.getDTO(mno);

    TodoDTO todoDTO =
            result.orElseThrow(
                    () -> new EntityNotFoundException("Todo " + mno + " not found")
            );

    return todoDTO;
}
```

테스트 코드를 통해서 존재하지 않는 번호의 Todo를 확인하면 java.util.NoSuchElement 대신에 직접 정의한 예외가 발생하는 것을 확인할 수 있습니다(아래의 화면은 100번을 삭제한 이후의 테스트 결과입니다.).

```
EntityNotFoundException(message=Todo 100 not found, code=404)
    at org.zerock.ex2.service.TodoService.lambda$read$0(TodoService.java:49)
    at java.base/java.util.Optional.orElseThrow(Optional.java:403)
    at org.zerock.ex2.service.TodoService.read(TodoService.java:49) <2 internal lines>
```

예외를 직접 설계하는 방식은 처음에는 조금 귀찮게 느껴질 수 있지만, 시간이 지나 재사용되면서 더 많은 이득을 가져다줍니다.

삭제 처리

삭제 처리 방식은 '변경 감지(dirty checking)'를 이용할 수 있고, @Id에 해당하는 값으로 직접 처리할 수도 있습니다. 삭제 처리를 요구하는 입장에서는 당연히 정상적으로 삭제에 성공하기를 원할 것이지만, 데이터가 없는 경우도 고려해 보면 조금 전 설계한 EntityNotFoundException을 이용할 수도 있습니다.

TodoService에 remove( ) 기능을 추가해 봅니다.

```
public void remove(Long mno) {

    Optional<TodoEntity> result = todoRepository.findById(mno);

    TodoEntity todoEntity = result.orElseThrow(
            () -> new EntityNotFoundException("Todo " + mno + " not found"));

    todoRepository.delete(todoEntity);

}
```

테스트 코드를 이용해서 삭제가 이루어지는지 확인합니다.

```
@Test
public void testRemove() {

    Long mno = 3L;

    todoService.remove(mno);
}
```

현재 데이터베이스에 있는 번호를 삭제하는 경우에는 정상적으로 'delete'문이 실행됩니다 (TodoService가 트랜잭션 처리를 하고 있고 테스트 코드가 아니므로 @Transactional이나 @Commit을 이용하지 않아도 됩니다.).

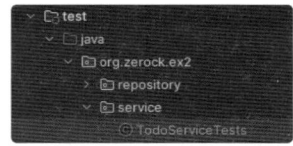

만일 데이터베이스에 존재하지 않는 번호를 삭제하려고 하는 경우에는 EntityNotFoundException이 발생하게 됩니다(아래의 결과는 이미 3번을 삭제했으므로 존재하지 않는 번호가 된 경우입니다.).

```
Hibernate:
    select
        te1_0.mno,
        te1_0.due_date,
        te1_0.title,
        te1_0.writer
    from
        tbl_todos te1_0
    where
        te1_0.mno=?
EntityNotFoundException(message=Todo 3 not found, code=404)
    at org.zerock.ex2.service.TodoService.lambda$remove$1(TodoService.java:60)
```

수정 처리

수정 처리는 엔티티 객체를 save( ) 하거나 변경 감지(dirty checking)를 이용할 수 있습니다.

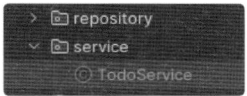

수정할 수 있는 항목은 title, writer, dueDate이지만, 만일 다른 값들이 많다면 그대로 유지되어야 하기 때문에 엔티티 객체를 조회해 오고 난 후에 필요한 부분을 수정하는 방식으로 작성하게 됩니다.

```java
public TodoDTO modify(TodoDTO todoDTO) {

    Optional<TodoEntity> result = todoRepository.findById(todoDTO.getMno());

    TodoEntity todoEntity = result.orElseThrow(
            () -> new EntityNotFoundException("Todo " + todoDTO.getMno()
+ " not found"));

    todoEntity.changeTitle(todoDTO.getTitle());
    todoEntity.changeWriter(todoDTO.getWriter());
    todoEntity.changeDueDate(todoDTO.getDueDate());

    return new TodoDTO(todoEntity);
}
```

TodoService의 modify( ) 역시 트랜잭션 내에서 실행되기 때문에 변경 감지를 이용할 수 있으므로 save( )를 하지 않았습니다(개인적으로는 save( )를 하는 방식이 나중에 발생할 수 있는 문제의 소지를 줄여준다고 생각하긴 합니다.).

NOTE: 변경감지 vs save( ) by ChatGPT

어떤 방식을 사용할지는 상황에 따라 다릅니다. 변경 감지는 간단하고 작은 트랜잭션에 적합하며, 명시적 저장 방식(save( ))은 명확하고 복잡한 비즈니스 로직이 포함된 대규모 트랜잭션에 적합합니다.

일반적으로 실무에서는 두 가지 방식을 혼용하여 사용합니다. 단순한 CRUD 작업에는 변경 감지를 사용하고, 복잡한 비즈니스 로직이 필요한 경우에는 save( ) 메서드를 사용하여 명시적으로 관리합니다.

테스트 코드를 작성해서 modify( )를 테스트합니다.

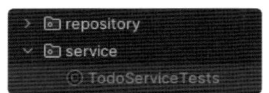

```java
@Test
public void testModify() {

    TodoDTO todoDTO = new TodoDTO();
    todoDTO.setMno(102L);
    todoDTO.setTitle("수정된 제목");
    todoDTO.setWriter("fix1");
    todoDTO.setDueDate(LocalDate.now());

    todoService.modify(todoDTO);
}
```

최종적으로 데이터베이스에서 변경된 것을 확인합니다.

4.1.2 페이징 처리

페이징 처리는 이미 리포지토리 쪽에서 Projections를 이용해서 TodoDTO 처리가 된 상태이므로 이를 그대로 이용하면 됩니다. 다만, 페이지 번호와 한 페이지당의 크기와 같이 정보는 파라미터로 받기보다는 DTO로 설계하는 것이 더 편리하므로 dto 패키지에 PageRequestDTO라는 이름으로 만들어서 사용하도록 합니다.

```
package org.zerock.ex2.dto;

import lombok.AllArgsConstructor;
import lombok.Builder;
import lombok.Data;
import lombok.NoArgsConstructor;
import org.springframework.data.domain.PageRequest;
import org.springframework.data.domain.Pageable;
import org.springframework.data.domain.Sort;

@Data
@AllArgsConstructor
```

```java
@NoArgsConstructor
@Builder
public class PageRequestDTO {

    @Builder.Default
    private int page = 1;

    @Builder.Default
    private int size = 10;

    public Pageable getPageable(Sort sort){

        int pageNum = page < 0 ? 1 : page - 1;
        int sizeNum = size <= 10 ? 10 : size;

        return PageRequest.of( pageNum , sizeNum, sort);
    }

}
```

PageRequestDTO는 page와 size값을 이용해서 Spring Data JPA에서 필요한 Pageable 타입의 객체를 생성할 수 있는 메서드를 가지도록 작성합니다. TodoService에서는 PageRequestDTO를 파라미터로 전달받아서 목록을 구하는 기능을 구현해 봅니다.

```java
public Page<TodoDTO> getList(PageRequestDTO pageRequestDTO) {

    Sort sort = Sort.by("mno").descending();
    Pageable pageable = pageRequestDTO.getPageable(sort);

    return todoRepository.searchDTO(pageable);
}
```

TodoService의 getList( )는 테스트 코드에서 동작을 확인합니다.

```
@Test
public void testList() {

    //page 1,  size 10
    PageRequestDTO pageRequestDTO = new PageRequestDTO();

    Page<TodoDTO> result = todoService.getList(pageRequestDTO);

    System.out.println("PREV: " + result.previousPageable());
    System.out.println("NEXT: " + result.nextPageable());
    System.out.println("TOTAL: " + result.getTotalElements());

    result.getContent().forEach(todoDTO -> System.out.println(todoDTO));

}
```

현재 데이터베이스에 10개 이상의 데이터가 존재한다면 count 관련 쿼리도 같이 실행됩니다.

```
Hibernate:
    select
        te1_0.mno,
        te1_0.title,
        te1_0.writer,
        te1_0.due_date
    from
        tbl_todos te1_0
    where
        te1_0.mno>?
    order by
        te1_0.mno desc
    limit
        ?, ?
```

```
Hibernate:
    select
        count(te1_0.mno)
    from
        tbl_todos te1_0
    where
        te1_0.mno>?
```

결괏값에서는 이전(prev)이나 다음(next) 페이지가 존재하는지를 확인할 수 있습니다.

```
PREV: org.springframework.data.domain.Unpaged@210
NEXT: Page request [number: 1, size 10, sort: mno: DESC]
TOTAL: 99
TodoDTO(mno=102, title=수정된 제목, writer=fix1, dueDate=2024-05-11)
TodoDTO(mno=99, title=Test Todo...97, writer=tester97, dueDate=2025-11-30)
TodoDTO(mno=98, title=Test Todo...96, writer=tester96, dueDate=2025-11-30)
TodoDTO(mno=97, title=Test Todo...95, writer=tester95, dueDate=2025-11-30)
TodoDTO(mno=96, title=Test Todo...94, writer=tester94, dueDate=2025-11-30)
TodoDTO(mno=95, title=Test Todo...93, writer=tester93, dueDate=2025-11-30)
TodoDTO(mno=94, title=Test Todo...92, writer=tester92, dueDate=2025-11-30)
TodoDTO(mno=93, title=Test Todo...91, writer=tester91, dueDate=2025-11-30)
TodoDTO(mno=92, title=Test Todo...90, writer=tester90, dueDate=2025-11-30)
TodoDTO(mno=91, title=Test Todo...89, writer=tester89, dueDate=2025-11-30)
```

서비스 계층은 테스트를 생략하면서 개발하는 방식도 잘못된 것은 아니지만, 트랜잭션 처리 등을 확인하기 위해서라도 테스트를 해주는 것이 좋습니다.

4.2 컨트롤러 계층의 설계

서비스 계층의 모든 동작이 구현되었다면 가장 중요한 컨트롤러 계층을 설계/구현하는 것입니다. TodoController는 @RestController를 이용해서 설계되고 TodoController나 TodoService에서 발생하는 예외에 대한 처리는 @RestControllerAdvice를 이용합니다.

작업	경로
등록	/api/v1/todos (POST)
조회	/api/v1/todos/번호 (GET)
수정	/api/v1/todos/번호 (PUT)
삭제	/api/v1/todos/번호 (DELETE)
목록	/api/v1/todos/list (GET)

프로젝트 내에 controller 패키지를 작성하고 TodoController를 선언합니다.

TodoController는 @RestController로 설계하고 @RequestMapping을 이용해서 '/api/v1/todos' 경로를 처리하도록 지정합니다.

```java
package org.zerock.ex2.controller;

import lombok.RequiredArgsConstructor;
import lombok.extern.log4j.Log4j2;
import org.springframework.web.bind.annotation.RequestMapping;
import org.springframework.web.bind.annotation.RestController;
import org.zerock.ex2.service.TodoService;

@RestController
@RequestMapping("/api/v1/todos")
@Log4j2
@RequiredArgsConstructor
public class TodoController {

    private final TodoService todoService;

}
```

TodoController는 '/api/v1/todos' 경로로 시작하는 요청들을 처리할 수 있게 설계합니다.

4.2.1 검증 처리를 위한 추가 라이브러리

등록 작업을 처리하기 전에 먼저 검증(validation)에 대해서 고민해 봐야 합니다. API 서버는 다양한 클라이언트 프로그램에서 호출되는 것을 염두에 두기 때문에 클라이언트 쪽에서의 검증도 중요하지만, API 서버에서 해당 클라이언트가 어떻게 구현되는지 알 수 없기 때문에 서버 쪽에서도 전달된 데이터를 검증할 필요가 있습니다.

스프링 부트의 경우 이를 위한 'spring starter validation' 라이브러리를 하나 추가하면 됩니다. 해당 라이브러리는 프로젝트 생성 시에 추가할 수 있고, 검색을 통해서 build.gradle 파일에 직접 추가할 수도 있습니다.

라이브러리를 추가할 때 주의할 점은 스프링 부트는 관련된 버전을 알아서 지정하기 때문에 현재 사용하는 스프링 부트의 버전과 다른 버전을 추가하지 않도록 하는 것입니다. 예를 들어 스프링 부트 버전이 3.2.5라면 라이브러리 역시 동일한 3.2.5 버전을 쓰는 것이 안전합니다. 버전을 명시하지 않으면 현재 프로젝트의 버전에 맞는 라이브러리를 다운로드합니다.

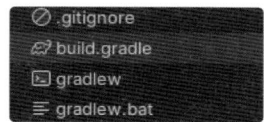

build.gradle의 dependencies 항목에 아래와 같이 추가하고 Gradle을 다시 로딩합니다.

```
dependencies {
    implementation 'org.springframework.boot:spring-boot-starter-data-jpa'
    implementation 'org.springframework.boot:spring-boot-starter-web'
    ...생략

    //validation
    implementation 'org.springframework.boot:spring-boot-starter-validation'
}
```

4.2.2 등록 작업과 @RequestBody

등록 작업은 '/api/v1/todos' 경로에 POST 방식으로 구현합니다. 다만, 등록하기 위해서 추가되는 데이터가 예전에는 주로 <form> 태그를 통해서 만들어지는 방식이었는데 이 방식이 아니라, JSON 형태의 데이터를 다루어 보도록 하겠습니다(반드시 JSON 형식만 사용해야 한다는 약속은 없지만, 파일이 추가되는 데이터가 아니라면 JSON을 이용할 때 크게 문제가 없기 때문에 텍스트는 JSON을 많이 사용합니다.).

등록 시에 데이터 처리는 TodoDTO를 이용해서 수집하도록 설계하고 TodoDTO 앞에는 @RequestBody라는 특별한 어노테이션을 추가합니다. @RequestBody는 JSON 데이터를 TodoDTO로 변환해 주는 중요한 역할을 하게 됩니다.

완전한 처리 전에 정상적으로 동작하는지 확인만 하는 용도로 TodoService를 호출하지는 않도록 구현합니다.

```java
package org.zerock.ex2.controller;


import lombok.RequiredArgsConstructor;
import lombok.extern.log4j.Log4j2;
import org.springframework.http.ResponseEntity;
import org.springframework.web.bind.annotation.PostMapping;
import org.springframework.web.bind.annotation.RequestBody;
import org.springframework.web.bind.annotation.RequestMapping;
import org.springframework.web.bind.annotation.RestController;
import org.zerock.ex2.dto.TodoDTO;
import org.zerock.ex2.service.TodoService;

@RestController
@RequestMapping("/api/v1/todos")
@Log4j2
@RequiredArgsConstructor
public class TodoController {

    private final TodoService todoService;

    @PostMapping("")
    public ResponseEntity<TodoDTO> register(@RequestBody TodoDTO todoDTO) {

        log.info("register............");
```

```
        log.info(todoDTO);

        //return ResponseEntity.ok(todoService.register(todoDTO));
        return null;
    }
}
```

Postman을 이용한 확인

테스트 코드 대신에 Postman을 이용해서 동작 여부를 확인합니다. 예제 프로젝트를 실행한 후에 Postman을 열어서 새로운 요청을 작성합니다.

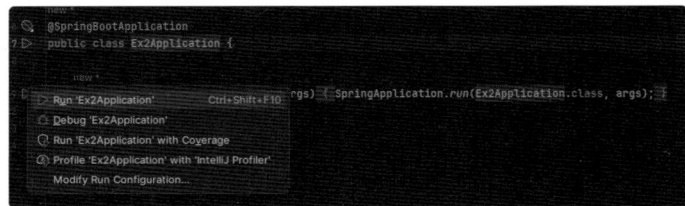

가장 중요한 부분은 'Body' 탭에서 'raw' 항목과 'JSON' 항목을 선택하는 것입니다.

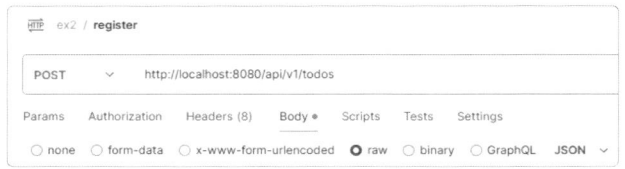

실제 데이터를 추가하는 것은 JSON 문자열입니다.

```
{
    "title": "Sample Todo 제목",
    "writer" : "user11",
    "dueDate" : "2025-12-31"
}
```

서버에서는 TodoDTO 객체로 전송된 파라미터들이 수집되었는지 로그를 통해서 확인합니다.

```
o.s.web.servlet.DispatcherServlet        : Completed initialization in 0 ms
o.zerock.ex2.controller.TodoController   : register..........
o.zerock.ex2.controller.TodoController   : TodoDTO(mno=null, title=Sample Todo 제목, writer=user11, dueDate=2025-12-31)
```

검증 어노테이션의 추가

정상적으로 파라미터가 수집되었다면 검증 처리를 고민합니다. TodoEntity 객체의 경우 'title, writer, dueDate'는 모두 반드시 필요하기 때문에 해당 값이 없다면 문제가 됩니다.

TodoDTO에 검증 관련된 어노테이션들을 추가합니다.

```java
package org.zerock.ex2.dto;

import jakarta.persistence.Column;
import jakarta.validation.constraints.Future;
import jakarta.validation.constraints.FutureOrPresent;
import jakarta.validation.constraints.NotEmpty;
import lombok.Data;
import lombok.NoArgsConstructor;
import org.zerock.ex2.entity.TodoEntity;

import java.time.LocalDate;


@Data
@NoArgsConstructor
public class TodoDTO {

    private Long mno;

    @NotEmpty
    private String title;

    @NotEmpty
    private String writer;

    @FutureOrPresent
    private LocalDate dueDate;

    ...생략
}
```

@NotEmpty는 문자열이 비어 있지 않을 것을 의미하고, 길이를 지정하고자 할 때는 @Size를 통해 길이를 범위로 지정할 수 있습니다. 날짜는 현재 혹은 미래 날짜만 지정할 수 있도록 @FutureOrPreset 등을 이용할 수 있습니다.

TodoController에서는 스프링에서 제공하는 @org.springframework.validation.annotation.Validated를 이용해서 해당 데이터를 검증하는 것을 확인합니다.

```java
@PostMapping("")
public ResponseEntity<TodoDTO> register(@RequestBody @Validated TodoDTO todoDTO) {

    log.info("register............");
    log.info(todoDTO);

    //return ResponseEntity.ok(todoService.register(todoDTO));
    return null;
}
```

Postman에서는 기존에 title, writer, dueDate 중에 하나라도 누락된 값이 있는지 살펴봅니다.

```
{
    "title": "Sample Todo 제목",
    "dueDate" : "2025-12-31"
}
```

@Validated가 정상적으로 동작했다면 아래와 같이 400 에러가 발생하는 것을 볼 수 있습니다.

```
{
    "timestamp": "2024-05-11T03:41:59.274+00:00",
    "status": 400,
    "error": "Bad Request",
    "trace": "org.springframework.web.bind.MethodArgumentNotValidException: Validation failed for argument [0] in public org.springframework.http.ResponseEntity<org.zerock.ex2.dto.TodoDTO> org.zerock.ex2.controller.TodoController.register(org.zerock.ex2.dto.TodoDTO): [Field error in object 'todoDTO' on field 'writer': rejected value [null]; codes [NotEmpty.todoDTO.writer,NotEmpty.writer,NotEmpty.java.lang.String,NotEmpty]; arguments [org.springframework.context.support.DefaultMessageSourceResolvable: codes [todoDTO.writer,writer]; arguments []; default message [writer]]; default message [비어 있을 수 없습니다]] \r\n\tat org.springframework.web.servlet.mvc.method.annotation.
```

검증에 실패하면 MethodArgumentNotValidException 타입의 예외가 발생하게 되는데 예외 처리를 위해 다음과 같은 선택이 가능합니다.

- org.springframework.validation.BindingResult 타입의 파라미터를 추가해서 컨트롤러의 메서드 내부에서 처리하는 방법
- @RestController가 예외를 발생했을 때 동작할 @RestControllerAdvice를 설계해서 처리하는 방법

BindingResult를 이용하는 처리 방법은 메서드에 추가적으로 매개변수를 추가하고 직접 예외를 처리하는 방식입니다(예제에서는 사용하지 않을 방식이라 화면 캡처로 대신합니다.). BindingResult를 이용하는 방식은 hasErrors( )를 이용해서 검증에 문제가 있는지 확인하고 이를 처리하는 방식입니다.

```
@PostMapping("")
public ResponseEntity<TodoDTO> register(@RequestBody @Validated TodoDTO
todoDTO, BindingResult bindingResult) {

    log.info("register............");
    log.info(todoDTO);

    if(bindingResult.hasErrors()){
        log.info(bindingResult.getAllErrors());
        return ResponseEntity.badRequest().build();
    }


    return null;
}
```

@RestControllerAdvice

스프링의 컨트롤러는 @ControllerAdvice와 @RestControllerAdvice 어노테이션을 이용하면 컨트롤러에서 발생하는 예외를 대신 처리해 주는 객체를 생성할 수 있습니다. 'Advice'라는 용어는 AOP(Aspect Oriented Programming)에서 사용하는 용어로 '공통적인 문제의 처리 객체'라고 간주하면 됩니다.

AOP는 '공통 관심사'라고 해서 현재 상황과 같이 공통적이고 반복적인 문제에 대한 코드를 Advice라는 존재를 만들어서 기존 코드와 결합(weaving이라는 용어를 사용)해서 사용합니다.

예제의 경우 @Validated를 해야 하는 상황이 여러 메서드에 존재한다면 동일한 예외를 처리하는 코드를 @RestControllerAdvice를 이용해서 처리할 수 있습니다.

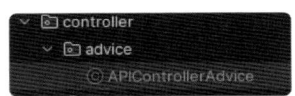

```java
package org.zerock.ex2.controller.advice;

import lombok.extern.log4j.Log4j2;
import org.springframework.http.HttpStatus;
import org.springframework.http.ResponseEntity;
import org.springframework.web.bind.MethodArgumentNotValidException;
import org.springframework.web.bind.annotation.ExceptionHandler;
import org.springframework.web.bind.annotation.RestControllerAdvice;

import java.util.HashMap;
import java.util.Map;

@RestControllerAdvice
@Log4j2
public class APIControllerAdvice {

    @ExceptionHandler(MethodArgumentNotValidException.class)
    public ResponseEntity<?> handleArgsException(MethodArgumentNotValidException exception) {
        Map<String, Object> errors = new HashMap<>();

        exception.getBindingResult().getFieldErrors().forEach(fieldError ->
                errors.put(fieldError.getField(), fieldError.getDefaultMessage()));

        return new ResponseEntity<>(errors, HttpStatus.BAD_REQUEST);
    }
}
```

APIControllerAdvice의 메서드는 특정한 타입의 예외를 메서드 단위로 처리할 수 있게 구성합니다. 대부분 예외의 경우 HTTP의 상태 코드(200,400,...)를 이용하는 것이 일반적이기 때문에 ResponseEntity< > 타입으로 설계해서 원하는 메시지를 구성합니다.

TodoController는 원래대로 BindingResult를 사용하지 않도록 되돌려 놓습니다.

```
@PostMapping("")
public ResponseEntity<TodoDTO> register(@RequestBody @Validated TodoDTO todoDTO) {

    log.info("register............");
    log.info(todoDTO);

    //return ResponseEntity.ok(todoService.register(todoDTO));
    return null;
}
```

Postman에서 아래 화면과 같이 필요한 파라미터가 누락된 데이터를 전송하면(아래 그림에서는 writer 파라미터 누락) HTTP 상태 코드는 400(Bad Request)이면서 JSON으로 만들어진 예외 메시지를 전송하게 됩니다.

APIControllerAdvice는 각 기능을 추가하면서 공통적으로 발생할 수 있는 예외를 설계해서 이를 처리하는 용도로 계속 사용할 것입니다.

검증 처리까지 완료되었다면 최종적으로 TodoController에서 TodoService를 이용하는 코드를 마무리합니다.

```java
@PostMapping("")
public ResponseEntity<TodoDTO> register(@RequestBody @Validated TodoDTO
todoDTO) {

    log.info("register............");
    log.info(todoDTO);

    //자동 생성은 번호가 null인 경우에 insert
    todoDTO.setMno(null);

    return ResponseEntity.ok(todoService.register(todoDTO));
}
```

Postman을 통해서 확인하면 등록되는 새로운 Todo의 번호와 함께 전달되는 것을 확인할 수 있습니다(아래 화면에서 새로운 Todo 번호(mno)가 생성된 것을 확인할 수 있습니다.).

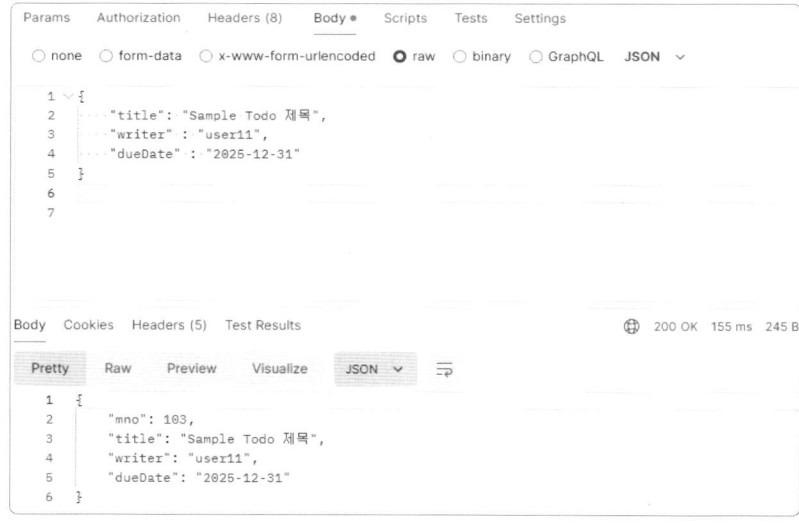

4.2.3 조회 작업과 예외 처리

조회 작업은 정상적으로 존재하는 번호의 데이터는 문제가 없겠지만, 없는 번호를 호출하는 경우 어떻게 처리할 것인지 미리 고민해야 합니다. 다행스러운 점은 서비스 계층에서 해당 엔티티가 없는 경우 EntityNotFoundException을 발생하도록 해 두었다는 점입니다. 발생하는 예외는 APIControllerAdvice를 이용해서 '404(Not Found)'와 같은 HTTP 상태 코드를 전송할 수 있을 것입니다.

컨트롤러의 조회 처리

TodoController의 처리는 TodoDTO를 반환해 주는 로직으로 처리합니다. 리턴 타입은 ResponseEntity〈TodoDTO〉 타입을 리턴값으로 지정합니다.

```java
@GetMapping("/{mno}")
public ResponseEntity<TodoDTO> read( @PathVariable("mno") Long mno) {

    log.info("read...........");
    log.info(mno);

    return ResponseEntity.ok(todoService.read(mno));
}
```

Postman을 이용해서 GET 방식으로 '/api/v1/todos/33'과 같이 존재하는 번호로 조회해 봅니다.

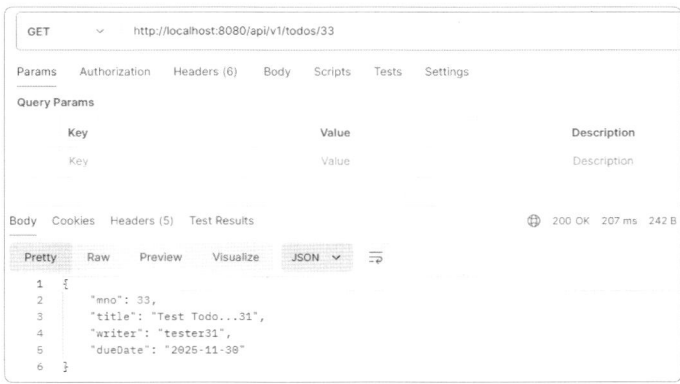

문제가 되는 부분은 존재하지 않는 번호를 조회하는 경우나 Long 타입이 아닌 다른 값을 전달하는 경우입니다.

'/api/v1/todos/33'이 아닌 '/api/v1/todos/AAA'와 같이 잘못된 경로를 지정하는 경우에는 MethodArgumentTypeMismatchException이 발생하게 됩니다.

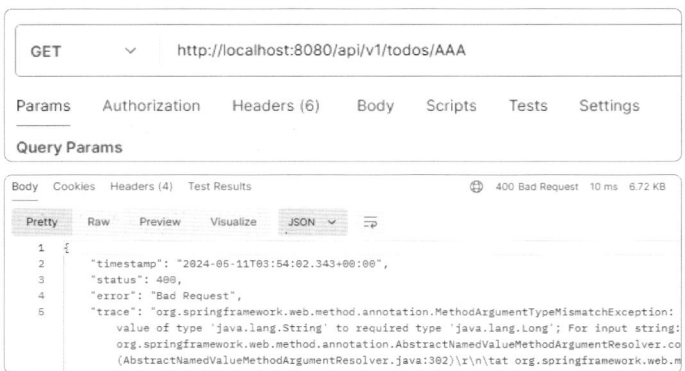

만일 없는 번호를 조회하는 경우에는 TodoService에서 발생하는 EntityNotFoundException이 발생하게 되고 서버 내부의 문제이기 때문에 상태 코드는 500(Internal Server Error)이 됩니다.

예외 처리

특정한 엔티티를 조회할 때 잘못된 타입이나 해당 엔티티가 없는 경우는 다른 엔티티를 다루더라도 공통적으로 대응이 필요하므로 APIControllerAdvice에서 예외를 처리하도록 설계해 주는 것이 좋습니다.

```java
package org.zerock.ex2.controller.advice;

import lombok.extern.log4j.Log4j2;
import org.springframework.http.HttpStatus;
import org.springframework.http.ResponseEntity;
import org.springframework.web.bind.MethodArgumentNotValidException;
import org.springframework.web.bind.annotation.ExceptionHandler;
import org.springframework.web.bind.annotation.RestControllerAdvice;
import org.springframework.web.method.annotation.MethodArgumentTypeMismatchException;
import org.zerock.ex2.exception.EntityNotFoundException;

import java.util.HashMap;
import java.util.Map;

@RestControllerAdvice
@Log4j2
public class APIControllerAdvice {

    @ExceptionHandler(MethodArgumentTypeMismatchException.class)
    public ResponseEntity<?> handleArgsException(MethodArgumentTypeMismatchException exception) {
        Map<String, String> errors = new HashMap<>();

        errors.put("error", "Type Mismatched");
        errors.put(exception.getName(), exception.getValue() + " is not valid value");

        return new ResponseEntity<>(errors, HttpStatus.BAD_REQUEST);
    }

    @ExceptionHandler(EntityNotFoundException.class)
    public ResponseEntity<?> handleEntityNotFoundException(EntityNotFoundException exception) {
        Map<String, String> errors = Map.of("message","Entity Not Found");
```

```
        return new ResponseEntity<>(errors, HttpStatus.NOT_FOUND);
    }

    @ExceptionHandler(MethodArgumentNotValidException.class)
    public ResponseEntity<?> handleArgsException(MethodArgumentNotValidException exception) {
        Map<String, Object> errors = new HashMap<>();

        exception.getBindingResult().getFieldErrors().forEach(fieldError ->
                errors.put(fieldError.getField(), fieldError.getDefaultMessage()));

        return new ResponseEntity<>(errors, HttpStatus.BAD_REQUEST);
    }
}
```

이제 Postman에서는 없는 번호로 조회하는 경우 JSON으로 된 에러 메시지와 함께 500 상태 코드가 아닌 404 에러를 전달하는 것을 확인할 수 있습니다.

잘못된 타입의 파라미터를 전달하는 경우를 테스트해 봅니다.

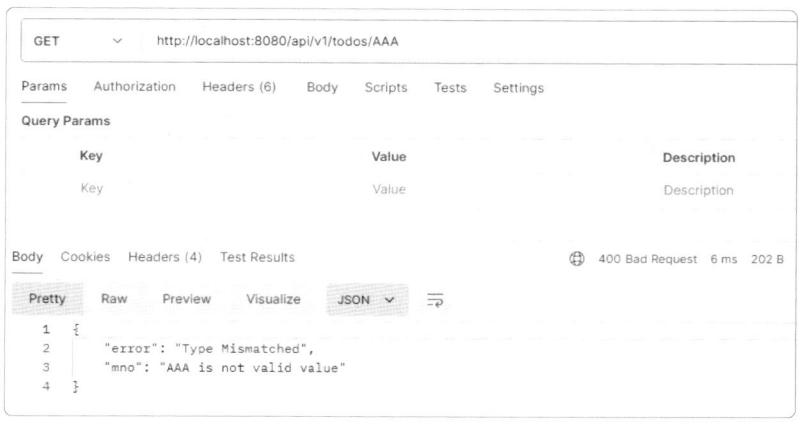

4.2.4 수정 작업과 @RequestBody

수정 작업은 PUT 방식으로 합니다. 여러 정보를 한 번에 수정할 수 있기 때문에 TodoDTO 타입으로 받아서 처리하게 됩니다. 일반적으로 수정 작업은 등록 작업이 JSON이면 수정 작업 역시 JSON으로 동일한 방식으로 설계하는 경우가 많습니다.

```
@PutMapping("/{mno}")
public ResponseEntity<TodoDTO> modify(@PathVariable("mno") Long mno, @RequestBody TodoDTO todoDTO) {

    log.info("modify............");
    log.info(mno);
    log.info(todoDTO);
    //DTO에 번호를 저장한다.
    todoDTO.setMno(mno);

    TodoDTO modifiedTodoDTO = todoService.modify(todoDTO);

    return ResponseEntity.ok(modifiedTodoDTO);
}
```

데이터베이스에 존재하는 번호의 Todo 정보를 수정해 봅니다.

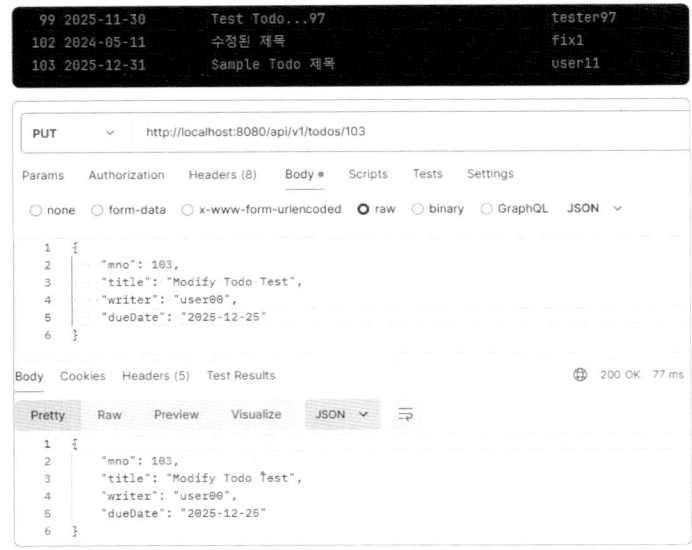

수정된 후에 다시 데이터베이스를 확인합니다.

4.2.5 삭제 작업

삭제는 조회와 비슷하게 없는 번호를 삭제하려고 하거나 잘못된 타입의 데이터가 전송되는 경우가 많습니다. 이에 대한 처리는 조회 단계를 구성할 때 만들어 두었기 때문에 정상적인 결과 메시지를 만들어 내는데 집중하면 됩니다.

```java
@DeleteMapping("/{mno}")
public ResponseEntity<Map<String, String>> remove(@PathVariable("mno")
Long mno) {

    log.info("remove............");
    log.info(mno);

    todoService.remove(mno);

    //void타입이기 때문에 다른 결과들처럼 JSON결과를 만들어서 반환한다.
    Map<String, String> result = Map.of("result", "success");

    return ResponseEntity.ok(result);
}
```

DELETE 방식은 POST나 PUT 방식처럼 데이터(payload라고 표현합니다.)를 전달할 수 없으므로 @PathVariable을 적극적으로 이용해야만 합니다.

Postman에서 정상적인 번호(데이터베이스에 존재하는 번호)를 삭제하는 경우 간단한 JSON 데이터가 전송되는지 확인합니다.

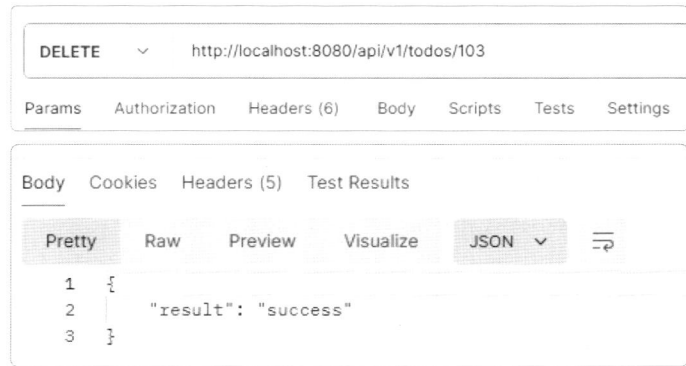

없는 번호나 잘못된 타입의 번호를 지정하면 예외가 처리되는지 확인합니다.

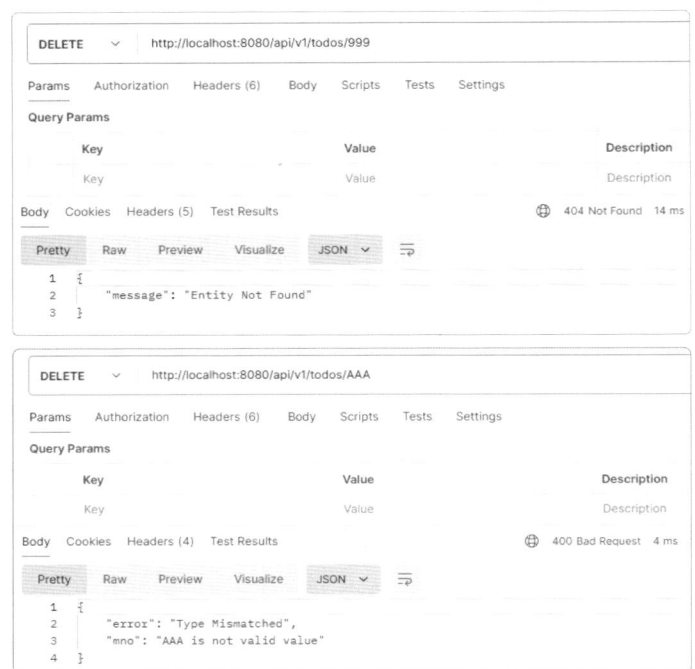

4.3 컨트롤러의 목록 처리

TodoService에서 목록 데이터는 Page〈TodoDTO〉 타입으로 반환되기 때문에 이를 이용할 수도 있습니다. 이때 페이지 번호와 한 페이지당 사이즈 정보는 PageRequestDTO로 수집되므로 이를 반영하면 다음과 같이 작성될 수 있습니다.

좀 더 안전하게 만들기 위해서 PageRequestDTO에 검증 관련된 어노테이션들을 적용할 수 있습니다.

```java
package org.zerock.ex2.dto;

import jakarta.validation.constraints.Max;
import jakarta.validation.constraints.Min;
import lombok.AllArgsConstructor;
import lombok.Builder;
import lombok.Data;
import lombok.NoArgsConstructor;
import org.springframework.data.domain.PageRequest;
import org.springframework.data.domain.Pageable;
import org.springframework.data.domain.Sort;

@Data
@AllArgsConstructor
@NoArgsConstructor
@Builder
public class PageRequestDTO {

    @Builder.Default
    @Min(1)
    private int page = 1;

    @Builder.Default
    @Max(100)
    @Min(10)
    private int size = 10;

    public Pageable getPageable(Sort sort){

        int pageNum = page < 0 ? 1 : page - 1;
        int sizeNum = size <= 10 ? 10 : size;

        return PageRequest.of( pageNum , sizeNum, sort);
    }

}
```

TodoController에서는 @Validated를 이용해서 검증 처리를 수행합니다.

```
@GetMapping("/list")
public ResponseEntity<Page<TodoDTO>> list( @Validated PageRequestDTO
pageRequestDTO) {

    log.info("list............");

    return ResponseEntity.ok(todoService.getList(pageRequestDTO));
}
```

Postman을 통해서 실행 결과를 확인합니다.

content에는 배열로 TodoDTO 데이터들이 들어 있고, 페이지 처리에 필요한 여러 정보가 전달되는 것을 확인할 수 있습니다.

다른 목록 페이지를 보고 싶다면 page와 size를 쿼리스트링으로 전달하면 됩니다.

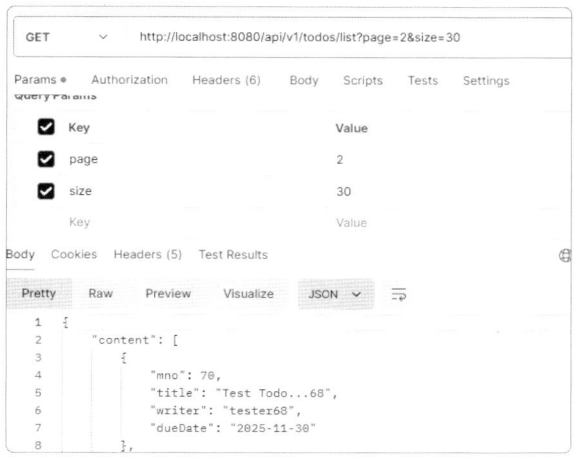

4.3.1 목록의 예외 처리

예를 들어 page 번호를 음수로 지정하면 다음과 같이 java.lang.IllegalArgumentException 예외가 발생하는데 이미 APIControllerAdvice에서 처리해 두었기 때문에 검증 결과만 전송됩니다.

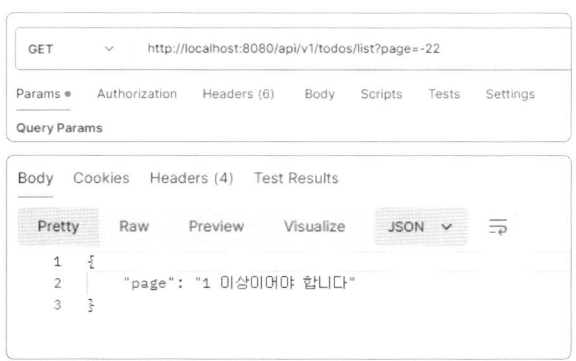

페이지당 사이즈 값은 10에서 100까지만 가능합니다.

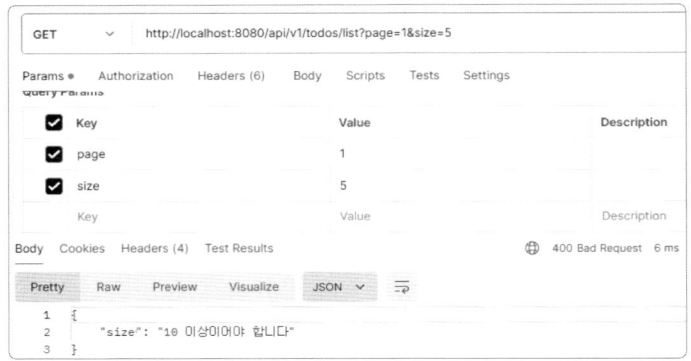

본격적인 API 서버의 개발에 앞서서 Todo라는 일반적인 예제로 REST 방식의 서버를 개발해 보았습니다. 하지만, 실제 사용할 수 있는 API 서버가 되기 위해서는 인증에 대한 조치가 있어야만 합니다. 다음 장인 5장에서 이에 대한 학습을 해보겠습니다.

PART 2.

JWT 인증

API 서버는 기본적으로는 사용자의 상태를 유지하지 않는 방식입니다. 그렇기 때문에 지난번에 방문한 사용자의 정보를 보관하고 추적하는 방식이 아니라 사용자가 직접 자신을 증명하는 데이터를 보내서 이를 API 서버 내부에서 분석하고 인증하는 방식으로 동작하게 됩니다. PART 2에서는 JWT(JSON-Web-Token) 포맷을 이용해서 API 서버에서 인증 처리하는 방법을 학습합니다.

Chapter 05

시큐리티(Security) 처리와 JWT

API 서버는 다양한 외부 서비스나 프로그램에서 호출되기 때문에 동일한 사이트에서 동작하는 세션 기반의 로그인 처리 방식을 사용하는 대신에 특정한 식별 문자열(이하 토큰(token))을 이용해서 사용자를 식별합니다. 최근에 많이 사용되는 식별을 위한 토큰의 포맷은 JWT(JSON-Web Token)라는 형식으로 만료시간과 서명을 추가해서 좀 더 안전한 문자열을 만들 수 있습니다.

API 서버의 인증에 관한 첫 번째 오해는 API 서버의 사용자 인증에 대한 부분입니다. 예를 들어 '로그인'이라고 하면 최종 사용자가 하는 로그인을 떠올리는 경우가 많습니다. 하지만 API 서버를 이용하는 기업 간(B2B)의 경우 다음과 같은 형태가 됩니다.

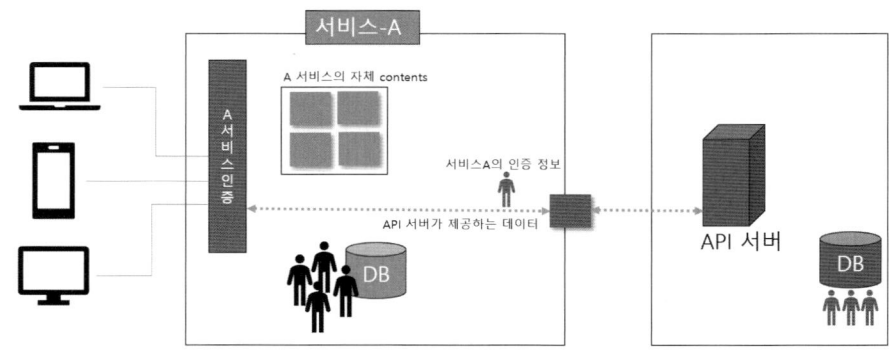

위의 그림에서 일반 사용자의 로그인은 A 서비스에 대한 로그인입니다. A 서비스를 별도의

웹 서비스라고 가정해보면 자체적으로 회원 데이터를 가지고 있으며, 사용자의 정보를 유지할 수 있습니다. 이런 경우 API 서버는 A 서비스가 가지고 있는 회원이 아니라 A 서비스 자체가 한 명의 사용자가 됩니다. 이러한 구성 방식 때문에 API 서버는 대부분의 REST 경로에 대해서 인증 처리하는 방식으로 구성됩니다.

과거에는 주로 위의 그림과 같이 API 서버가 사용되었기 때문에 A 서비스의 IP 주소 등이 호출의 인증을 위해서 사용되었습니다. A 서비스 서버의 주소가 자주 변경되지 않기 때문에 IP와 인증 번호를 생성해서 A 서비스 내부에서 API 서버를 호출하는 구조였습니다.

웹이 아니라 모바일 앱이나 SPA(Single Page Application)로 구성되어 있다면 상황이 조금 달라집니다. 이런 경우 하나의 애플리케이션에서 모든 화면이 구성되고 필요한 데이터를 API 서버를 호출해서 가져오게 됩니다. 이 경우 API 서버는 브라우저에서 동작하는 애플리케이션의 구동에 필요한 사용자 정보도 같이 제공해야 해서 로그인 역시 API 서버를 통해서 수행됩니다.

모바일 앱은 사용자의 IP가 유동적으로 계속 변하기 때문에 이를 기반으로 하는 인증을 사용할 수 없습니다. 또한, 경우에 따라서는 인증이 되지 않아도 호출할 수 있는 경로가 제공될 필요가 있습니다. 대신에 그만큼 외부에서 호출할 수 있는 노출의 위험도 커지게 됩니다.

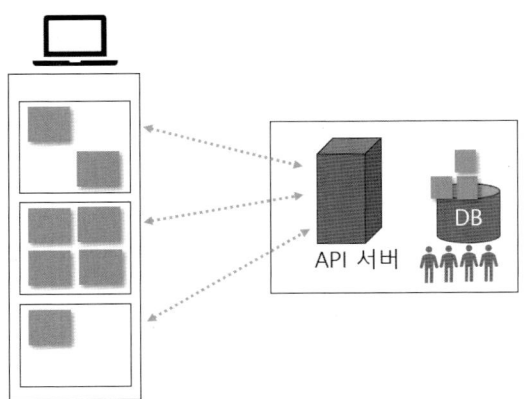

모바일 앱의 경우에 맞게 아키텍처를 구성한다면 다음과 같은 방식에 대한 도입을 고려하는 것이 좋습니다.

- 자신을 증명할 수 있는 정보를 API 서버로 보내주고 API 서버에서는 사용할 수 있는 인증 토큰을 전송해 준다.
- 이후의 모든 호출은 인증 토큰을 같이 전송한다.

위와 같은 방식을 흔히 토큰 기반의 인증(Token-based authentication)이라고 하고, API 서버 호출에 사용하는 토큰을 '액세스 토큰(Access Token)'이라고 합니다.

5.1 Ajax와 스프링 시큐리티

API 서버는 화면이 없기 때문에 대부분의 호출은 Ajax를 이용하거나 HTTP 통신 프로그램/라이브러리를 통해서 이루어집니다. Ajax를 이용하는 경우를 중심으로 생각해 보면 어떻게든 외부에서 API 서버를 마음대로 호출할 수 없도록 제한할 수 있는 방법이 필요합니다.

외부에서 API 서버의 접근에 대한 처리를 직접 구현하는 것도 가능하겠지만, 스프링 시큐리티를 이용하면 기본적으로 제공되는 필터와 설정을 이용해서 개발의 생산성을 높일 수 있습니다.

5.1.1 프로젝트의 생성과 시큐리티 라이브러리

스프링 부트를 이용하면 시큐리티 관련 라이브러리는 프로젝트 생성 시에 설정이 가능합니다. 프로젝트 생성 시에 'Spring Security'를 추가로 선택하면 됩니다.

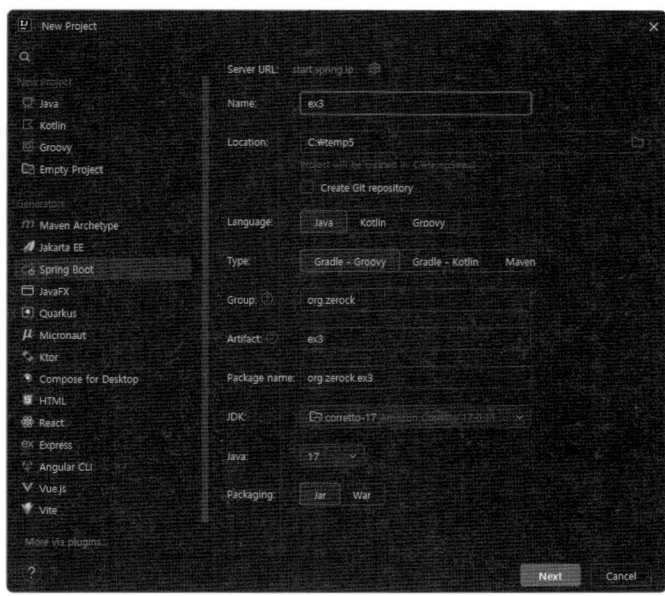

작성하는 프로젝트는 기존의 라이브러리들 + 'Spring Security'로 구성합니다.

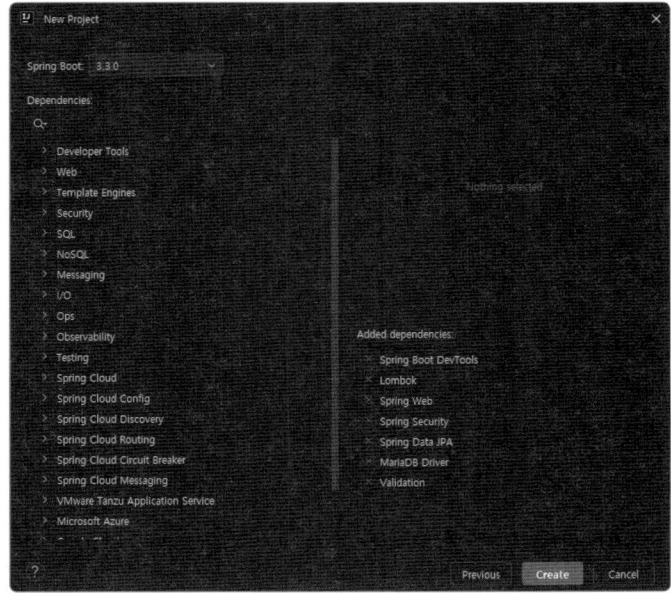

이미 작성된 프로젝트에 시큐리티를 적용하기 위해서는 build.gradle에 직접 추가할 수도 있습니다.

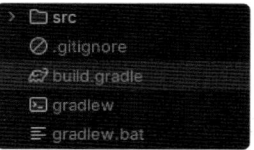

build.gradle의 dependencies 항목에 'spring-boot-starter-security'를 추가하고 프로젝트를 업데이트 합니다.

```
dependencies {
    implementation 'org.springframework.boot:spring-boot-starter-data-jpa'
    implementation 'org.springframework.boot:spring-boot-starter-web'
    ...생략

    implementation 'org.springframework.boot:spring-boot-starter-security'
}
```

시큐리티와 관련된 코드들의 동작을 자세히 확인하기 위해서 로그 관련 설정을 추가합니다. Spring Data JPA를 이용하므로 application.properties에는 데이터베이스 관련 설정 역시 필요합니다.

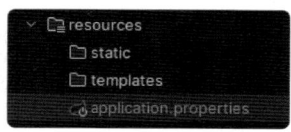

```
spring.application.name=ex3

spring.datasource.driver-class-name=org.mariadb.jdbc.Driver
spring.datasource.url=jdbc:mariadb://localhost:3306/bootdb2
spring.datasource.username=bootdb2user
spring.datasource.password=bootdb2user
```

```
spring.datasource.hikari.minimum-idle=2
spring.datasource.hikari.maximum-pool-size=5

spring.jpa.hibernate.ddl-auto=update
spring.jpa.show-sql=true
spring.jpa.properties.hibernate.format_sql=true

spring.jpa.properties.hibernate.dialect=org.hibernate.dialect.
MariaDBDialect

logging.level.org.springframework.security.web=TRACE
```

스프링 시큐리티가 포함되는 경우 프로젝트의 실행 시에는 임시로 사용할 수 있는 패스워드가 생성되는 것을 확인할 수 있습니다.

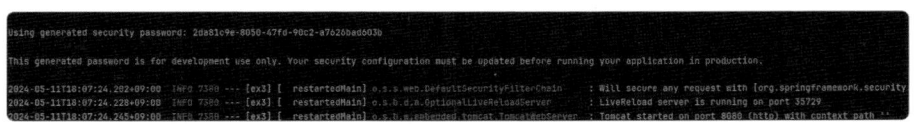

또한, '/login'이라는 경로를 호출하면 아래와 같은 화면이 만들어져 있는 것을 확인할 수 있습니다. 이 화면은 별도의 파일로 생성되지 않고 스프링 시큐리티가 실행되면서 만들어지는 화면입니다(커스터마이징은 안됩니다. Username은 'user', Password는 실행되면서 만들어진 패스워드를 이용할 수 있습니다.).

API 서버를 제작하는 입장에서는 API 서버의 로그인 화면은 불필요하기도 하고, 만일 로그인을 한다고 하더라도 조금 뒤에 설명할 다른 방식으로 동작할 것이므로 설정을 통해서 로그인 화면은 사용하지 않도록 (disabled) 지정할 것입니다.

설정 파일과 PasswordEncoder

스프링 부트의 경우 application.properties를 이용해서 기본적인 환경 세팅 등을 지정하고, 별도의 설정 클래스를 이용해서 빈(Bean)들에 대한 설정을 처리합니다. 이때 해당 클래스는 @Configuration을 붙여서 표시합니다.

프로젝트 내에 config 패키지를 작성하고 CustomSecurityConfig 클래스를 추가합니다.

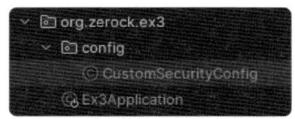

스프링 시큐리티는 기본적으로 사용자의 인증 정보를 확인할 때 패스워드는 반드시 PasswordEncoder라는 것을 이용하게 되어 있습니다. PasswordEncoder는 기본적으로 인터페이스이기 때문에 개발자가 직접 이를 구현할 수도 있겠지만, 이미 구현된 클래스들이 기본적으로 많이 제공되기 때문에 특별한 상황이 아니라면 구현된 클래스 중 하나를 선택하는 것이 일반적입니다.

가장 많이 사용하는 PasswordEncoder는 BCryptPasswordEncoder입니다. BCryptPasswordEncoder는 일반적인 웹 환경에서 많이 사용되는데 동일한 패스워드라고 해도 매번 다른 결과로 만들어지기 때문에 사용자의 정보를 안전하게 보관할 수 있습니다.

> **NOTE: BCryptPassword by ChatGPT**
>
> BCryptPassword는 보통 BCrypt 해싱 알고리즘을 사용하여 비밀번호를 안전하게 저장하는 것을 의미합니다. BCrypt는 계산적으로나, 집약적으로 설계되어 있어 무차별 대입 공격을 방지하는 데 매우 효과적입니다. 많은 응용 프로그램에서 비밀번호 해싱을 위해 널리 사용됩니다.

BCrypt의 주요 특징:

- 솔트 생성: BCrypt는 각 비밀번호에 대해 고유한 솔트를 자동으로 생성하여 사전 계산된 해시 공격(레인보우 테이블)을 어렵게 만듭니다.

- 조정 가능한 비용 인자: 해싱 과정의 계산 복잡도를 조정할 수 있어 컴퓨팅 파워의 증가에 따라 대응할 수 있습니다.

- 느린 해싱: 무차별 대입 공격을 완화하기 위해 느리게 설계되었습니다.

CustomSecurityConfig에는 @Bean을 이용해서 BCryptPasswordEncoder 객체를 생성해서 이를 빈(Bean)으로 관리하고 필요한 곳에 주입해서 사용합니다.

```java
package org.zerock.ex3.config;

import lombok.extern.log4j.Log4j2;
import org.springframework.context.annotation.Bean;
import org.springframework.context.annotation.Configuration;
import org.springframework.security.crypto.bcrypt.BCryptPasswordEncoder;
import org.springframework.security.crypto.password.PasswordEncoder;

@Configuration
@Log4j2
public class CustomSecurityConfig {

    @Bean
    public PasswordEncoder passwordEncoder() {
        return new BCryptPasswordEncoder();
    }
}
```

5.2 사용자 엔티티 준비

프로젝트의 패키지에 이번 장에서 사용하는 회원에 대한 클래스나 인터페이스를 담고 있는 member라는 패키지를 추가합니다. 이후 하위로 entity 패키지와 dto 패키지를 아래 그림과 같은 모습으로 작성합니다.

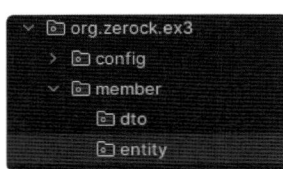

시큐리티 대상이 되는 사용자들의 정보는 entity 패키지 내 MemberEntity라는 이름으로 엔티티 클래스를 추가합니다. 기존의 엔티티 클래스와 달리 MemberEntity에는 조금 특별한 속성들을 추가할 것입니다.

- 등록 시간과 수정 시간 - JPA의 엔티티 객체가 저장되거나 수정될 경우 이에 대한 시간이 자동으로 기록될 수 있도록 구성합니다.
- 사용자의 등급 - 사용자가 일반 회원인지, 관리자인지 알 수 있도록 합니다.

프로젝트의 entity 패키지에 MemberEntity라는 클래스를 정의합니다.

```
package org.zerock.ex3.member.entity;

import jakarta.persistence.Entity;
import jakarta.persistence.EntityListeners;
import jakarta.persistence.Id;
```

```java
import jakarta.persistence.Table;
import lombok.*;
import org.springframework.data.annotation.CreatedDate;
import org.springframework.data.annotation.LastModifiedDate;
import org.springframework.data.jpa.domain.support.
AuditingEntityListener;

import java.time.LocalDateTime;

@Entity
@Table(name = "tbl_members")
@Getter
@ToString
@AllArgsConstructor
@NoArgsConstructor
@Builder
@EntityListeners(value = { AuditingEntityListener.class })
public class MemberEntity {

    @Id
    private String mid;

    private String mpw;

    private String mname;

    private String email;

    @CreatedDate
    private LocalDateTime joinDate;

    @LastModifiedDate
    private LocalDateTime modifiedDate;

    //일반 화원, 관리자
    private String role;

    public void changePassword(String password) {
        this.mpw = password;
    }

    public void changeName(String name) {
        this.mname = name;
    }

    public void changeEmail(String email) {
        this.email = email;
```

```
    }

    public void changeRole(String role) {
        this.role = role;
    }

}
```

MemberEntity는 사용자의 아이디(mid)와 패스워드(mpw), 이름(mname), 이메일(email)과 같은 사용자의 기본적인 정보와 권한(role) 정보, 등록/수정 시간으로 구성합니다. MemberEntity에는 @EntityListener라는 설정이 있는데 이는 자동으로 엔티티 객체가 insert 되거나 update 될 때 시간을 갱신하는 역할을 하게 됩니다.

엔티티의 시간을 자동으로 처리하기 위해서 CustomSecurityConfig 혹은 프로젝트 생성 시 만들어진 @SpringBootApplication이 적용되어 있는 클래스 파일에 @EnableAuditing 을 추가합니다.

```
package org.zerock.ex3;

import org.springframework.boot.SpringApplication;
import org.springframework.boot.autoconfigure.SpringBootApplication;
import org.springframework.data.jpa.repository.config.EnableJpaAuditing;

@SpringBootApplication
@EnableJpaAuditing
public class Ex3Application {

    public static void main(String[] args) {
        SpringApplication.run(Ex3Application.class, args);
    }

}
```

5.2.1 Repository 생성과 테스트 환경

MemberEntity를 이용하기 위해 repository 패키지를 추가하고 MemberRepository 인터페이스를 생성합니다.

```
package org.zerock.ex3.member.repository;

import org.springframework.data.jpa.repository.JpaRepository;
import org.zerock.ex3.member.entity.MemberEntity;

public interface MemberRepository extends JpaRepository<MemberEntity, String> {

}
```

테스트 폴더에는 member 패키지와 repository 패키지를 추가한 후에 MemberRepositoryTests 클래스를 미리 추가해 둡니다. 테스트 코드에는 PasswordEncoder 등을 이용해야 하기 때문에 @DataJpaTest 대신에 @SpringBootTest를 적용합니다.

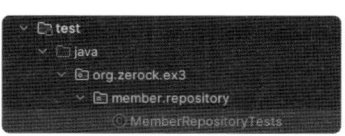

```
package org.zerock.ex3.member.repository;

import org.springframework.beans.factory.annotation.Autowired;
import org.springframework.boot.test.context.SpringBootTest;
import org.springframework.security.crypto.password.PasswordEncoder;

@SpringBootTest
public class MemberRepositoryTests {
```

```
    @Autowired
    private PasswordEncoder passwordEncoder;

}
```

등록 테스트

사용자의 등록 시에는 사용자의 권한을 반드시 지정합니다. 예제에서는 일반 사용자(user1 ~ user80)는 'USER', 관리자(user81 ~ user100)들은 'ADMIN'으로 간단히 처리하겠지만, 상황에 따라 다양한 권한의 이름을 이용할 수도 있습니다.

```java
package org.zerock.ex3.member.repository;


import org.junit.jupiter.api.Test;
import org.springframework.beans.factory.annotation.Autowired;
import org.springframework.boot.test.autoconfigure.jdbc.AutoConfigureTestDatabase;
import org.springframework.boot.test.autoconfigure.orm.jpa.DataJpaTest;
import org.springframework.boot.test.context.SpringBootTest;
import org.springframework.security.crypto.bcrypt.BCryptPasswordEncoder;
import org.springframework.security.crypto.password.PasswordEncoder;
import org.springframework.test.annotation.Commit;
import org.springframework.transaction.annotation.Propagation;
import org.springframework.transaction.annotation.Transactional;
import org.zerock.ex3.member.entity.MemberEntity;


import java.util.Optional;

@SpringBootTest

public class MemberRepositoryTests {

    @Autowired
    private MemberRepository memberRepository;

    @Autowired
    private PasswordEncoder passwordEncoder;

    @Test
```

```java
public void testInsert() {

    for (int i = 1; i <=  100; i++) {

        MemberEntity memberEntity = MemberEntity.builder()
                .mid("user"+i)
                .mpw(passwordEncoder.encode("1111"))
                .mname("USER"+i)
                .email("user"+i+"@aaa.com")
                .role( i <= 80 ? "USER": "ADMIN")
                .build();

        memberRepository.save(memberEntity);

    }//end for

}
```

테스트 결과 먼저 테이블이 생성되고 해당 아이디(mid)의 사용자가 존재하는지 먼저 확인하고(select) 이후에 insert문이 실행되는 것을 확인할 수 있습니다(@Id 값이 자동생성도 아니고 null이 아니기 때문에 이를 확인하는 select가 먼저 실행됩니다.).

```
Hibernate:
    create table tbl_members (
        mid varchar(255) not null,
        email varchar(255),
        join_date datetime(6),
        mname varchar(255),
        modified_date datetime(6),
        mpw varchar(255),
        role varchar(255),
        primary key (mid)
    ) engine=InnoDB
```

```
Hibernate:
    select
        me1_0.mid,
        me1_0.email,
        me1_0.join_date,
        me1_0.mname,
        me1_0.modified_date,
        me1_0.mpw,
        me1_0.role
    from
        tbl_members me1_0
    where
        me1_0.mid=?
```

```
Hibernate:
    insert
    into
        tbl_members
        (email, join_date, mname, modified_date, mpw, role, mid)
    values
        (?, ?, ?, ?, ?, ?, ?)
```

등록 작업의 결과를 확인해 보면 모든 사용자가 동일하게 패스워드(mpw)를 '1111'로 지정했음에도 불구하고 모두 다른 결과가 저장되는 것을 확인할 수 있습니다. 또한, 날짜 관련된 부분 역시 자동으로 값이 생성된 것을 확인할 수 있습니다.

회원에 대한 예외 설계

이전의 Todo 예제의 경우 JPA에서 발생하는 예외를 처리하기 위해서 EntityNotFoundException과 같은 별도의 예외 클래스를 생성한 적이 있습니다.

이번 예제에서는 조금 더 비즈니스 측면에서 예외를 설계해 보겠습니다. 우선 member 패키지의 하위 패키지로 exception 패키지를 생성합니다.

exception 패키지 내에는 회원과 관련된 모든 예외를 의미하는 MemberTaskException 클래스를 추가합니다.

```
package org.zerock.ex3.member.exception;

import lombok.Data;
import lombok.Getter;

@Getter
public class MemberTaskException extends RuntimeException{
```

```
  private String msg;
  private int code;

  public MemberTaskException(String msg, int code) {
    this.msg = msg;
    this.code = code;
  }

}
```

앞으로 회원과 관련된 작업을 처리하다가 예외가 발생하면 MemberTaskException 예외를 발생시켜서 처리할 것입니다.

매번 예외 메시지를 작성하는 것도 번거로울 수 있으므로 미리 몇 가지의 예외를 enum으로 정의해 두는 것이 좋습니다. Exceptions 패키지에 MemberExceptions을 enum 타입으로 생성합니다.

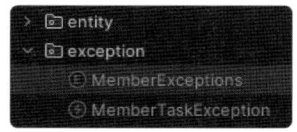

```
package org.zerock.ex3.member.exception;

public enum MemberExceptions {

    NOT_FOUND("NOT_FOUND", 404),
    DUPLICATE("DUPLICATE", 409),
    INVALID("INVALID", 400);

    private MemberTaskException memberTaskException;

    MemberExceptions(String msg, int code) {
        memberTaskException = new MemberTaskException(msg, code);
    }

    public MemberTaskException get() {
        return memberTaskException;
    }

}
```

MemberExceptions는 주로 발생하는 MemberTaskException을 몇 개 생성해 두고 외부에서 MemberExceptions.NOT_FOUND.get( )과 같은 방식으로 사용할 수 있도록 구성한 것입니다. 이에 대해서는 예제를 작성하면서 자세히 알아보겠습니다.

조회 작업의 테스트

조회 작업은 해당 아이디(mid)가 없는 경우에는 앞에서 만들어둔 MemberExceptions을 이용해서 작성합니다.

```
@Test
public void testRead() {

  String mid = "user1";

  Optional<MemberEntity> result = memberRepository.findById(mid);

  MemberEntity memberEntity =
        result.orElseThrow(MemberExceptions.NOT_FOUND::get);

  System.out.println(memberEntity);
}
```

testRead( )에서는 존재하지 않는 엔티티의 경우 MemberTaskException을 발생하도록 합니다. MemberExceptions에서 미리 만들어둔 MemberTaskException을 이용해서 작성할 수 있습니다.

수정 작업의 테스트

수정 작업은 테스트 코드에 @Transacational과 @Commit을 적용해서 변경 내용을 감지하도록 하거나, save( )를 이용합니다.

'user1' 사용자의 패스워드(mpw)와 이름(mname)을 변경하는 코드를 아래와 같이 작성해서 테스트합니다.

```java
@Test
@Transactional
@Commit
public void testUpdate() {
   String mid = "user1";

   Optional<MemberEntity> result = memberRepository.findById(mid);

   MemberEntity memberEntity =
           result.orElseThrow(MemberExceptions.NOT_FOUND::get);

   memberEntity.changePassword(passwordEncoder.encode("2222"));
   memberEntity.changeName("USER1-1");

}
```

테스트를 실행하면 select -> update가 실행되는 것을 확인할 수 있고, 테이블을 살펴보면 modified_date 칼럼의 값이 자동으로 변경된 것을 확인할 수 있습니다.

삭제 작업의 테스트

삭제 작업은 deleteById( )를 이용하거나 변경 감지(dirty checking)를 이용해서 처리합니다.

```java
@Test
@Transactional
@Commit
public void testDelete() {

    String mid = "user1";
```

Chapter 05　　　　　　　　　　　　　　　　　　　　　　　　시큐리티(Security) 처리와 JWT　　157

```
    Optional<MemberEntity> result = memberRepository.findById(mid);

    MemberEntity memberEntity =
            result.orElseThrow(() -> MemberExceptions.NOT_FOUND.get());

    memberRepository.delete(memberEntity);
}
```

5.3 API 서버의 시큐리티

일반적으로 시큐리티를 이용한다고 하면 사용자의 인증(authentication)이나 인가(authorization) 작업 처리를 다루게 됩니다. 예를 들어 로그인 화면이나 로그인 성공과 실패에 대한 처리 방식을 다루게 됩니다.

인증(Authentication)이란 사용자가 스스로 자신을 증명하는 것을 의미합니다. 예를 들어 주민등록증이나 여권이 여기에 속합니다. 인증 정보는 사용자가 직접 제공합니다. 반면에 인가(Authorization)는 인증된 사용자에 대해서 '허가'를 하는 것입니다. 특정한 건물이나 사무실에 들어가기 위해서 출입증을 받는 것과 동일한 개념입니다.

예제에서 다루고 있는 JWT 기반의 인증은 일반적인 로그인과 약간 다른 부분들이 있습니다. 일반적인 로그인의 경우 로그인 후에는 사용자는 즉각적인 효력을 발휘하게 됩니다. 로그인을 한 후에는 바로 원하는 작업을 수행할 수 있습니다. 반면에, API 서버는 로그인이라는 개념이 없습니다. API 서버는 데이터를 제공하기 위해서만 존재하고 어떠한 상태도 유지하지 않는 순수한 함수 같은 존재입니다. API 서버는 기본적으로는 무상태(stateless)로 서비스가 됩니다.

API 서버에서는 사용자의 상태를 유지하지 않기 때문에 API 서버는 사용자의 정보를 세션 등으로 유지하는 방식 대신에 매번 사용자가 자신을 증명할 수 있는 정보(토큰)를 가지고 요청하는 방식으로 처리됩니다. 따라서 API 서버는 로그인이라는 개념 대신에 식별을 위한 토큰(token)을 얻는 과정과 발행된 토큰을 이용해서 원하는 데이터에 접근하는 과정만 있습니다. API 서버에는 다음과 같은 특징이 있습니다.

- 무상태(stateless) - API 서버는 사용자의 어떠한 상태도 보관하지 않습니다. 토큰 기반 인증을 이용하는 API 서버의 입장에서는 전달된 '토큰'이 유효한지만이 중요합니다.

- 상태 코드와 예외 메시지 - API 서버에 문제가 발생하는 경우 화면이 없기 때문에 이에 해당하는 HTTP 상태 코드와 예외 메시지를 전송해 주는 방식으로 구현됩니다. 때문에 다양한 상황에 맞게 예외를 준비하고 처리해야 합니다.

5.3.1 JSON-Web-Token(JWT)

최근 API 서버에서 가장 많이 사용하는 인증 방식은 JWT라는 특별한 형식의 문자열을 이용하는 것입니다. JWT는 엄밀하게는 문자열일 뿐이지만, 별도의 형식으로 만들어진 독특한 문자열입니다. JWT 문자열은 JSON 객체를 인코딩해서 구성되는데 완성된 문자열은 '헤더(header)-내용(payload)-서명(signature)'으로 구성됩니다. 각 부분은 중간에 '.'을 통해서 구분됩니다.

```
eyJhbGciOiJ header InR5cCI6IkpXVCJ9.ey
JzdWIiOiIxMjM0NTY3ODkw           SI6Ikpva
G4gRG9lIiwiaWF0IjoxNTE payload   fQ.SflKx
wRJSMeKKF2QT4           signature 0k6yJV_adQssw5c
```

NOTE: JWT 구조 by ChatGPT

Header: JWT의 유형 및 사용된 해싱 알고리즘을 지정합니다. 주로 이 정보는 Base64로 인코딩되어 있습니다.

Payload: 토큰에 포함되는 클레임(claim) 정보가 담겨 있습니다. 클레임은 사용자에 대한 정보 또는 기타 데이터를 나타내며, 세 가지 유형으로 나뉩니다: 등록된(registered), 공개(public), 비공개(private). 이 부분도 Base64로 인코딩됩니다.

Signature: Header와 Payload를 함께 사용해 생성된 서명입니다. 이 서명은 토큰이 변조되지 않았음을 보장합니다. 이 서명은 특정한 암호화 알고리즘에 의해 생성됩니다.

JWT 문자열은 jwt.io 사이트에서 어떤 구조인지 쉽게 파악할 수 있습니다. 서명(signature) 부분을 이용해서 해당 문자열이 특정한 키(key)를 통해서 만들어진 정상적인(valid) 문자열인지 검증할 수 있습니다.

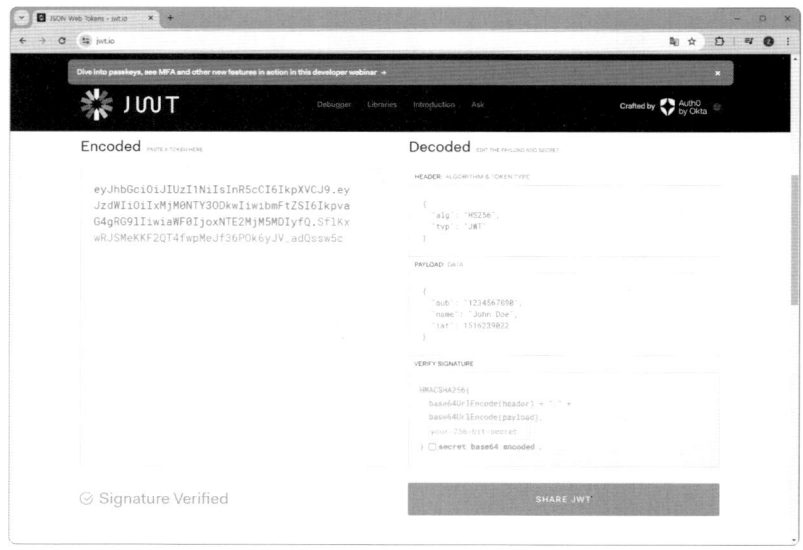

토큰 기반 인증 방식의 가장 문제는 토큰이 탈취되는 상황인데 JWT는 내용(payload)에 만료 시간(exp)을 지정할 수 있어서 탈취된 토큰의 피해를 줄일 수 있습니다.

Access Token과 Refresh Token

JWT를 이용하는 경우 사용자가 로그인을 하면 응답(response) 메시지로 Access Token과 Refresh Token을 발행해 줍니다. Access Token은 사용자가 API 서버에서 원하는 자원에 요청(request)할 때 같이 전송합니다.

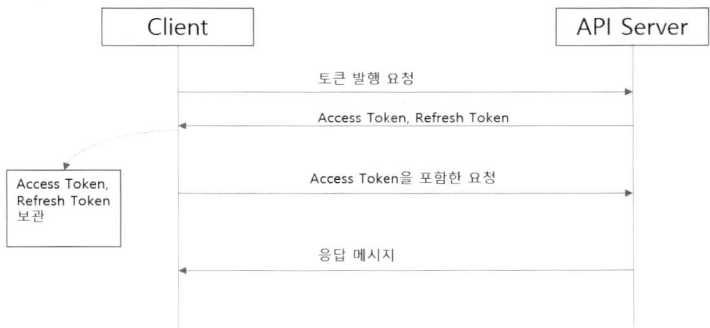

API 서버에서는 시큐리티의 필터를 이용해서 해당 사용자가 정상적인 Access Token을 가지고 있는지를 확인하고 원하는 데이터를 제공하게 됩니다. Access Token은 매번 API 서버와 호출되는 서비스 사이에서 오고 가기 때문에 탈취의 가능성이 높습니다.

때문에 Access Token의 만료시간은 상당히 짧게 지정합니다. 예를 들어 만료시간을 10분으로 지정하면 토큰이 탈취되더라도 10분이 지나면 사용할 수 없기 때문에 피해를 줄일 수 있습니다(일반적으로는 1일 이내의 시간으로 Access Token의 만료시간을 지정하는 경우가 많습니다. 예제에서는 만료되는 토큰의 상황을 보기 위해서 좀 극단적으로 짧은 10이라는 시간을 가정해서 설명합니다.).

Access Token의 만료시간을 짧게 지정했을 때 단점은 API 서버를 호출하는 쪽에서 10분마다 다시 Access Token을 발급받아야만 하는 상황이 생긴다는 점입니다. 이를 보완하기 위해서 Refresh Token이라는 것을 지정합니다.

Refresh Token은 Access Token보다는 상당히 긴 시간의 만료시간을 가지는 JWT입니다. 사용자는 Access Token이 만료되었지만, Refresh Token은 아직 만료되지 않았다면 Refresh Token을 이용해서 새로운 Acces Token을 요청하게 합니다. API 서버에서는 Refresh Token이 만료되지 않았다면, 새로운 Access Token을 전송해 주고 상황에 따라서 새로운 Refresh Token을 같이 발행해서 보내줍니다.

Access Token과 달리 Refresh Token은 토큰을 갱신할 때만 전송하는데 이렇게 하면 아무래도 Refresh Token의 노출 횟수를 줄여서 조금 더 안전하게 만들 수 있습니다.

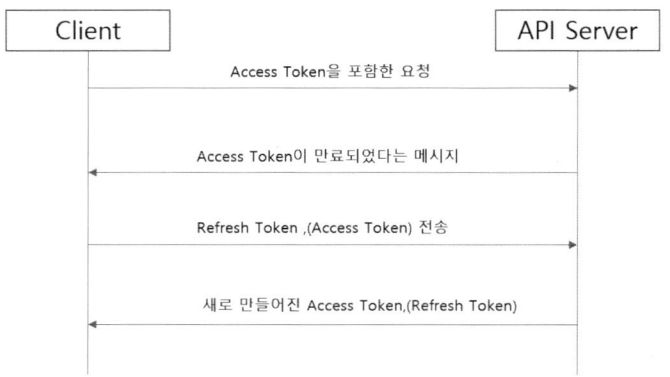

JWT를 이용한다고 해서 반드시 Access Token과 Refresh Token을 이용해야 한다는 제약이 있는 것은 아닙니다. Access Token만을 이용할 수도 있고, 사용자의 인증 번호를 같이 사용하는 등 상황에 따라 다양한 방식이 있을 수 있습니다.

> **NOTE: Access Token과 Refresh Token이 모두 탈취당한다면 by ChatGPT**
>
> Refresh Token이 탈취된다면, 공격자는 이를 이용해 새로운 액세스 토큰을 발급받아 사용자 계정에 대한 장기적인 접근 권한을 가질 수 있습니다. 이는 보안상 큰 위협이 됩니다. 따라서 Refresh Token이 탈취되는 상황에 대비해 다음과 같은 보안 조치를 고려할 수 있습니다.

보안조치

- 짧은 수명의 Refresh Token 사용: Refresh Token의 수명을 짧게 설정하여, 탈취된 Refresh Token의 유효기간을 최소화합니다. 이를 통해 공격자가 Token을 사용하는 시간을 제한할 수 있습니다.

- 기기와 세션에 대한 고유한 식별자 사용: 각 기기와 세션에 대해 고유한 식별자를 사용하여 Refresh Token을 발급합니다. 이렇게 하면 특정 기기나 세션에서만 Refresh Token을 사용할 수 있습니다.

- 토큰의 사용 위치 제한: Refresh Token이 사용될 수 있는 IP 주소나 지리적 위치를 제한합니다. 이를 통해 의심스러운 위치에서의 토큰 사용을 방지할 수 있습니다.

- 이상 활동 모니터링 및 알림: Refresh Token 사용 패턴을 모니터링하여 이상 활동이 감지되면 사용자에게 알림을 보내고, 추가 인증을 요구하거나 해당 토큰을 무효화합니다.

- Refresh Token 무효화: 사용자 로그아웃 시 또는 특정 보안 이벤트 발생 시 Refresh Token을 즉시 무효화합니다. 사용자가 비밀번호를 변경하거나 의심스러운 활동을 보고하면 Refresh Token을 무효화합니다.

- Multi-Factor Authentication (MFA): 중요한 작업이나 민감한 정보에 접근할 때는 Multi-Factor Authentication을 요구하여 추가적인 보안 레이어를 제공합니다.

- Secure Storage: Refresh Token을 안전하게 저장합니다. 웹 애플리케이션에서는 Secure Cookie를 사용하고, 모바일 애플리케이션에서는 안전한 저장소(Secure Storage)를 사용합니다.

- 토큰 회전(Token Rotation): Refresh Token을 사용하여 새로운 Access Token을 발급받을 때마다 새로운 Refresh Token도 함께 발급하고, 이전 Refresh Token을 무효화합니다. 이를 통해 탈취된 Refresh Token의 재사용을 방지할 수 있습니다.

5.4 사용자 정보를 이용한 토큰 발행

API 서버의 인증에서 가장 먼저 구현해야 하는 단계는 역시 토큰을 발행하는 부분입니다. 프로젝트에서 사용하는 스프링 시큐리티의 경우 화면을 이용한 로그인과 세션으로 상태 유지를 이용하기 때문에 설정을 조정할 필요가 있습니다.

5.4.1 세션 생성, CSRF, 로그인 페이지 설정

시큐리티 설정을 담당하는 CustomSecurityConfig에는 세밀한 설정을 위해 Security FilterChain을 반환하는 메서드를 작성하고 이를 빈(Bean)으로 등록해야 합니다. 이때 파라미터는 HttpSecurity를 이용합니다. 웹과 관련된 설정은 SecurityFilterChain을 반환하고, HttpSecurity 타입을 파라미터로 받는 메서드를 이용해서 설정합니다(시큐리티 설정은 스프링 부트의 버전에 따라 설정 방식은 조금씩 차이가 있으므로 주의해야 합니다.).

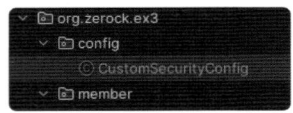

```
package org.zerock.ex3.config;

import lombok.extern.log4j.Log4j2;
import org.springframework.context.annotation.Bean;
import org.springframework.context.annotation.Configuration;
import org.springframework.security.config.annotation.web.builders.
HttpSecurity;
import org.springframework.security.crypto.bcrypt.BCryptPasswordEncoder;
import org.springframework.security.crypto.password.PasswordEncoder;
import org.springframework.security.web.SecurityFilterChain;

@Configuration
@Log4j2
public class CustomSecurityConfig {

    @Bean
    public SecurityFilterChain filterChain(HttpSecurity httpSecurity)
throws Exception {
```

```
        log.info("filter chain............");

        return httpSecurity.build();

    }

    @Bean
    public PasswordEncoder passwordEncoder() {
        return new BCryptPasswordEncoder();
    }
}
```

설정을 추가하기 전에 filterChain( )이 정상적으로 동작하는지 프로젝트를 실행해서 로그를 확인해 두는 것이 좋습니다.

```
o.z.ex3.config.CustomSecurityConfig    : filter chain............
o.s.s.web.DefaultSecurityFilterChain   : Will secure any request with
o.z.e.m.r.MemberRepositoryTests        : Started MemberRepositoryTests
```

만들어진 filterChain( )을 이용해서 다음과 같은 설정들을 추가합니다.

```
@Bean
public SecurityFilterChain filterChain(HttpSecurity httpSecurity) throws
Exception {

    log.info("filter chain............");

    httpSecurity.formLogin(httpSecurityFormLoginConfigurer -> {
        httpSecurityFormLoginConfigurer.disable();
    });

    httpSecurity.logout( config -> config.disable());

    httpSecurity.csrf(config -> { config.disable();});

    httpSecurity.sessionManagement(sessionManagementConfigurer -> {
        sessionManagementConfigurer.
sessionCreationPolicy(SessionCreationPolicy.NEVER);
    });

    return httpSecurity.build();

}
```

filterChain( )에서는 내부적으로 여러 설정이 사용됩니다.

- formLogin( )은 로그인 페이지와 관련된 설정으로 토큰을 이용하는 API 서버에서는 로그인 페이지를 제공하지 않도록 구성합니다.
- logout( ) 역시 해당 사항이 없으므로 사용하지 않습니다.
- csrf( ) 설정은 CSRF 공격에 대비하기 위해서 GET 방식을 제외한 모든 요청에 CSRF 토큰이라는 것을 포함시키는 설정입니다. CSRF 토큰은 기본적으로 세션 단위로 관리되는데 API 서버는 상태 유지를 하지 않기 때문에 이를 사용하지 않습니다.
- sessionManagement( )는 API 서버 내부에서 HttpSession 생성과 관련된 설정입니다. API 서버는 무상태로 유지하도록 구성하고 세션을 생성하지 않도록 구성합니다(org.springframework.security.config.http.SessionCreationPolicy).

위의 설정이 적용된 후에는 '/login' 시에 로그인 화면이 더 이상 생성되지 않습니다.

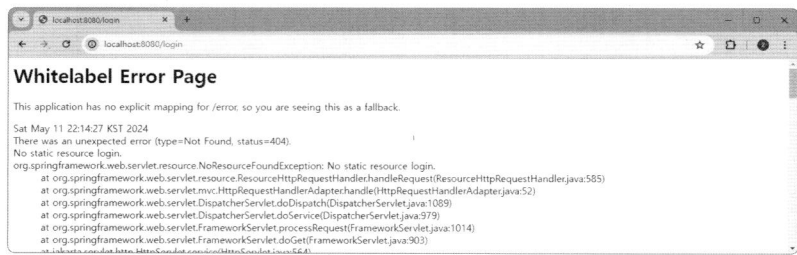

5.4.2 토큰 발행 구현

토큰 발행은 외부에서는 로그인과 유사하지만, 로그인의 경우 즉시 적용되어서 사용되는 반면에 API 서버에서는 로그인하면 발행되는 토큰을 응답 메시지로 전송해 주는 것으로 끝나고 서버 내부에 아무런 변화가 없습니다.

우선 토큰 발행을 위한 사용자의 정보를 확인하는 과정(흔히 인증(Authentication)이라고 합니다.)에서 문제가 발생할 수 있기 때문에 MemberExceptions에 예외 코드(BAD_CRIDENTIALS)를 추가해 줍니다(앞으로 예외가 발생하면 이런 방식으로 메시지와 상태 코드만 추가해 주면 됩니다.).

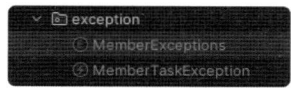

```
package org.zerock.ex3.member.exception;

public enum MemberExceptions {

    NOT_FOUND("NOT_FOUND", 404),
    DUPLICATE("DUPLICATE", 409),
    INVALID("INVALID", 400),

    BAD_CREDENTIALS("BAD_CREDENTIALS", 401);

    private MemberTaskException memberTaskException;

    MemberExceptions(String msg, int code) {
        memberTaskException = new MemberTaskException(msg, code);
    }

    public MemberTaskException get() {
        return memberTaskException;
    }

}
```

추가된 예외 코드는 잘못된 인증 정보(Bad Credential)라는 메시지와 401(UnAuthorized) 상태 코드입니다.

5.4.3 MemberService 구현

API 서버는 전통적인 로그인 대신 토큰 발행이라는 목적으로 설계됩니다. 이를 구현하기 위해서 member 패키지 아래 dto, service 패키지를 추가하고 MemberService와 MemberDTO를 구성합니다.

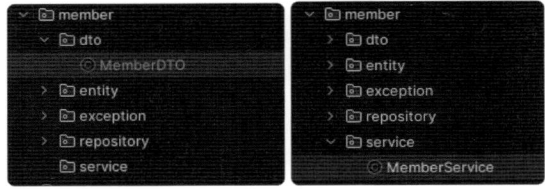

MemberDTO

MemberDTO는 MemberEntity의 정보를 담을 수 있도록 구성합니다. 추가로 나중에 JWT 문자열의 내용(payload)을 만들 때 사용할 데이터를 Map 타입으로 반환하는 기능을 미리 작성해 둡니다. 또한, Projections를 쉽게 이용할 수 있도록 MemberEntity를 파라미터로 받는 생성자도 만들어 둡니다.

```java
package org.zerock.ex3.member.dto;

import lombok.*;
import org.zerock.ex3.member.entity.MemberEntity;

import java.time.LocalDateTime;
import java.util.HashMap;
import java.util.Map;

@Data
@Builder
@AllArgsConstructor
@NoArgsConstructor
@ToString
public class MemberDTO {

    private String mid;
    private String mpw;
    private String mname;
    private String email;
    private LocalDateTime joinDate;
    private LocalDateTime modifiedDate;
    private String role;
```

```java
    public Map<String, Object> getDataMap() {
        Map<String, Object> map = new HashMap<>();
        map.put("mid", mid);
        map.put("mname", mname);
        map.put("email", email);
        map.put("role", role);
        return map;
    }

    public MemberDTO(MemberEntity memberEntity){
        this.mid = memberEntity.getMid();
        this.mpw = memberEntity.getMpw();
        this.mname = memberEntity.getMname();
        this.email = memberEntity.getEmail();
        this.joinDate = memberEntity.getJoinDate();
        this.modifiedDate = memberEntity.getModifiedDate();
        this.role = memberEntity.getRole();
    }
}
```

MemberService 구현하기

MemberRepository와 MemberDTO를 이용하는 MemberService 클래스를 정의합니다. 서비스 객체이기 때문에 트랜잭션 등의 설정이 추가됩니다.

```java
package org.zerock.ex3.member.service;

import lombok.RequiredArgsConstructor;
import lombok.extern.log4j.Log4j2;
import org.springframework.security.crypto.password.PasswordEncoder;
import org.springframework.stereotype.Service;
import org.springframework.transaction.annotation.Transactional;
import org.zerock.ex3.member.dto.MemberDTO;
import org.zerock.ex3.member.entity.MemberEntity;
import org.zerock.ex3.member.exception.MemberExceptions;
import org.zerock.ex3.member.repository.MemberRepository;
```

```java
import java.util.Optional;

@Service
@RequiredArgsConstructor
@Log4j2
@Transactional
public class MemberService {

    private final MemberRepository memberRepository;

    private final PasswordEncoder passwordEncoder;

    public MemberDTO read(String mid, String mpw) {

        Optional<MemberEntity> result = memberRepository.findById(mid);

        MemberEntity memberEntity = result.orElseThrow(MemberExceptions.NOT_FOUND::get);

        if (!passwordEncoder.matches(mpw, memberEntity.getMpw())) {
            throw MemberExceptions.BAD_CREDENTIALS.get();
        }

        return new MemberDTO(memberEntity);

    }
}
```

패스워드가 암호화되어 있기 때문에 먼저 해당 사용자의 정보를 가져온 후에 사용자가 입력한 패스워드로 암호화된 값이 가능한지(matches) 확인합니다. 이때 문제가 생기면 잘못된 사용자 인증 정보이므로 MemberExceptions의 BAD_CREDENTIALS를 이용해 Member TaskException 예외를 발생시킵니다.

5.4.4 TokenController 생성

실제 사용자 정보를 확인해서 토큰을 발행하는 컨트롤러를 controller 패키지를 구성해서 TokenController라는 이름으로 추가합니다.

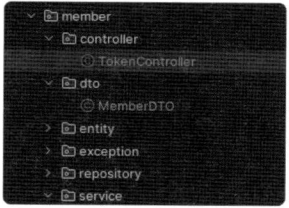

```java
package org.zerock.ex3.member.controller;


import lombok.RequiredArgsConstructor;
import lombok.extern.log4j.Log4j2;
import org.springframework.http.ResponseEntity;
import org.springframework.web.bind.annotation.PostMapping;
import org.springframework.web.bind.annotation.RequestBody;
import org.springframework.web.bind.annotation.RequestMapping;
import org.springframework.web.bind.annotation.RestController;
import org.zerock.ex3.member.dto.MemberDTO;
import org.zerock.ex3.member.service.MemberService;

import java.util.Map;

@RestController
@RequestMapping("/api/v1/token")
@Log4j2
@RequiredArgsConstructor
public class TokenController {

    private final MemberService memberService;

    @PostMapping("/make")
    public ResponseEntity<Map<String, String>> makeToken(@RequestBody MemberDTO memberDTO ) {

        log.info("make token............");

        MemberDTO memberDTOResult = memberService.read(memberDTO.getMid(), memberDTO.getMpw());

        log.info(memberDTOResult);

        return null;
    }
}
```

아직까지 구현된 내용은 없지만, 사용자의 mid와 mpw를 MemberDTO로 수집해서 해당 사용자가 있는지를 확인합니다. 그리고, 아직 구현되지 않았지만, MemberService를 통해서 얻어온 MemberDTO를 이용해서 JWT 문자열 등을 생성해서 전달할 것입니다.

예외 처리

MemberService의 read( )에서는 없는 사용자의 정보나 패스워드(mpw)가 맞지 않는 경우 MemberTaskException이 발생하게 됩니다. 예외를 처리하기 위해서 controller 패키지의 하위로 advice 패키지를 생성하고 TokenControllerAdvice를 생성합니다.

```java
package org.zerock.ex3.member.controller.advice;

import lombok.extern.log4j.Log4j2;
import org.springframework.http.ResponseEntity;
import org.springframework.web.bind.annotation.ExceptionHandler;
import org.springframework.web.bind.annotation.RestControllerAdvice;
import org.zerock.ex3.member.exception.MemberTaskException;

import java.util.Map;

@RestControllerAdvice
@Log4j2
public class TokenControllerAdvice {

    @ExceptionHandler(MemberTaskException.class)
    public ResponseEntity<Map<String, String>>
    handleTaskException(MemberTaskException ex) {

        log.error(ex.getMessage());

        String msg = ex.getMsg();
        int status = ex.getCode();

        Map<String, String> map = Map.of("error", msg);
```

```
        return ResponseEntity.status(status).body(map);
    }
}
```

TokenControllerAdvice에서 MemberExceptions의 메시지와 상태 코드를 이용해서 필요한 상태 코드와 메시지를 구성합니다. 이에 대한 확인은 Postman을 이용해서 결과를 확인합니다.

Postman을 이용한 확인

Postman을 이용해 '/api/v1/token/make'를 호출합니다. 전송하는 데이터는 JSON 포맷으로 구성합니다.

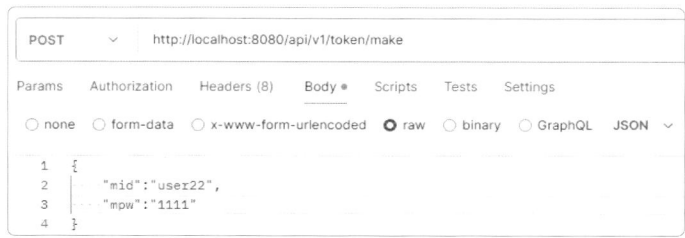

현재 모든 사용자의 mpw값은 '1111'이므로 다른 mpw값을 지정하면 아래와 같이 'Bad Credentials' 메시지가 전송되는 것을 확인할 수 있습니다. mid값이 틀린 경우에는 'Not Found' 메시지가 출력됩니다.

예외 처리가 정상적으로 동작하고 있다는 것을 알았다면, MemberService를 수정할 필요가 있습니다. 사용자의 mid값이 틀린다고 에러 메시지를 전송하는 것은 보안상 위험하기 때문에 MemberService에서 사용자의 mid값이 없는 경우에도 'Bad Credentials' 메시지가 나오도록 수정합니다.

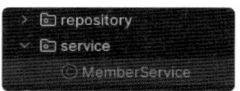

```
public MemberDTO read(String mid, String mpw) {

  Optional<MemberEntity> result = memberRepository.findById(mid);

  MemberEntity memberEntity = result.orElseThrow(MemberExceptions.BAD_CREDENTIALS::get);

  if (!passwordEncoder.matches(mpw, memberEntity.getMpw())) {
    throw MemberExceptions.BAD_CREDENTIALS.get();
  }
```

```
    return new MemberDTO(memberEntity);
}
```

이제 사용자의 mid, mpw 중에 어떤 정보가 틀리더라도 'Bad Credentials' 메시지가 발생하게 됩니다.

JWT 문자열 생성

정상적인 사용자의 경우 해당 사용자에게 테스트를 위해서 10분간 유효한 Access Token 과 7일간 유효한 Refresh Token을 발행할 것입니다(10분과 7일은 임의로 지정한 값입니다. 일반적으로 Access Token은 1일 이내 Refresh Token은 30일 이내로 지정하는 경우가 많습니다.).

JWT 문자열을 생성하기 위해서 라이브러리들을 build.gradle 파일에 추가합니다. 예제에서는 JWT와 관련된 라이브러리 중에서 가장 많이 사용되고 있는 라이브러리(기준은 ChatGPT)로 jjwt를 사용하도록 합니다.

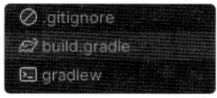

```
dependencies {
    implementation 'org.springframework.boot:spring-boot-starter-data-jpa'
    ...생략

    implementation 'io.jsonwebtoken:jjwt-api:0.12.5'
    runtimeOnly 'io.jsonwebtoken:jjwt-impl:0.12.5'
    runtimeOnly 'io.jsonwebtoken:jjwt-jackson:0.12.5'
}
```

토큰들을 발행하기 전에 Access Token과 Refresh Token에 내용(payload)이 될 항목들을 결정해 둡니다.

- Access Token: mid, email, mname, role
- Refresh Token: mid

MemberDTO에는 토큰 발행에 필요한 항목들을 Map<String, Object>로 구성해서 반환해 주는 getDataMap( )을 통해서 필요한 항목들이 모두 있는지 확인해 둡니다.

```java
public Map<String, Object> getDataMap() {
    Map<String, Object> map = new HashMap<>();
    map.put("mid", mid);
    map.put("mname", mname);
    map.put("email", email);
    map.put("role", role);
    return map;
}
```

JWTUtil 생성

실제 JWT 문자열을 생성하고 JWT 문자열을 검증하는 기능은 JWTUtil이라는 이름의 클래스를 작성해서 처리합니다. 프로젝트 내 security 패키지를 생성하고 하위로 filter와 util 패키지를 미리 작성해 둡니다(filter 패키지는 조금 뒤에 이용할 것입니다.).

JWTUtil은 @Component를 이용해서 스프링의 빈(Bean)으로 관리되도록 구성하고 서명(Signature)에 사용할 키값이 되는 문자열을 지정합니다(라이브러리의 버전에 따라 문자열의 길이가 짧은 경우 문제가 되므로 30자 이상으로 지정합니다.).

JWTutil의 메서드는 JWT 문자열을 생성하는 createToken( )과 JWT 문자열을 검증하고 내용물(payload)을 반환하는 validate( )로 구성합니다. createToken( )의 경우 JWT 문자열의 만료시간을 지정할 수 있도록 int 타입의 '분' 단위의 값을 지정합니다.

```java
package org.zerock.ex3.member.security.util;

import io.jsonwebtoken.*;
import io.jsonwebtoken.security.Keys;
import lombok.extern.log4j.Log4j2;
import org.springframework.stereotype.Component;

import javax.crypto.SecretKey;
import java.time.ZonedDateTime;
import java.util.Date;
import java.util.Map;

@Component
@Log4j2
public class JWTUtil {
    private static String key = "123456789012345678901234567890123456789
0";

    public String createToken(Map<String, Object> valueMap, int min) {

        SecretKey key = null;

        try {
            key = Keys.hmacShaKeyFor(JWTUtil.key.getBytes("UTF-8"));
```

```
        } catch (Exception e) {
            throw new RuntimeException(e.getMessage());
        }

        return Jwts.builder().header()
                .add("typ", "JWT")
                .add("alg", "HS256")
                .and()
                .issuedAt(Date.from(ZonedDateTime.now().toInstant()))
                .expiration((Date.from(ZonedDateTime.now()
                        .plusMinutes(min).toInstant()))).claims(valueMap)
                .signWith(key)
                .compact();

    }

    public Map<String, Object> validateToken(String token) {

        SecretKey key = null;

        try {
            key = Keys.hmacShaKeyFor(JWTUtil.key.getBytes("UTF-8"));

        } catch (Exception e) {
            throw new RuntimeException(e.getMessage());
        }

        Claims claims = Jwts.parser().verifyWith(key)
                .build()
                .parseSignedClaims(token)
                .getPayload();

        log.info("claims: " + claims);

        return claims;

    }
}
```

validateToken( )의 경우 여러 종류의 예외가 발생할 수 있습니다. 발생하는 예외들은 기본적으로는 io.jsonwebtoken.JwtException의 하위 클래스들인 MalformedJwtException, ExpiredJwtException, InvalidClaimException들의 예외일 수 있는데 이들은 validateToken( )을 호출하는 쪽에서 처리하도록 구성할 것입니다.

TokenController에서는 JWTUtil을 이용해서 정상적으로 Access Token과 Refresh Token이 생성되는지 확인합니다.

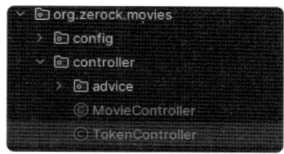

```java
package org.zerock.ex3.member.controller;

import lombok.RequiredArgsConstructor;
import lombok.extern.log4j.Log4j2;
import org.springframework.http.ResponseEntity;
import org.springframework.web.bind.annotation.PostMapping;
import org.springframework.web.bind.annotation.RequestBody;
import org.springframework.web.bind.annotation.RequestMapping;
import org.springframework.web.bind.annotation.RestController;
import org.zerock.ex3.member.dto.MemberDTO;
import org.zerock.ex3.member.security.util.JWTUtil;
import org.zerock.ex3.member.service.MemberService;

import java.util.Map;

@RestController
@RequestMapping("/api/v1/token")
@Log4j2
@RequiredArgsConstructor
public class TokenController {

    private final MemberService memberService;

    private final JWTUtil jwtUtil;

    @PostMapping("/make")
    public ResponseEntity<Map<String, String>> makeToken(@RequestBody MemberDTO memberDTO ) {

        log.info("make token...........");

        MemberDTO memberDTOResult = memberService.read(memberDTO.getMid(), memberDTO.getMpw());

        log.info(memberDTOResult);
```

```java
        String mid = memberDTOResult.getMid();

        Map<String, Object> dataMap = memberDTOResult.getDataMap();

        String accessToken = jwtUtil.createToken(dataMap, 10);

        String refreshToken = jwtUtil.createToken(Map.of("mid", mid), 60
* 24 * 7);

        log.info("accessToken: " + accessToken);
        log.info("refreshToken: " + refreshToken);

        return null; //아직 반환 처리는 하지 않음
    }
}
```

아직은 makeToken( )의 리턴값이 null이므로 Postman으로 호출했을 때 아무런 데이터가 전송되지는 않을 것이지만, 로그를 통해서 만들어진 Access Token과 Refresh Token을 확인할 수 있습니다.

정상적인 mid와 mpw 값을 이용해서 호출해 보면 생성된 Access Token과 Refresh Token이 출력되는 것을 확인할 수 있습니다.

생성된 Access Token과 Refresh Token은 jwt.io 사이트에서 정상적인지 검사할 수 있습니다. 검사 시에는 반드시 오른쪽 하단의 키(key)값을 먼저 입력한 후에 생성된 문자열을 입력하도록 주의해야 합니다.

토큰 발행

TokenController에서는 최종적으로 만들어진 토큰들을 전송합니다.

```
@PostMapping("/make")
public ResponseEntity<Map<String, String>> makeToken(@RequestBody
MemberDTO memberDTO ) {

    log.info("make token............");

.... 생략

    log.info("accessToken: " + accessToken);
    log.info("refreshToken: " + refreshToken);

    return ResponseEntity.ok(
            Map.of("accessToken", accessToken, "refreshToken",
refreshToken)
    );
}
```

Postman에서는 JSON으로 구성된 토큰들을 아래와 같이 확인할 수 있습니다.

5.5 Access Token을 이용한 접근

API 서버에서 만들어진 Access Token은 외부에서 원하는 데이터에 접근하기 위해서 사용될 것입니다. 이를 확인하기 위해서 특정한 경로의 접근에 대한 제한을 설정한 후에 문제가 발생하는지를 먼저 확인하고, 정상적인 Access Token 방법을 적용합니다.

5.5.1 @EnableMethodSecurity

스프링 시큐리티에서 컨트롤러의 특정한 경로에 접근 제한을 설정하는 방법은 HttpSecurity 타입의 객체를 이용한 직접 설정과 @Secure나 @PreAuthorize와 같은 어노테이션을 이용하는 방법이 있습니다. 예제에서는 컨트롤러의 클래스 선언부나 메서드 선언부에 직접 설정할 수 있는 어노테이션을 이용하는 방식을 사용합니다.

어노테이션 방식의 접근 제한을 설정하기 위해서는 CustomSecurityConfig에 @EnableMethodSecurity 설정을 추가해야만 합니다.

```
@Configuration
@Log4j2
@EnableMethodSecurity(prePostEnabled = true)
public class CustomSecurityConfig  {...

}
```

접근 제한 테스트를 위한 컨트롤러

시큐리티의 @PreAuthorize( )를 이용하는 컨트롤러를 작성하고 시큐리티의 동작을 확인해 봅니다.

프로젝트 내에 sample 패키지와 controller 패키지를 추가하고 SampleController를 작성합니다.

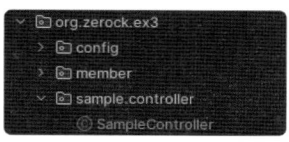

```java
package org.zerock.ex3.sample.controller;

import lombok.extern.log4j.Log4j2;
import org.springframework.http.ResponseEntity;
import org.springframework.web.bind.annotation.GetMapping;
import org.springframework.web.bind.annotation.RequestMapping;
import org.springframework.web.bind.annotation.RestController;

@RestController
@Log4j2
@RequestMapping("/api/v1/samples")
public class SampleController {

    @GetMapping("/list")
    public ResponseEntity<?> list() {

        log.info("list............");

        String[] arr = {"AAA", "BBB", "CCC"};

        return ResponseEntity.ok(arr);
    }

}
```

5.5.2 접근 제한과 예외 처리

Postman을 통해서 '/api/v1/samples/list'를 호출해 봅니다.

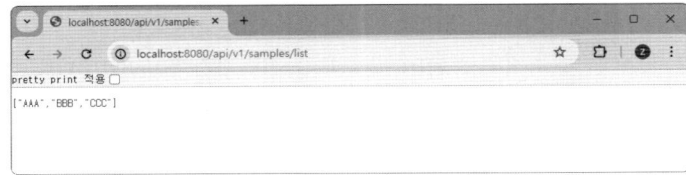

org.springframework.security.access.prepost.PreAuthorize를 적용한 후 다시 확인합니다(확실하게 프로젝트를 재시작해 주는 것이 좋습니다.).

```
@PreAuthorize("hasRole('ROLE_ADMIN')")
@GetMapping("/list")
public ResponseEntity<?> list() {

    log.info("list............");

    String[] arr = {"AAA", "BBB", "CCC"};

    return ResponseEntity.ok(arr);

}
```

동일한 경로를 호출했을 때 아래와 같이 AccessDeniedException이라는 예외가 발생하는 것을 확인할 수 있습니다. 이때의 HTTP 상태 코드 역시 403(Forbidden) 에러가 발생하게 됩니다.

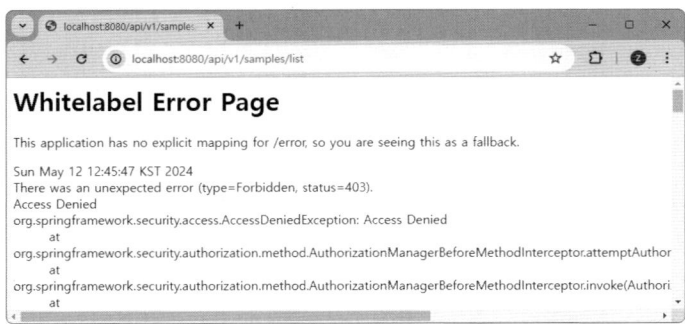

@PreAuthorize 안에는 다양한 표현식이 들어갈 수 있습니다. 표현식과 관련된 내용은 공식 문서(https://docs.spring.io/spring-security/reference/6.0/servlet/authorization/expression-based.html)를 이용해서 작성할 수 있습니다.

AccessDeniedException

AccessDeniedException은 접근 권한이 없는 사용자가 자원에 접근하려고 할 때 발생합니다. @RestControllerAdvice를 이용해서 AccessDeniedException을 처리하도록 TokenControllerAdvice 클래스에 예외 처리를 추가합니다.

```java
package org.zerock.ex3.member.controller.advice;

import lombok.extern.log4j.Log4j2;
import org.springframework.http.HttpStatus;
import org.springframework.http.ResponseEntity;
import org.springframework.security.access.AccessDeniedException;
import org.springframework.web.bind.annotation.ExceptionHandler;
import org.springframework.web.bind.annotation.RestControllerAdvice;
import org.zerock.ex3.member.exception.MemberTaskException;

import java.util.HashMap;
import java.util.Map;

@RestControllerAdvice
@Log4j2
public class TokenControllerAdvice {

    @ExceptionHandler(MemberTaskException.class)
    public ResponseEntity<Map<String, String>>
handleTaskException(MemberTaskException ex) {

        log.error(ex.getMessage());

        String msg = ex.getMsg();
        int status = ex.getCode();
```

```
        Map<String, String> map = Map.of("error", msg);

        return ResponseEntity.status(status).body(map);
    }

    @ExceptionHandler(AccessDeniedException.class)
    public ResponseEntity<?>
handleAccessDeniedException(AccessDeniedException exception) {

        log.info("handleAccessDeniedException................");

        Map<String, Object> errors = new HashMap<>();
        errors.put("message", exception.getMessage());

        return new ResponseEntity<>(errors, HttpStatus.FORBIDDEN);
    }
}
```

AccessDeniedException 처리가 추가된 후에 동일한 호출의 결과를 비교해 보면 단순한 에러 메시지만 만들어진 것을 확인할 수 있습니다.

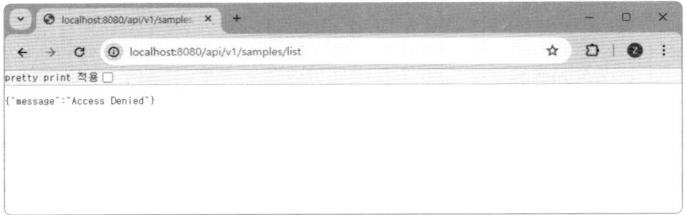

예외 처리에 대한 설정은 CustomSecurityConfig에서 HttpSecurity와 Exception Handler를 이용하는 설정 방식도 있습니다. 다만, 현재 상황과 같이 인증되지 않은 사용자의 접근은 접근 제어 때문에 발생하는 예외 대신 인증과 관련된 예외가 먼저 처리되기 때문에 예제에서는 사용하지 않았습니다.

5.6 JWTCheckFilter 작성

API 서버의 호출 시에는 토큰을 생성하는 경우나 갱신하는 경우와 같이 몇 가지 특수한 상황을 제외하면 무조건 Access Token을 이용해야 합니다. 이에 대한 처리는 시큐리티에서 제공하는 필터를 이용해서 구현해 봅니다.

프로젝트 내 작성해 둔 security 하위의 filter 패키지에 JWTCheckFilter 클래스를 작성합니다. JWTCheckFilter는 OncePerRequestFilter라는 클래스를 상속해서 구현하는데 OncePerRequestFilter는 모든 요청에 대해서 동작하는 필터를 작성할 때 사용합니다.

```java
package org.zerock.ex3.member.security.filter;

import jakarta.servlet.FilterChain;
import jakarta.servlet.ServletException;
import jakarta.servlet.http.HttpServletRequest;
import jakarta.servlet.http.HttpServletResponse;
import org.springframework.web.filter.OncePerRequestFilter;

import java.io.IOException;

public class JWTCheckFilter extends OncePerRequestFilter {

    @Override
    protected boolean shouldNotFilter(HttpServletRequest request) throws ServletException {
        return super.shouldNotFilter(request);
    }

    @Override
```

```
    protected void doFilterInternal(HttpServletRequest request,
HttpServletResponse response, FilterChain filterChain) throws
ServletException, IOException {

    }
}
```

JWTCheckFilter는 OncePerRequestFilter의 doFilterInternal( )과 shouldNotFilter( )를 오버라이드 합니다. 이 중에서 shouldNotFilter( )는 JWTCheckFilter가 동작하지 않아야 하는 경로를 지정하기 위해서 사용하는데 예제에서는 '/api/v1/token/make'와 '/api/v1/token/refresh'와 같은 몇 개의 경로를 제외하면 모두 JWTCheckFilter를 통해서 처리되게 구성할 것입니다.

doFilterInternal( )은 Access Token을 꺼내서 검증해서 문제가 없는 경우에는 컨트롤러 혹은 다음 필터들이 동작하도록 구성합니다. 만일 Access Token에 문제가 있는 경우에는 JwtException이 발생하는데, 이에 대한 처리는 반드시 필요합니다.

5.6.1 HTTP의 Authorization 헤더

요청(request) 시에 Access Token은 어떻게 전달할 것인가에 대해서는 여러 의견이 있을 수 있지만, 가장 공통적으로 사용하는 방식은 'Authorization' 헤더에 인증 타입과 토큰의 값을 전달하는 방식을 가장 많이 사용합니다. Postman을 이용하는 경우에는 'Headers' 항목에서 'Authorization' 헤더값을 지정할 수 있습니다.

인증 타입의 경우 JWT 문자열은 'Bearer'라는 타입을 이용합니다. JWT 토큰의 존재 여부만이라도 먼저 구현하면 아래와 같은 코드를 작성할 수 있습니다.

JWTCheckFilter의 shouldNotFilter( )는 우선 false만을 반환해서 모든 경로를 필터링 하도록 설정합니다. doFilterInternal( )에서는 만일 Access Token이 없거나 'Bearer'로 시작하지 않는 경우라면 무조건 '403 Forbidden' 에러를 발생시키게 합니다.

```java
package org.zerock.ex3.member.security.filter;

import jakarta.servlet.FilterChain;
import jakarta.servlet.ServletException;
import jakarta.servlet.http.HttpServletRequest;
import jakarta.servlet.http.HttpServletResponse;
import lombok.RequiredArgsConstructor;
import lombok.extern.log4j.Log4j2;
import org.springframework.stereotype.Component;
import org.springframework.web.filter.OncePerRequestFilter;
import org.zerock.ex3.member.security.util.JWTUtil;

import java.io.IOException;

@Component
@RequiredArgsConstructor
@Log4j2
public class JWTCheckFilter extends OncePerRequestFilter {

    private final JWTUtil jwtUtil;

    @Override
    protected boolean shouldNotFilter(HttpServletRequest request) throws ServletException {
        //경로 지정 필요
        return false;
    }

    @Override
    protected void doFilterInternal(HttpServletRequest request,
HttpServletResponse response, FilterChain filterChain)
            throws ServletException, IOException {

        log.info("JWTCheckFilter doFilter........... ");
```

```
            log.info("requestURI: " + request.getRequestURI());

            String headerStr = request.getHeader("Authorization");

            log.info("headerStr: " + headerStr);

            //Access Token이 없는 경우
            if (headerStr == null || !headerStr.startsWith("Bearer ")) {
                handleException(response, new Exception("ACCESSS TOKEN NOT FOUND"));
                return;
            }


        }

        private void handleException(HttpServletResponse response, Exception e) throws IOException {
            response.setStatus(HttpServletResponse.SC_FORBIDDEN);
            response.setContentType("application/json");
            response.getWriter().println("{\"error\": \"" + e.getMessage() + "\"}");
        }
    }
```

JWTCheckFilter의 적용

만들어진 JWTCheckFilter는 CustomSecurityConfig를 이용해서 다른 인증 필터들보다 앞쪽에 배치합니다.

작성된 JWTCheckFilter는 @Autowired를 이용해서 주입해주고 일반적인 로그인 처리를 담당하는 UsernamePasswordAuthenticationFilter 앞에서 동작하도록 설정합니다.

```
package org.zerock.ex3.config;

import lombok.extern.log4j.Log4j2;
```

```java
import org.springframework.beans.factory.annotation.Autowired;
import org.springframework.context.annotation.Bean;
import org.springframework.context.annotation.Configuration;
import org.springframework.security.config.annotation.method.
configuration.EnableMethodSecurity;
import org.springframework.security.config.annotation.web.builders.
HttpSecurity;
import org.springframework.security.config.http.SessionCreationPolicy;
import org.springframework.security.crypto.bcrypt.BCryptPasswordEncoder;
import org.springframework.security.crypto.password.PasswordEncoder;
import org.springframework.security.web.SecurityFilterChain;
import org.springframework.security.web.authentication.
UsernamePasswordAuthenticationFilter;
import org.zerock.ex3.member.security.filter.JWTCheckFilter;

@Configuration
@Log4j2
@EnableMethodSecurity
public class CustomSecurityConfig {

    private JWTCheckFilter jwtCheckFilter;

    @Autowired
    private void setJwtCheckFilter(JWTCheckFilter jwtCheckFilter) {
        this.jwtCheckFilter = jwtCheckFilter;
    }

    @Bean
    public SecurityFilterChain filterChain(HttpSecurity httpSecurity)
throws Exception {

        log.info("filter chain............");

        httpSecurity.formLogin(httpSecurityFormLoginConfigurer -> {
            httpSecurityFormLoginConfigurer.disable();
        });

        httpSecurity.logout( config -> config.disable());

        httpSecurity.csrf(config -> { config.disable();});

        httpSecurity.sessionManagement(sessionManagementConfigurer -> {
            sessionManagementConfigurer.
sessionCreationPolicy(SessionCreationPolicy.NEVER);
        });


        //jwtCheckFilter를 UsernamePasswordAuthenticationFilter 앞에 두기
        httpSecurity.addFilterBefore(jwtCheckFilter,
```

```
                UsernamePasswordAuthenticationFilter.class);

        return httpSecurity.build();
    }

    @Bean
    public PasswordEncoder passwordEncoder() {
        return new BCryptPasswordEncoder();
    }
}
```

Postman으로 '/api/v1/samples/list' 등을 호출해서 JWTCheckFilter가 동작하는지를 확인합니다.

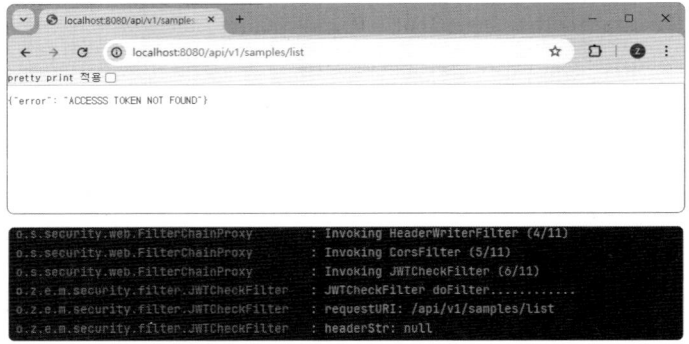

shouldNotFilter( )의 수정

JWTCheckFilter의 동작은 API 서버를 호출하는 대부분의 요청에 필수적이지만, JWT 토큰을 발행하는 '/api/v1/token/make' 경로와 조금 뒤쪽에서 구현하게 될 '/api/v1/token/refresh'라는 경로만큼은 Access Token이 없거나 만료된 Access Token을 이용해서 접근할 수 있는 경로입니다.

이에 대한 설정을 JWTCheckFilter의 shouldNotFilter( )의 내용으로 구현합니다.

```
@Override
protected boolean shouldNotFilter(HttpServletRequest request) throws
ServletException {

    if(request.getServletPath().startsWith("/api/v1/token/")) {
        return true;
    }

    //경로 지정 필요
    return false;
}
```

토큰의 생성은 '/api/v1/token/make'의 결과로 만들어진 accessToken의 값을 이용해야 하기 때문에 Postman을 통해서 'user55/1111'과 같은 사용자 정보를 이용해서 토큰을 생성합니다.

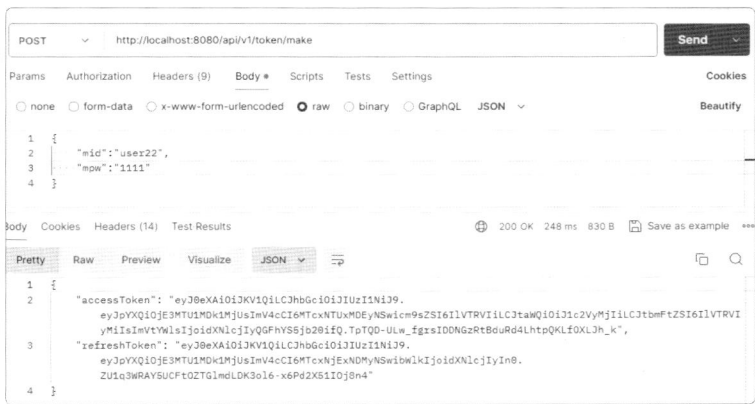

'/api/v1/samples/list'를 호출할 때 'Headers' 항목에 'Authorization'을 추가하고 'Bearer 토큰값'을 입력합니다. 이때의 토큰 값은 위 그림에서 'accessToken'의 값입니다.

Postman에서는 아무런 결과가 생성되지 않지만, API 서버 내부에서는 Access Token이 수집되는 것을 확인할 수 있습니다(Access Token의 만료 기한이 10분이므로 학습하면서 여러 번 다시 토큰을 만들어야 하는 상황이 발생할 수 있으니 주의해야 합니다.).

```
o.z.e.m.security.filter.JWTCheckFilter    : JWTCheckFilter doFilter............
o.z.e.m.security.filter.JWTCheckFilter    : requestURI: /api/v1/samples/list
o.z.e.m.security.filter.JWTCheckFilter    : headerStr: Bearer eyJ0eXAiOiJKV1QiLCJhbGciOiJIUzI1NiJ9.eyJpYXQiOjE3MTU1MDk1Mj
```

5.6.2 JWT 검증과 시큐리티 처리

JWTCheckFilter는 전달된 Access Token을 JWTUtil을 이용해서 검증하고 문제가 없는 경우에는 다음 필터나 목적지로 이동하는 filterChain.dofilter( )를 호출합니다. 만일 검증 시에 Access Token이 만료되었거나 서명(Signature)에 문제가 있는 등의 예외가 발생한다면 에러 메시지를 만들어서 전송하도록 구현합니다.

```java
@Override
protected void doFilterInternal(HttpServletRequest request,
HttpServletResponse response, FilterChain filterChain) throws
ServletException, IOException {

    log.info("JWTCheckFilter doFilter............ ");

    log.info("requestURI: " + request.getRequestURI());

    String headerStr = request.getHeader("Authorization");

    log.info("headerStr: " + headerStr);

    //Access Token이 없는 경우
    if (headerStr == null || !headerStr.startsWith("Bearer ")) {
        handleException(response, new Exception("ACCESSS TOKEN NOT FOUND"));
        return;
    }

    String accessToken = headerStr.substring(7);

    try {
        java.util.Map<String, Object> tokenMap = jwtUtil.validateToken(accessToken);

        //토큰 검증 결과에 문제가 없었다
```

```
            log.info("tokenMap: " + tokenMap);

            filterChain.doFilter(request, response);

        } catch (Exception e) {
            //문제가 발생했다면
            handleException(response, e);
        }

    }
}
```

코드가 적용된 후에 시간이 지나서 만료된 Access Token을 이용하면 아래와 같이 '403' 상태 코드와 함께 메시지가 출력됩니다.

Access Token이 만료되지 않았다고 해도 @PreAuthorize( ) 부분이 동작하기 때문에 AccessDeniedException이 발생하게 됩니다. 이에 대한 처리는 조금 뒤쪽에서 처리합니다.

서명(Access Token의 마지막 부분)이 잘못된 경우에도 검증이 가능합니다.

5.6.3 SecurityContext 처리하기

Access Token을 이용하는 JWTCheckFilter의 마지막 구현 부분은 시큐리티가 사용하는 SecurityContext와의 통합입니다. 이 과정은 컨트롤러에서 @PreAuthorize("hasRole('AD-MIN')")와 같은 시큐리티의 표현식 등을 이용하기 위해서, 반드시 필요한 과정입니다.

시큐리티는 사용자에 대한 정보를 SecurityContext 안에 추가하고 이를 활용해서 시큐리티와 관련된 모든 처리를 수행합니다. 예제에서는 Access Token을 이용해서 SecurityContext 안에 인증되었다는 정보를 추가해 주는 작업이 필요합니다. 이 과정에서 가장 중요한 내용물을 Principal이라고 하는데 예제에서는 mid값을 가지는 java.security.Principal 인터페이스를 구현합니다.

security 패키지에 auth 패키지를 추가하고 CustomUserPrincipal 클래스를 추가합니다. CustomUserPrincipal은 필요한 경우에 꺼내서 사용할 수 있는 사용자의 정보를 저장하는 역할을 합니다. java.security 패키지의 Principal 인터페이스를 구현합니다.

```
package org.zerock.ex3.member.security.auth;

import lombok.RequiredArgsConstructor;

import java.security.Principal;

@RequiredArgsConstructor
public class CustomUserPrincipal implements Principal {

    private final String mid;

    @Override
    public String getName() {
        return mid;
    }
}
```

UsernamePasswordAuthenticationToken

스프링 시큐리티에서 전통적인 로그인을 처리할 때는 UsernamePasswordAuthenticationToken이라는 객체를 이용해서 사용자의 인증/인가 정보를 처리합니다. UsernamePasswordAuthenticationToken를 구성하기 위해서는 Principal에 해당하는 객체와 사용자의 인증 정보를 확인할 수 있는 Credentials, 사용자의 권한을 의미하는 Authorities가 필요합니다. 이 중에서 Credentials의 경우 null을 이용할 수 있는데 null은 추가적인 검사가 생략됩니다.

예제에서는 Access Token을 이용해서 이미 검사가 완료되었으므로 Credentials는 null로 지정하고 'role' 값은 단순한 문자열을 Authority 타입으로 만들 수 있는 SimpleGrantedAuthority를 이용합니다.

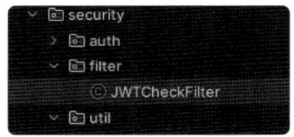

JWTCheckFilter의 doFilterInternal( ) 내부는 수정이 필요합니다. import 부분을 주의해야 하므로 문제가 된다면 아래의 부분을 참고하도록 합니다.

```
import jakarta.servlet.FilterChain;
import jakarta.servlet.ServletException;
import jakarta.servlet.http.HttpServletRequest;
import jakarta.servlet.http.HttpServletResponse;
import lombok.RequiredArgsConstructor;
import lombok.extern.log4j.Log4j2;
import org.springframework.security.authentication.UsernamePasswordAuthenticationToken;
import org.springframework.security.core.authority.SimpleGrantedAuthority;
import org.springframework.security.core.context.SecurityContext;
import org.springframework.security.core.context.SecurityContextHolder;
import org.springframework.stereotype.Component;
import org.springframework.web.filter.OncePerRequestFilter;
import org.zerock.ex3.member.security.auth.CustomUserPrincipal;
import org.zerock.ex3.member.security.util.JWTUtil;
```

```java
import java.io.IOException;
import java.util.Arrays;
import java.util.stream.Collectors;
```

doFilterInternal( ) 내부의 try ~ catch 부분만 아래와 같이 변경합니다.

```java
try {
    java.util.Map<String, Object> tokenMap = jwtUtil.validateToken(accessToken);

    //토큰 검증 결과에 문제가 없었다
    log.info("tokenMap: " + tokenMap);

    String mid = tokenMap.get("mid").toString();

    //권한이 여러 개인 경우에는 ,로 구분해서 처리
    String[] roles = tokenMap.get("role").toString().split(",");

    //토큰 검증 결과를 이용해서 Authentication 객체를 생성
    UsernamePasswordAuthenticationToken authenticationToken =
            new UsernamePasswordAuthenticationToken(
                    new CustomUserPrincipal(mid),
                    null,
                    Arrays.stream(roles)
                            .map(role -> new SimpleGrantedAuthority("ROLE_" + role))
                            .collect(Collectors.toList())
            );

    //SecurityContextHolder에 Authentication 객체를 저장
    //이후에 SecurityContextHolder를 이용해서 Authentication 객체를 꺼내서 사용할 수 있다.
    SecurityContext context = SecurityContextHolder.getContext();
    context.setAuthentication(authenticationToken);

    filterChain.doFilter(request, response);

} catch (Exception e) {
    //문제가 발생했다면
    handleException(response, e);

}
```

UsernamePasswordAuthenticationToken을 생성하기 위해서는 3가지가 필요합니다. 사용자 정보를 의미하는 Principal과 인증 과정에서 사용하는 Credential, 마지막으로 사용자에게 허용된 권한 정보입니다.

 JWT의 정보를 이용해서 SecurityContext에 필요한 정보를 엄격하게 만든다면 JWT의 정보를 매번 데이터베이스를 통해서 확인하거나 Redis와 같은 메모리 DB를 활용하는 방법 등을 고려해 볼 수 있습니다.

SecuriytContext 처리 테스트

SecurityContext에 정상적으로 처리가 되었는지를 확인하기 위해서 SampleController의 list( )를 확인해 보면 'ADMIN' 권한이 있는 사용자만이 접근 가능한 것을 확인할 수 있습니다(Postman을 이용해서 토큰들을 생성할 때 user81 ~ user100의 값을 이용해서 테스트 해 봅니다.).

```
@PreAuthorize("hasRole('ROLE_ADMIN')")
@GetMapping("/list")
public ResponseEntity<?> list() {

    log.info("list............");

    String[] arr = {"AAA", "BBB", "CCC"};

    return ResponseEntity.ok(arr);

}
```

테스트를 위해 'ADMIN' 권한이 있는 사용자(user81 ~ user100)로 토큰을 생성합니다.

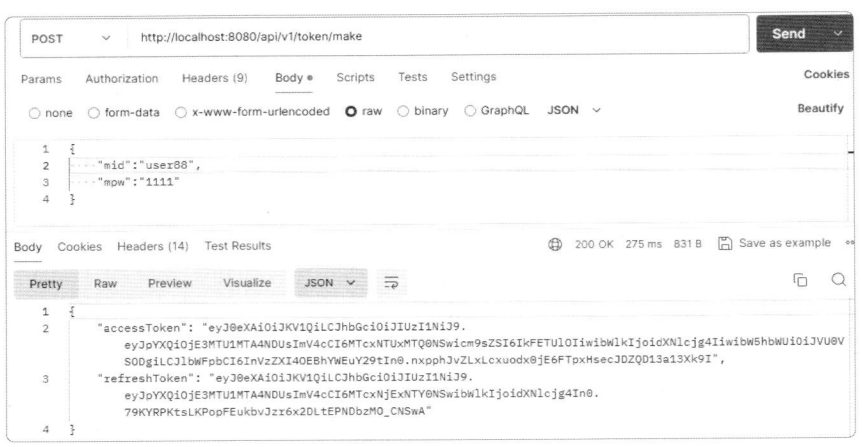

생성된 accessToken의 값을 이용해서 '/api/v1/samples/list'를 호출하면 정상적으로 결과가 출력됩니다.

성공 시나리오대로 테스트가 진행되었다면 권한이 없는 사용자를 테스트해 봅니다. 'ADMIN' 권한이 없는 사용자 정보(user1 ~ user80)를 이용해서 토큰을 생성하고 사용하면 접근 제한이 걸리는 것을 확인할 수 있습니다.

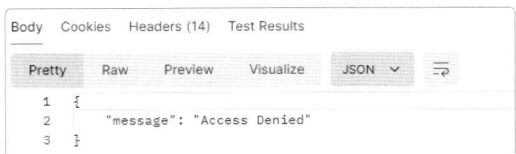

@PreAuthorize( )의 표현식에는 Principal을 변수로 이용할 수도 있습니다. 예를 들어 현재 사용자가 'USER' 권한을 가진 사용자 중에서 'user55'인 경우에만 동작하도록 한다면 다음과 같이 표현식을 구성할 수 있습니다.

```java
@PreAuthorize("hasRole('ROLE_USER') and principal.name == 'user55'")
@GetMapping("/list")
public ResponseEntity<?> list() {

    log.info("list............");

    String[] arr = {"AAA", "BBB", "CCC"};

    return ResponseEntity.ok(arr);
}
```

이 밖에 '#'을 이용해서 파라미터로 전달되는 객체들의 특정한 속성값을 이용할 수도 있습니다. 예를 들어 게시물의 작성자와 파라미터로 수집되는 DTO 내부의 속성을 비교하는 등의 작업을 처리할 때 유용합니다.

 '#'을 이용해서 표현식을 사용하는 경우에는 Intellij의 Gradle 설정을 주의해야 합니다. 'Build and run using' 항목 등의 값이 'Intellij IDEA'로 되어 있는 경우 정상적으로 동작하지 않는 문제가 있습니다.

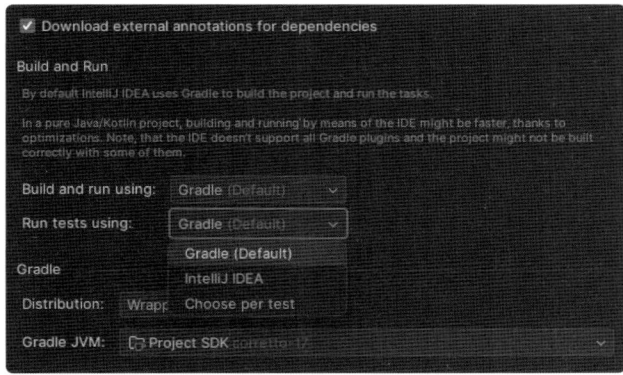

5.7 Refresh Token의 활용

Access Token을 이용한 실습 과정에서 토큰의 만료 기한이 10분이기 때문에 토큰이 만료되는 상황이 발생할 수 있습니다(실습을 위해서 10분이라는 짧은 시간을 사용했지만, 보통은 24시간 이내로 지정하는 경우가 많습니다.). Access Token은 매번 API 서버 호출에 사용되기 때문에 그만큼 노출 회수가 많고 탈취될 가능성도 많게 됩니다.

Access Token의 만료 기한이 짧기 때문에 Refresh Token을 제공해서 새로운 Access Token을 생성합니다. Refresh Token에는 사용자의 mid 정보를 넣어두었는데 이를 이용해서 사용자 정보를 확인한 후에 새로운 Access Token을 생성하도록 구성해 봅니다.

Access Token을 다시 만들 때 Refresh Token 역시 다시 작성해 주는 것이 좋은데 Refresh Token의 만료 기한은 길게 설정되기 때문에 반드시 다시 작성해야 하는 것은 아닙니다. 경우에 따라서는 새로 발행되는 Access Token과 Refresh Token을 별도로 보관해서 토큰 발행 시에 이 값을 비교하는 방식도 고려해 볼 수 있습니다(반드시 새로 만든다거나 Refresh Token과 함께 Access Token도 같이 전달되어야 한다는 규칙이 있지는 않습니다. 이처럼 Access Token과 함께 Refresh Token도 새로 발행하는 방식을 토큰 회전(token rotation)이라고 합니다.).

Refresh Token의 발행은 TokenController를 이용해서 '/api/v1/token/refresh'라는 경로를 이용할 것입니다. 이 경로는 이미 JWTCheckFilter에서 체크하지 않는 경로로 지정되어 있으므로 추가적인 설정 없이 컨트롤러 쪽만 구현해 주면 됩니다.

5.7.1 Refresh Token 사용 시나리오

TokenController에서 Refresh Token을 사용하는 방법은 다음과 같은 시나리오를 가정하고 작성합니다.

1. Access Token과 Refresh Token, mid(사용자 아이디)를 전달받습니다. mid를 전달받는 이유는 토큰 내에 감춰진 mid값과 요청 시에 들어오는 mid값이 같은지 비교해서 조금이라도 체크를 더 하기 위해서입니다.

2. Access Token이 만료되었는지 확인합니다. - 만료된 경우에만 새로운 Access Token을 발행합니다.

3. RefreshToken을 검증하고 mid값을 추출합니다. - 이 값과 파라미터로 전달된 mid가 같은지 확인합니다.
4. mid값을 가지고 MemberService를 호출해서 MemberDTO를 얻어옵니다. - MemberService를 다시 호출하는 이유는 외부에서 사용자의 정보가 변경되어서 데이터베이스가 변경되었을 수도 있기 때문입니다.
5. MemberDTO를 이용해서 새로운 Access Token을 생성합니다. 이때 Refresh Token 역시 다시 생성해 줍니다.
6. 만들어진 Access Token과 Refresh Token을 JSON으로 전송합니다.

5.7.2 TokenController의 refresh( )

TokenController에는 POST 방식으로 동작할 refresh( ) 메서드를 선언하고 파라미터들을 수집합니다.

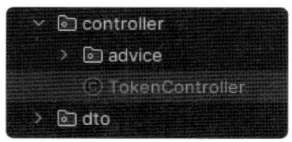

Access Token은 다른 경우와 마찬가지로 'Authentication' 헤더를 이용해서 수집할 수 있습니다. 다만 'Bearer'로 시작하는 부분은 나중에 잘라주어야 합니다. refreshToken과 mid는 파라미터로 전달받아서 이용하고, POST 방식으로 동작하도록 작성합니다.

```
package org.zerock.ex3.member.controller;

import lombok.RequiredArgsConstructor;
import lombok.extern.log4j.Log4j2;
import org.springframework.http.ResponseEntity;
import org.springframework.web.bind.annotation.*;
import org.zerock.ex3.member.dto.MemberDTO;
import org.zerock.ex3.member.security.util.JWTUtil;
import org.zerock.ex3.member.service.MemberService;

import java.util.Map;
```

```java
@RestController
@RequestMapping("/api/v1/token")
@Log4j2
@RequiredArgsConstructor
public class TokenController {

    private final MemberService memberService;

    private final JWTUtil jwtUtil;

    @PostMapping("/make")
    public ResponseEntity<Map<String, String>> makeToken(@RequestBody MemberDTO memberDTO ) {

        ...생략

    }

    @PostMapping("/refresh")
    public ResponseEntity<Map<String, String>> refreshToken(
            @RequestHeader("Authorization") String accessTokenStr,
            @RequestParam("refreshToken") String refreshToken,
            @RequestParam("mid") String mid
    ){

        //Access Token이 만료되었는지 확인

        //Refresh Token 검증

        //Refresh Token에서 mid값 추출

        //새로운 Access Token , Refresh Token 생성

        //전송

        return null;
    }

    private ResponseEntity<Map<String, String>> handleException(String msg, int status) {

        return ResponseEntity.status(status).body(Map.of("error", msg));
    }

}
```

refresh( ) 동작 중에 잘못된 상황은 예외 메시지를 전송할 수 있도록 handleException( )을 추가해서 메시지와 상태 코드를 지정할 수 있도록 구성합니다.

토큰 존재 확인

refresh( )는 Access Token과 Refresh Token을 모두 이용할 예정이므로 해당 토큰들이 제대로 전달되었는지부터 확인합니다. 적당한 값이 없다면 400(Bad Request) 에러를 발생하도록 합니다.

```
log.info("access token with Bearer..........." + accessTokenStr);

if(accessTokenStr == null || !accessTokenStr.startsWith("Bearer ")) {
    return handleException("No Access Token", 400); //400 Bad Request
}

if(refreshToken == null) {
    return handleException("No Refresh Token", 400); //400 Bad Request
}

log.info("refresh token..........." + refreshToken);

if(mid == null) {
    return handleException("No Mid", 400); //400 Bad Request
}
```

Access Token의 만료 여부 확인

Access Token은 JWTUtil의 validateToken( )을 이용해서 검증해 봅니다. 이때 만료된 토큰이 정상적인 상황이고, 그 외에 상황이라면 예외로 처리해야 하는 상황이 됩니다.

```
//Access Token이 만료되었는지 확인
String accessToken = accessTokenStr.substring(7);

try{
    jwtUtil.validateToken(accessToken);
}catch(io.jsonwebtoken.ExpiredJwtException expiredJwtException) {

    //Refresh가 필요한 상황

}catch(Exception e) {
    return handleException(e.getMessage(), 400); //400 Bad Request
}
```

만일 Access Token이 만료되지 않았는데도 호출된다면 굳이 새로운 토큰을 발행할 필요가 없으므로 파라미터로 전달받은 정보들을 그대로 전송하도록 구성합니다. 이를 위해서 Map⟨String, String⟩을 반환해 주는 makeResultData( )를 작성합니다.

```java
private Map<String, String> makeData(String mid, String accesssToken,
String refreshToken){

    return Map.of("mid", mid, "accessToken", accesssToken,
"refreshToken", refreshToken);
}
```

refresh( ) 내에서 만료 기한이 남아서 문제가 없는 경우에 데이터를 만들어서 전송합니다(만료된 경우에는 io.jsonwebtoken.ExpiredJwtException이 발생합니다.).

```java
//Access Token이 만료되었는지 확인
String accessToken = accessTokenStr.substring(7);

try{
    jwtUtil.validateToken(accessToken);

    //아직 만료 기한이 남아 있는 상황
    Map<String, String> data = makeData(mid, accessToken, refreshToken);

    return ResponseEntity.ok(data);

}catch(ExpiredJwtException expiredJwtException) {

    //Refresh가 필요한 상황

}catch(Exception e) {
    return handleException(e.getMessage(), 400); //400 Bad Request
}
```

ExpiredJwtException 처리

Access Token이 만료되어서 ExpiredJwtException이 발생했다면 Refresh Token을 검증하고 새로운 토큰을 발행합니다. 이 부분은 별도의 makeNewToken( ) 메서드로 만들어 줍니다.

```java
private Map<String, String> makeNewToken(String mid, String refreshToken)
{

    try {
        Map<String, Object> claims = jwtUtil.validateToken(refreshToken);

        if (!mid.equals(claims.get("mid").toString())) {
            throw new RuntimeException("Invalid Refresh Token Host");
        }

        // mid를 이용해서 사용자 정보를 다시 확인한 후에 새로운 토큰 생성

    }catch(Exception e) {
        handleException(e.getMessage(),400);
    }

    return null;
}
```

refresh( )에서는 makeNewToken( )을 호출하는 코드를 추가합니다.

```java
//Access Token이 만료되었는지 확인
String accessToken = accessTokenStr.substring(7);

try{
    ...

}catch(ExpiredJwtException expiredJwtException) {

    //Refresh가 필요한 상황
    makeNewToken(mid, refreshToken);

}catch(Exception e) {
    return handleException(e.getMessage(), 400); //400 Bad Request
}
```

새로운 토큰들을 발행하기 위해서는 mid에 해당하는 사용자를 가져와야만 하므로 MemberService에 getByMid( )를 아래와 같이 추가합니다.

```java
package org.zerock.ex3.member.service;

import lombok.RequiredArgsConstructor;
import lombok.extern.log4j.Log4j2;
import org.springframework.security.crypto.password.PasswordEncoder;
import org.springframework.stereotype.Service;
import org.springframework.transaction.annotation.Transactional;
import org.zerock.ex3.member.dto.MemberDTO;
import org.zerock.ex3.member.entity.MemberEntity;
import org.zerock.ex3.member.exception.MemberExceptions;
import org.zerock.ex3.member.repository.MemberRepository;

import java.util.Optional;

@Service
@RequiredArgsConstructor
@Log4j2
@Transactional
public class MemberService {

    private final MemberRepository memberRepository;

    private final PasswordEncoder passwordEncoder;

    public MemberDTO read(String mid, String mpw) {

        ...생략

    }

    public MemberDTO getByMid(String mid) {

        Optional<MemberEntity> result = memberRepository.findById(mid);

        MemberEntity memberEntity = result.orElseThrow(MemberExceptions.NOT_FOUND::get);

        return new MemberDTO(memberEntity);

    }

}
```

TokenController의 makeNewToken( )에서 MemberService로부터 가져온 MemberDTO를 이용해서 새로운 토큰들을 생성하고 반환합니다.

```java
private Map<String, String> makeNewToken(String mid, String refreshToken) {

    Map<String, Object> claims = jwtUtil.validateToken(refreshToken);

    log.info("refresh token claims: " + claims);

    if (!mid.equals(claims.get("mid").toString())) {
        throw new RuntimeException("Invalid Refresh Token Host");
    }

    // mid를 이용해서 사용자 정보를 다시 확인한 후에 새로운 토큰 생성
    MemberDTO memberDTO = memberService.getByMid(mid);

    Map<String, Object> newClaims = memberDTO.getDataMap();

    String newAccessToken = jwtUtil.createToken(newClaims, 10);

    String newRefreshToken = jwtUtil.createToken(Map.of("mid", mid), 60 * 24 * 7);

    return makeData(mid, newAccessToken, newRefreshToken);

}
```

refresh( )의 최종적인 형태는 아래와 같은 형태가 됩니다.

```java
@PostMapping("/refresh")
public ResponseEntity<Map<String, String>> refreshToken(
        @RequestHeader("Authorization") String accessTokenStr,
        @RequestParam("refreshToken") String refreshToken,
        @RequestParam("mid") String mid
){

    log.info("access token with Bearer..........." + accessTokenStr);

    if(accessTokenStr == null || !accessTokenStr.startsWith("Bearer ")) {
        return handleException("No Access Token", 400); //400 Bad Request
    }

    if(refreshToken == null) {
```

```java
            return handleException("No Refresh Token", 400); //400 Bad Request
        }

        log.info("refresh token............" + refreshToken);

        if(mid == null) {
            return handleException("No Mid", 400); //400 Bad Request
        }

        //Access Token이 만료되었는지 확인
        String accessToken = accessTokenStr.substring(7);

        try{
            jwtUtil.validateToken(accessToken);

            //아직 만료 기한이 남아 있는 상황
            Map<String, String> data = makeData(mid, accessToken, refreshToken);

            log.info("Access Token is not expired..................");

            return ResponseEntity.ok(data);

        }catch(ExpiredJwtException expiredJwtException) {

            try {
                //Refresh가 필요한 상황
                Map<String, String> newTokenMap = makeNewToken(mid, refreshToken);
                return ResponseEntity.ok(newTokenMap);

            }catch(Exception e) {
                return handleException("REFRESH "+e.getMessage(), 400); //400 Bad Request
            }

        }catch(Exception e) {
            e.printStackTrace(); //디버깅용
            return handleException(e.getMessage(), 400); //400 Bad Request
        }
    }
```

Postman을 이용한 확인

TokenController의 refresh( )의 동작을 확인하기 위해서는 우선 만료된 Access Token 값이 필요합니다. 만료된 토큰의 값을 Authorization 헤더의 값으로 활용합니다.

만료 기한이 지나지 않은 Refresh Token과 mid값은 form-data 방식의 파라미터로 전달합니다.

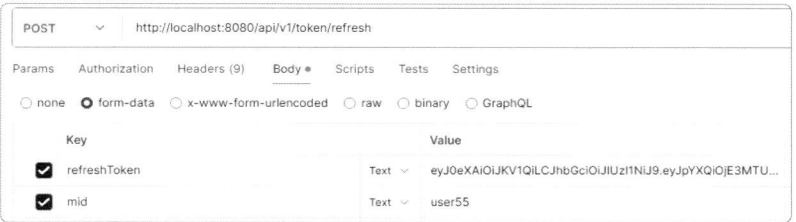

TokenController가 새로 발행한 토큰들을 아래와 같이 확인할 수 있습니다.

만료되지 않은 Access Token을 이용한 경우에는 갱신되지 않고 기존의 토큰들을 그대로 반환합니다

Refresh Token이 만료된 경우에는 에러 메시지에 'REFRASH…'와 같은 메시지가 출력됩니다.

5.8 Ajax와 CORS

API 서버의 호출을 제한하기 위해서 JWT를 적용하였다면 마지막으로 CORS(Cross Origin Resource Sharing) 설정을 적용해 봅니다. CORS는 Ajax를 이용할 때 서로 다른 서비스(Cross Origin)에서 자원(Resource)의 접근이 기본적으로 제한되기 때문에 필요한 설정입니다.

예를 들어 현재 예제는 Postman에서는 호출이 가능하지만, 별도의 프로젝트를 생성해서 HTML 등을 제작해서 Ajax 호출을 하는 경우에는 'CORS' 설정이 없는 관계로 에러가 발생하게 됩니다.

CORS 설정은 웹과 관련된 설정으로 추가할 수 있고, 스프링 시큐리티를 이용해서도 설정할 수도 있습니다. 예제에서 CustomSecurityConfig 클래스에 관련된 설정은 @Bean을 이용해서 추가합니다.

import 할 때는 org.springframework.web.cors 기반 API들을 이용합니다.

```
import org.springframework.web.cors.CorsConfiguration;
import org.springframework.web.cors.CorsConfigurationSource;
import org.springframework.web.cors.UrlBasedCorsConfigurationSource;
```

```
@Bean
public CorsConfigurationSource corsConfigurationSource() {

    CorsConfiguration corsConfiguration = new CorsConfiguration();

    corsConfiguration.setAllowedOriginPatterns(List.of("*")); // 어디서든 허락
    corsConfiguration.setAllowedMethods(List.of("GET", "POST", "PUT", "DELETE", "HEAD", "OPTIONS"));
    corsConfiguration.setAllowedHeaders(List.of("Authorization", "Cache-Control", "Content-Type"));
    corsConfiguration.setAllowCredentials(true);
```

```
    UrlBasedCorsConfigurationSource source = new
UrlBasedCorsConfigurationSource();
    source.registerCorsConfiguration("/**", corsConfiguration);

    return source;
}
```

filterChain( )의 HttpSecurity를 이용해서 CORS 설정을 추가합니다.

```
@Bean
public SecurityFilterChain filterChain(HttpSecurity httpSecurity) throws
Exception {

    log.info("filter chain............");


    httpSecurity.formLogin(httpSecurityFormLoginConfigurer -> {
        httpSecurityFormLoginConfigurer.disable();

    });

    httpSecurity.logout( config -> config.disable());

    httpSecurity.csrf(config -> { config.disable();});

    httpSecurity.sessionManagement(sessionManagementConfigurer -> {
        sessionManagementConfigurer.
sessionCreationPolicy(SessionCreationPolicy.NEVER);
    });

    httpSecurity.addFilterBefore(jwtCheckFilter,
UsernamePasswordAuthenticationFilter.class);

    httpSecurity.cors(cors -> {
        cors.configurationSource(corsConfigurationSource());
    });

    return httpSecurity.build();
}
```

Chapter 06

Axios와 API 서버 호출

Access Token과 Refresh Token 등을 이용해서 API 서버를 호출하는 일은 서버를 호출하는 클라이언트 애플리케이션이나 서비스의 입장에서는 번거롭게 느껴질 수 있습니다. 특히 Refresh Token으로 새로운 Access Token을 생성하는 작업이 자동으로 이루어질 수 있어야 합니다. 예제를 통해서 어떤 방식으로 동작하는지를 살펴보겠습니다.

이 장에서는 다른 장과 달리 Node.js와 Vite 도구를 이용해서 프런트 엔드 프로젝트를 구성하고 Axios와 JavaScript를 사용해서 이전 장에서 만든 JWT 기반 인증 처리를 실습해 보겠습니다.

6.1 프런트 엔드 프로젝트 생성

API 서버는 화면이 없는 상태에서 개발하기 때문에 실제 동작 과정에서 발생하는 문제를 확인하기가 어렵습니다. 이를 위해서 API 서버 개발 시에 문서화를 같이 진행하기도 하지만, 개인적으로는 별도의 프런트 엔드 프로젝트를 생성해서 동작 여부를 확인하는 것이 가장 확실하다고 생각합니다.

API 서버를 호출하게 될 프런트 엔드 프로젝트(이하 프런트 서버)는 단순한 HTML 페이지를 제작하는 방법부터 별도의 스프링 부트 프로젝트를 생성하는 등 다양한 방법이 있습니다. 예제에서는 Node.js 환경에서 Vite를 이용해서 프로젝트를 구성하고 API 서버를 호출해 보려고 합니다.

Node.js는 nodejs.org 사이트에서 다운로드 하고 설치하면 됩니다.

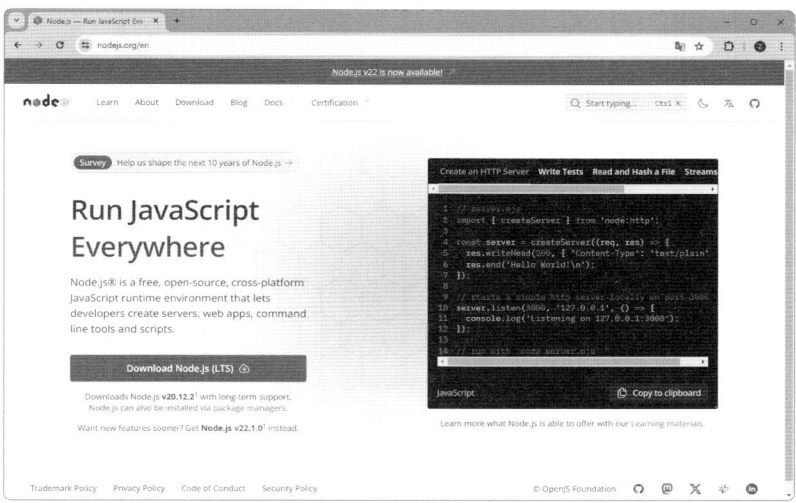

6.1.1 Vite 빌드 툴

Node.js는 플랫폼이기 때문에 설치된 후에 JavaScript 프로그램을 작성하고 실행할 수 있습니다. 다만, 규모가 큰 프로그램을 제작하기 위해서는 프로젝트 생성을 쉽게 할 수 있는 빌드 툴을 사용하는 것이 편하기 때문에 예제에서는 Vite(발음은 veet와 유사합니다.)를 사용해서 프로젝트를 생성합니다.

Vite는 https://ko.vitejs.dev/ 사이트에서 필요한 정보를 구할 수 있습니다. Vite를 사용해서 다양한 종류의 프로젝트를 구성할 수 있는데 최근 유행하는 React나 Vue 프로젝트도 가능합니다.

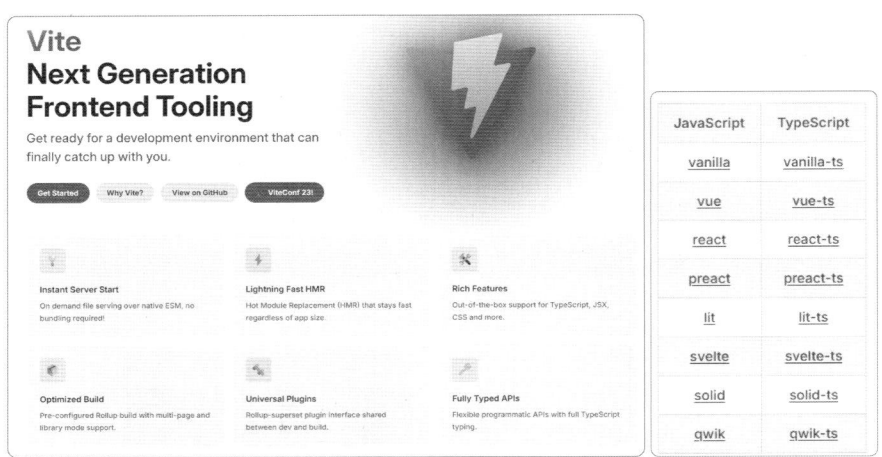

Vite를 이용할 경우에는 반드시 Node.js 버전이 18 이상이어야 합니다. 혹시, 기존의 Node.js가 설치되어 있었다면 'node -v' 명령어를 통해서 설치되어 있는 버전을 확인해야 합니다.

6.1.2 프로젝트 생성

프로젝트 생성은 Node.js의 'npm'을 이용해서 시작합니다.

프로젝트를 생성하면 프로젝트의 이름과 사용 기술을 결정해야 합니다. 위의 그림과 같이 다양한 기술을 이용할 수 있는데 예제는 순수한 JavaScript를 의미하는 Vanilla를 선택해

서 생성합니다.

프로젝트를 개발할 때 JavaScript로 할 것인지, TypeScript로 할 것인지를 결정하는데 예제에서는 JavaScript로 진행합니다.

프로젝트가 생성되면 아래와 같이 폴더를 이동한 후에 'npm install'을 해서 프로젝트의 라이브러리들을 다운로드하고 'npm run dev'를 통해서 실행할 수 있다는 설명을 보여줍니다. 'npm run dev'를 실행하면 아래와 같이 5173번 포트로 프로젝트가 실행되는 것을 확인할 수 있습니다.

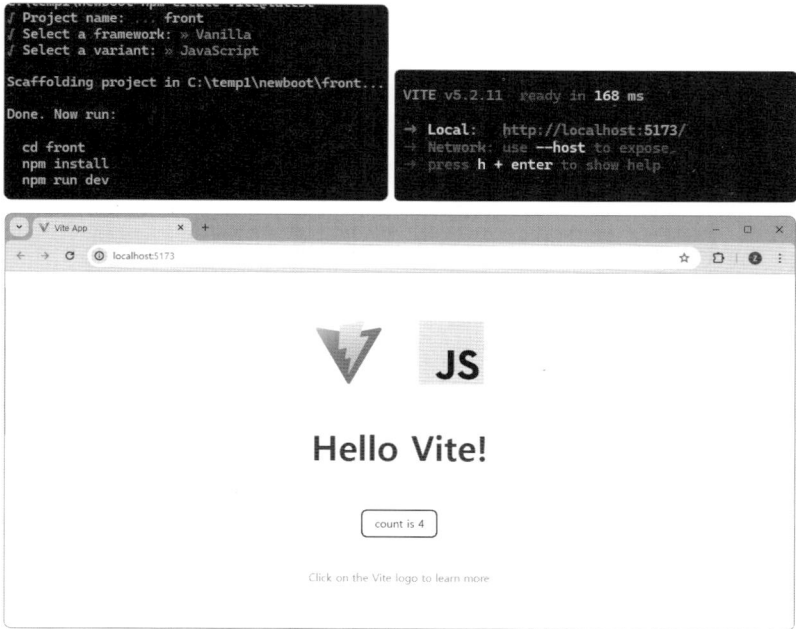

6.2 페이지/JS 파일 추가

프로젝트가 생성된 폴더를 확인해 보면 Node.js로 만든 프로젝트가 아래와 같이 만들어진 것을 확인할 수 있습니다. 프로젝트의 경로에 login.html 페이지를 추가하고 프로젝트를 실행해서 결과를 확인합니다.

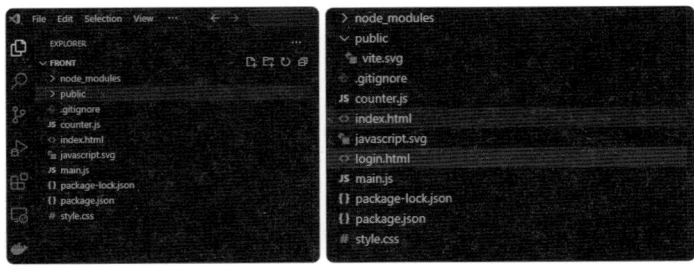

login.html은 단순히 화면에서 페이지가 실행되는지를 알아보는 수준으로 작성합니다.

```html
<!doctype html>
<html lang="en">
  <head>
    <meta charset="UTF-8" />
    <link rel="icon" type="image/svg+xml" href="/vite.svg" />
    <meta name="viewport" content="width=device-width, initial-scale=1.0" />
    <title>Vite App</title>
  </head>
  <body>

    <div class="login">
        <h1>Login</h1>
    </div>

  </body>
</html>
```

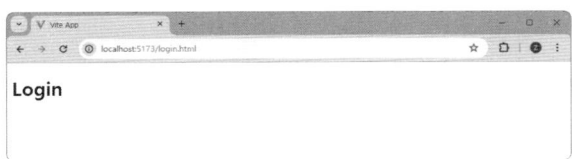

6.1.1 Axios 라이브러리와 JS

프런트 화면에서 사용할 Ajax 처리는 Axios 라이브러리를 이용할 것입니다. Axios 라이브러리는 기본적으로 JSON 포맷을 사용해서 처리하기 때문에 JSON을 이용하는 경우에는 최소한의 코드를 작성할 수 있고, Promise를 지원하기 때문에 최신 동향의 코드를 제작하는 데 무리가 없습니다.

실행 중인 프로젝트를 중지하고 터미널에서 'npm install axios'를 이용해서 추가합니다.

```
PS C:\temp1\newboot\front> npm install axios

added 9 packages, and audited 20 packages in 751ms

4 packages are looking for funding
  run `npm fund` for details

found 0 vulnerabilities
```

프로젝트 내 js 폴더를 생성하고 api.js 파일을 추가합니다.

```
v js
  JS api.js
> node_modules
> public
  .gitignore
```

api.js 파일에는 export를 이용해서 외부에서 import 할 수 있도록 구성합니다.

```js
export const testApi = () => {
    console.log("test Api...")
}
```

login.html에서는 module 방식을 이용해서 testApi( )를 호출합니다.

```html
<!doctype html>
<html lang="en">
  ...생략
  <body>

    <div class="login">
```

```
        <h1>Login</h1>
    </div>
    <script type="module" src="/js/api.js"></script>
    <script type="module">
        import { testApi } from './js/api.js'
        testApi()
    </script>
  </body>
</html>
```

〈script〉 속성으로 type='module'을 지정하면 impot를 이용할 수 있으므로 이를 이용해서 testApi 함수를 가져와서 사용합니다. 프로젝트를 실행하고 브라우저의 개발자 도구를 통해서 동작 여부를 확인합니다.

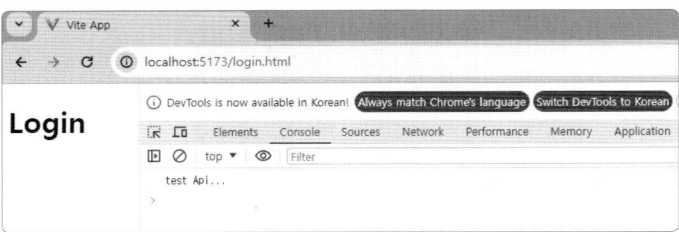

6.3 로그인 처리와 보관

api.js의 동작이 확인되었다면 API 서버에 '/api/v1/token/make'를 호출하는 함수를 작성해 봅니다. api.js에 아래의 내용을 추가합니다.

```
import axios from 'axios'
export const testApi = () => {
    console.log("test Api...")
```

```
}
const url = "http://localhost:8080/api/v1/"

export const makeToken = (mid, mpw) => {

    const path = url +"token/make"

    const data = {mid,mpw}
    // {mid:mid,mpw:mpw}의 축약형 표현

    axios.post(path, data)

}
```

login.html의 〈body〉에서는 화면을 구성하고 makeToken을 import 해서 호출하도록 작성합니다.

```html
<div class="login">
    <h1>Login</h1>
    <div>
        <input type="text" placeholder="Username" name="mid" />
        <input type="password" placeholder="Password" name="mpw" />
        <button class="loginBtn">Login</button>
    </div>
</div>
<script type="module" src="/js/api.js"></script>
<script type="module">

    import {  makeToken } from './js/api.js'

    document.querySelector(".loginBtn").addEventListener("click", () => {
        const mid = document.querySelector("input[name='mid']").value
        const mpw = document.querySelector("input[name='mpw']").value
        makeToken(mid, mpw)

    }, false)

</script>
```

8080 포트로 실행되는 API 서버를 실행한 후에 프런트 서버를 실행해서 로그인을 시도합니다.

우선 정상적인 mid와 mpw값을 이용하는 경우에는 개발자 도구에서 'Network' 항목에 API 서버의 '/api/v1/token/make'를 호출하는 기록이 보이게 됩니다. Response 항목을 통해서 accessToken과 refreshToken이 발행되는 것을 확인할 수 있습니다.

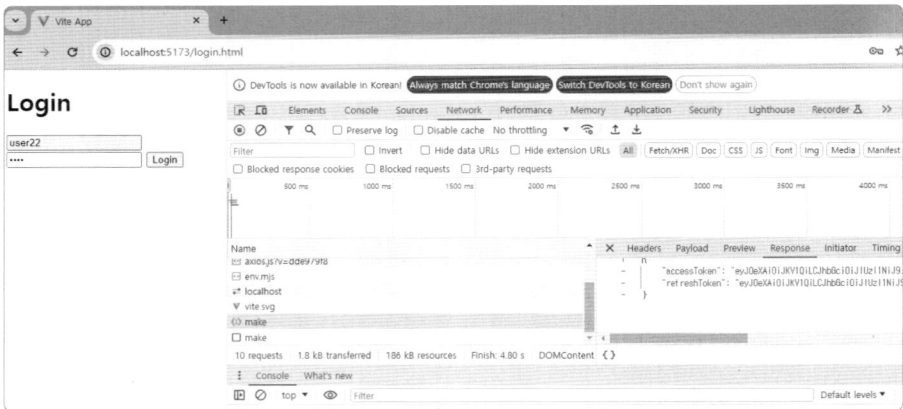

만일, 잘못된 mpw값을 이용하면 401 에러가 발생하면서 'Bad Credentials' 에러가 발생하는 것을 볼 수 있습니다.

6.3.1 비동기 처리를 위한 async/await

API 서버의 호출이 정상적으로 가능하다는 사실을 알았다면 좀 더 코드를 다듬어서 실용적으로 만들 필요가 있습니다. 예제에서 사용하는 Axios는 기본적으로 Promise를 반환하는 비동기 함수입니다. 때문에 Axios를 이용하는 모든 코드는 기본적으로 Promise가 반환된다고 생각하면 됩니다.

Axios를 이용해서 코드를 작성할 때 함수의 선언 부분에 async를 이용하면 await를 이용해서 비동기 처리를 마치 동기화된 코드처럼 작성할 수 있다는 장점이 있습니다.

api.js 파일의 makeToken( )을 async/await를 이용하면 아래와 같이 수정할 수 있습니다.

```javascript
export const makeToken = async (mid, mpw) => {

    const path = url +"token/make"

    const data = {mid,mpw}
    // {mid:mid,mpw:mpw}의 축약형 표현

    const res = await axios.post(path, data)
    //결과 데이터 반환
    return res.data
}
```

async/await를 적용하면 함수의 내부는 위 코드와 같이 일반적인 동기화된 코드처럼 작성할 수 있다는 장점이 있습니다. 다만, 명심해야 할 것은 makeToken( ) 자체가 동기화된 것은 아니라는 점입니다. 앞서 언급했듯이 axios를 이용하는 함수를 호출하면 무조건 리턴값은 Promise라고 생각해야 합니다.

아래의 코드는 정상적으로 실행될 수 없는 코드지만, login.html을 아래와 같이 토큰 생성을 시도해 봅니다.

```html
<script type="module">
    import {  makeToken } from './js/api.js'
    document.querySelector(".loginBtn").addEventListener("click", () => {
        const mid = document.querySelector("input[name='mid']").value
```

```
            const mpw = document.querySelector("input[name='mpw']").value

            const result = makeToken(mid, mpw)

            console.log(result)

        }, false)

    </script>
```

실행 결과를 보면 makeToken( )의 반환값이 아니라 Promise가 반환되는 것을 확인할 수 있습니다.

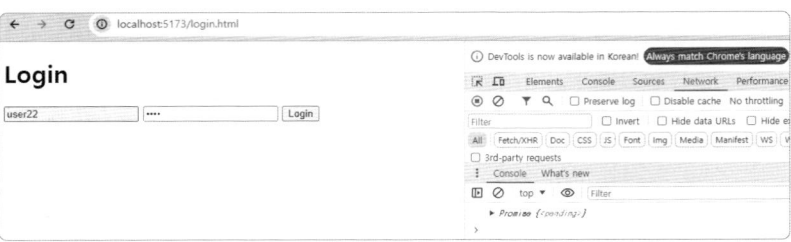

makeToken( )을 호출하면 Axios는 동작을 시작하겠지만, 비동기 처리이므로 즉시 반환해줄 값이 존재하지 않습니다. 그래도 호출되었기 때문에 뭔가를 반환해 주어야 하므로 Promise를 반환하게 됩니다. 따라서 makeToken( )을 호출한 쪽에서는 자신도 async를 이용하는 비동기 함수로 처리하거나 then( ), catch( )를 이용해서 결과를 처리해야 합니다.

login.html의 이벤트 처리를 수정해서 아래와 같은 코드로 조정합니다.

```
document.querySelector(".loginBtn").addEventListener("click", () => {
    const mid = document.querySelector("input[name='mid']").value
    const mpw = document.querySelector("input[name='mpw']").value

    makeToken(mid, mpw).then(data => {
        const accssToken = data.accessToken
        const refreshToken = data.refreshToken

        console.log("Access Token: ", accssToken)
        console.log("Refresh Token: ", refreshToken)

    }).catch(err => {
```

```
            console.log(err)
            const errorMsg = err.response.data.error
            alert(errorMsg)
        })
    }, false)
```

잘못된 사용자 정보를 이용하는 경우 alert( )을 통해서 메시지를 출력하고 정상적인 경우에는 콘솔창에 토큰들이 출력됩니다.

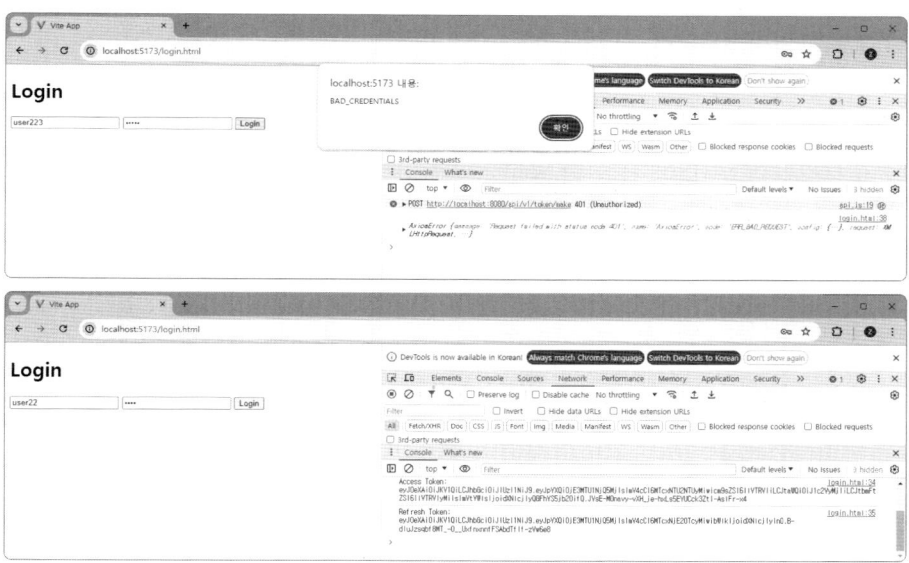

토큰의 저장

발행된 Access Token과 Refresh Token은 저장되어서 다른 페이지에서 사용할 수 있어야만 합니다. 이를 위해서 많이 사용되는 방식은 cookie와 localStorage입니다. cookie는 브라우저에서 프런트 서버와 관련된 작업을 할 때만 사용할 수 있어 localStorage를 사용하는 것보다 조금 더 안전하다는 장점이 있습니다(둘 중에 어떤 게 더 나은가에 대해서는 인터넷상에서 많은 논쟁이 있습니다.).

직접 JavaScript를 이용해서 쿠키를 다룰 수도 있지만, 예제에서는 'universal-cookie' 모듈을 이용합니다.

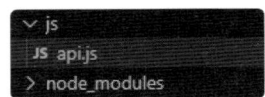

api.js 파일에 쿠키와 관련된 기능을 추가합니다. 기본적으로 '/' 경로를 이용하고 30일 (60*60*24*30)동안 저장되도록 설정합니다.

```js
import axios from "axios";
import Cookies from "universal-cookie";

...생략

const cookies = new Cookies( null, {path: '/', maxAge: 2592000})
export const saveToken = ( tokenName, tokenValue ) => {
    cookies.set(tokenName, tokenValue)
}
```

login.html에서는 saveToken( )을 import 해서 쿠키로 저장합니다.

```js
import { makeToken, saveToken } from './js/api.js'
document.querySelector(".loginBtn").addEventListener("click", () => {
  const mid = document.querySelector("input[name='mid']").value
  const mpw = document.querySelector("input[name='mpw']").value

  makeToken(mid, mpw).then(data => {
    const accssToken = data.accessToken
    const refreshToken = data.refreshToken
```

```
        console.log("Access Token: ", accssToken)
        console.log("Refresh Token: ", refreshToken)

        saveToken("accssToken", accssToken)
        saveToken("refreshToken", refreshToken)
        saveToken("mid", mid)

    }).catch(err => {
        console.log(err)
        const errorMsg = err.response.data.error
        alert(errorMsg)
    })
}, false)
```

로그인 후에는 브라우저 개발자 도구에서 Application 항목을 선택해서 토큰들이 쿠키로 저장된 것을 확인할 수 있습니다.

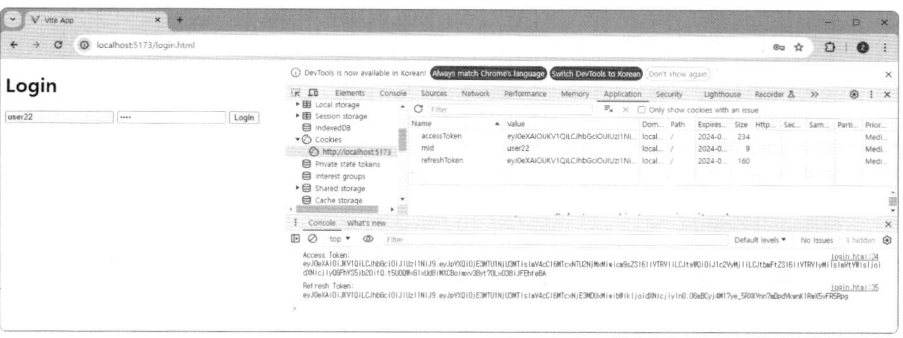

토큰 저장 후 이동

토큰이 저장되었다면 list.html로 이동하도록 수정합니다. list.html에서는 Access Token 을 HTTP 헤더에 추가해서 전송하는 방식으로 작성되어야 합니다.

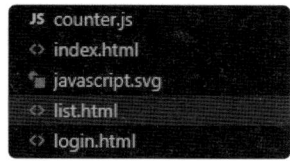

```html
<!DOCTYPE html>
<html lang="en">
<head>
  <meta charset="UTF-8">
  <title>Title</title>
</head>
<body>
  <h1>List Page</h1>
</body>
</html>
```

login.html에서는 쿠키로 저장된 후에 list.html로 이동을 처리합니다.

```javascript
document.querySelector(".loginBtn").addEventListener("click", () => {
    const mid = document.querySelector("input[name='mid']").value
    const mpw = document.querySelector("input[name='mpw']").value

    makeToken(mid, mpw).then(data => {
        const accssToken = data.accessToken
        const refreshToken = data.refreshToken

        console.log("Access Token: ", accssToken)
        console.log("Refresh Token: ", refreshToken)

        saveToken("accessToken", accssToken)
        saveToken("refreshToken", refreshToken)
        saveToken("mid", mid)

        window.location.href = "/list.html" //이동

    }).catch(err => {
        console.log(err)
        const errorMsg = err.response.data.error
        alert(errorMsg)

    })

}, false)
```

6.4 Access Token 전송

API 서버의 '/api/v1/token/make'를 호출하는 경우를 제외하면 모든 호출에는 'Bearer'로 시작하는 Authorization 헤더가 필요합니다. 이러한 공통적인 처리는 Axios의 인터셉터 기능을 활용해서 구현할 수 있습니다. Axios의 인터셉터를 이용하면 요청 전에 특정한 처리를 하거나 응답이 온 후에 특정한 처리를 할 수 있습니다.

예제에서는 요청 전에 Access Token을 전송해야 하고, 만료된 경우에는 Refresh Token을 이용하는 과정이 자동으로 진행되도록 구성합니다(이처럼 자동으로 만료된 토큰을 갱신하는 작업을 Silent Refresh라고 합니다.).

6.4.1 Axios 인터셉터 설정

인터셉터 처리가 된 Axios와 그렇지 않은 Axios를 구분해서 사용하기 위해서 js 폴더에 customAxios.js 파일을 추가합니다.

```
import axios from "axios";

const jwtAxios = axios.create()

const beforeRequest = (config) => {
  console.log('beforeRequest')
  return config
}

jwtAxios.interceptors.request.use(beforeRequest)

export default jwtAxios
```

실제로 API 서버를 호출하는 기능은 api.js 파일에 getSamples( )를 추가해서 사용합니다.

```
js
  api.js
  customAxios.js
```

```js
import jwtAxios from './customAxios';

export const getSamples = async (pageNum) => {

    const path = url + "samples/list"
    const res = await jwtAxios.get(path)
    return res.data

}
```

list.html에서는 api.js 파일의 getSamples( )를 호출해 봅니다.

```html
<!DOCTYPE html>
<html lang="en">
<head>
  <meta charset="UTF-8">
  <title>Title</title>
</head>
<body>
  <h1>List Page</h1>

  <script type="module" src="/js/api.js"></script>

  <script type="module">

  import { getSamples } from './js/api.js'

  getSamples().then(data => {
    console.log(data)
  }).catch(err => {
    console.log(err)
  })

  </script>

</body>
</html>
```

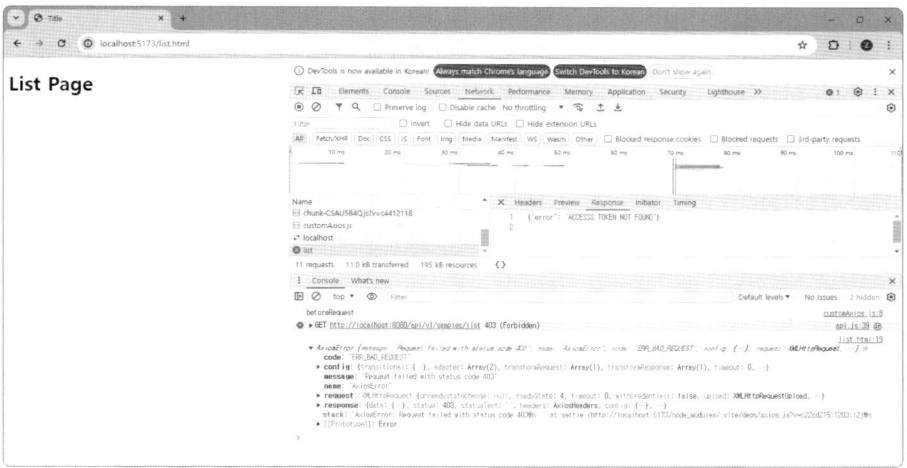

실행 결과를 확인해 보면 Access Token이 없으므로 문제가 발생합니다. 우선 응답 메시지는 'ACCESS TOKEN NOT FOUND'이고 403(Forbidden) 에러가 발생합니다.

에러가 발생했지만, 위의 화면에서 Console 부분을 살펴보면 'beforeRequest'가 가장 먼저 출력된 것을 확인할 수 있습니다.

쿠키를 이용해서 Authorization 헤더 추가하기

jwtAxios가 동작하는 것을 확인했다면, 호출 시에 Authorization 헤더를 쿠키에 저장된 값을 이용해서 전송하도록 수정합니다.

customAxios.js에 쿠키를 이용하는 부분을 추가합니다.

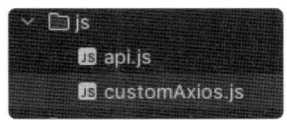

```
import axios from "axios";

import Cookies from "universal-cookie";

const jwtAxios = axios.create()
```

```
const cookies = new Cookies( null,  {path: '/', maxAge: 2592000})

const beforeRequest = (config) => {

  console.log('beforeRequest')

  //check if access token in cookie
  const accessToken = cookies.get("accessToken")

  if(!accessToken) {
    throw Error("No Token")
  }
  config.headers["Authorization"] = "Bearer " + accessToken

  return config
}

jwtAxios.interceptors.request.use(beforeRequest)

export default jwtAxios
```

본격적인 테스트 전에 현재 API 서버의 SampleController를 먼저 확인해 봅니다. list( )에는 'ROLE_USER' 권한을 가진 사용자들이 접근할 수 있도록 수정합니다.

```
@PreAuthorize("hasRole('ROLE_USER')")
@GetMapping("/list")
public ResponseEntity<?> list() {

    log.info("list............");

    String[] arr = {"AAA", "BBB", "CCC"};

    return ResponseEntity.ok(arr);

}
```

'/login.html'을 이용해서 'USER' 권한을 가진 'user22/1111'로 토큰을 생성합니다. 로그인 후에는 자동으로 '/list.html'로 이동하게 됩니다.

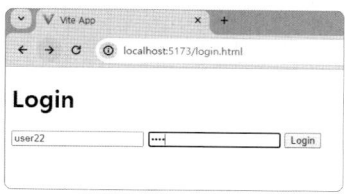

Access Token의 만료 기한이 지나지 않은 정상적인 호출의 경우에는 아래와 같이 문자열 배열이 출력됩니다.

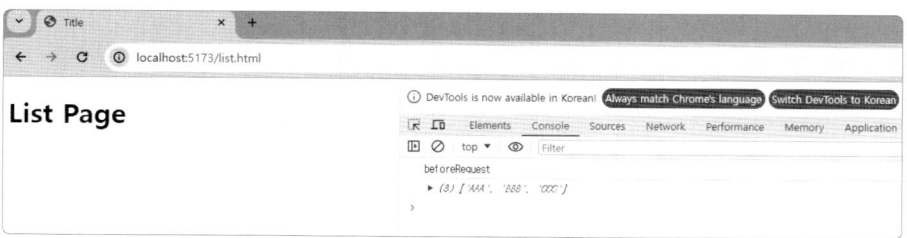

개발자 도구의 Network 탭을 보면 '/api/v1/samples/list'를 호출했을 때 'Authorization' 헤더가 전송된 것을 확인할 수 있습니다.

Access Token 관련 에러

현재 Access Token의 만료 기한을 10분으로 짧게 지정했기 때문에 10분이 지나면 '/api/v1/samples/list'의 호출은 문제가 발생하기 시작합니다.

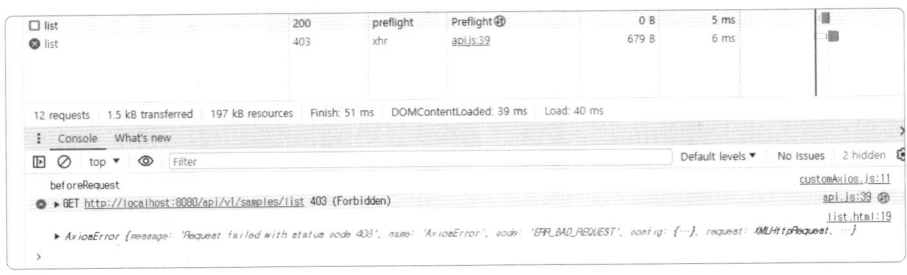

Ajax의 응답 메시지를 살펴보면 response.data에서 'JWT expired …' 메시지가 전송된 것을 확인할 수 있습니다.

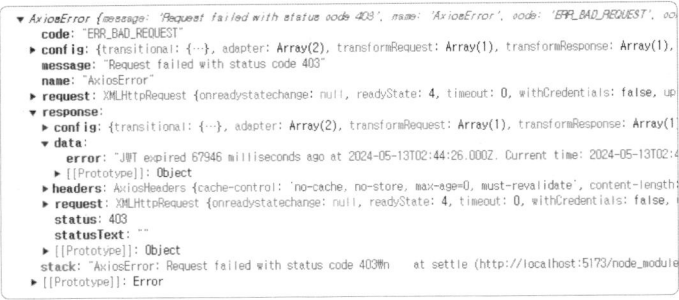

Access Token이 없는 상황이 발생할 수도 있습니다. 이를 위해서 쿠키들을 모두 삭제한 후에 '/list.html'을 실행해 봅니다.

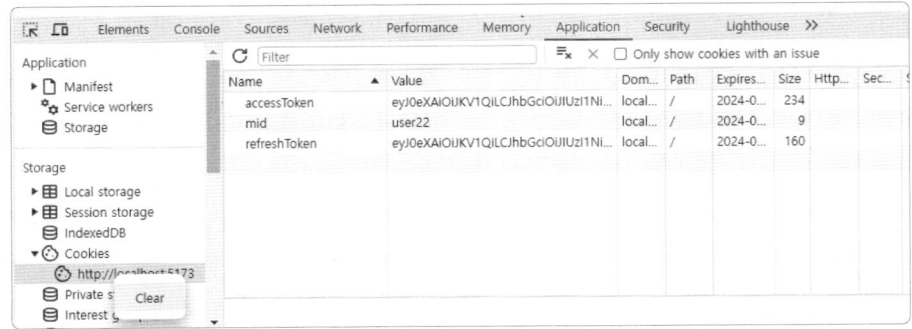

쿠키 내에 Access Token이 없는 경우에는 Error가 발생하면서 실행이 끝나기 때문에 API

서버의 호출은 되지 않습니다.

list.html에서는 Access Token이 존재하지 않는 경우 catch 구문을 이용해서 alert( )을 실행하도록 구성합니다.

```
<script type="module">

import { getSamples } from './js/api.js'

getSamples().then(data => {
  console.log(data)
}).catch(err => {
  const errorMsg = err.message
  alert(errorMsg)
})

</script>
```

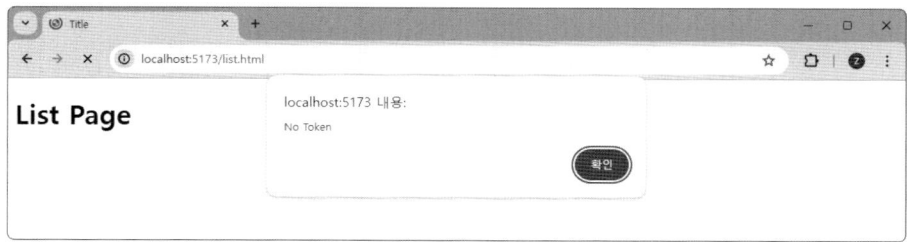

6.4.2 인터셉터의 에러 처리

Axios의 인터셉터는 응답과 관련된 처리뿐 아니라 응답 상태 코드가 200(OK)이 아닌 경우에 별도의 처리를 구성할 수 있습니다.

customAxios.js 파일을 아래와 같이 코드를 추가합니다.

```javascript
import axios from "axios";
import Cookies from "universal-cookie";
const jwtAxios = axios.create()
const cookies = new Cookies( null, {path: '/', maxAge: 2592000})
const beforeRequest = (config) => {
    ...생략
}

const beforeResponse = (response) => { //추가
    console.log('beforeResponse')
    return response
}
const errorResponse = (error) => {   //추가
    console.log('errorResponse')
    console.log(error)
    return Promise.reject(error)
}
jwtAxios.interceptors.request.use(beforeRequest)
jwtAxios.interceptors.response.use(beforeResponse, errorResponse)
export default jwtAxios
```

Access Token과 관련된 에러가 발생하면 아래와 같이 'errorResponse' 메시지가 출력됩니다(아래 화면은 Access Token이 쿠키에 없는 경우입니다.).

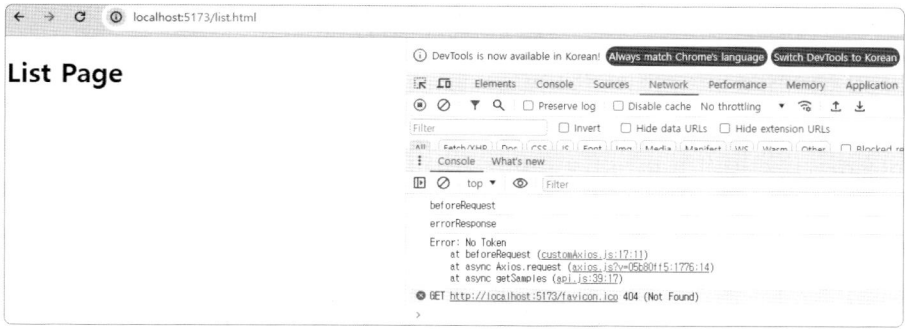

좀 더 정확한 에러 메시지를 추출해 봅니다.

```
const errorResponse = (error) => {
  console.log('errorResponse')

  const status = error.response.status
  const res = error.response.data
  const errorMsg = res.error

  console.log(status, res, errorMsg)

  return Promise.reject(error)
}
```

만료된 Access Token을 이용해서 API 서버를 호출했을 경우에는 아래 그림과 같이 {error:'JWT…'}로 구성된 errorMsg값이 만들어집니다.

6.5 Refresh Token을 이용한 토큰 갱신

다른 에러 메시지와 달리 'expired..'로 시작하는 메시지가 있는 경우에는 Refresh Token 을 이용해서 다시 서버를 호출해 볼 필요가 있습니다.

이를 위해서 api.js 파일에 '/api/v1/token/refresh'를 호출하는 함수를 아래와 같이 추가합니다.

```js
export async function requestRefreshToken(){

    //refresh token
    const refreshToken = cookies.get("refreshToken")
    const mid = cookies.get("mid")
    const accessToken = cookies.get("accessToken")

    if(!mid || !refreshToken || !accessToken) {
        throw Error("Cannot request refresh..")
    }

    const path = url + "token/refresh"

    const header = {'content-type': 'application/x-www-form-urlencoded',
                    'Authorization': 'Bearer ' + accessToken}

    const data = {refreshToken, mid}

    const res = await axios.post(path, data, {headers: header})

    return res.data
}
```

requestRefreshToken( )은 쿠키 안에 저장된 내용물을 확인하고 API 서버를 호출합니다. Axios는 기본적으로 JSON 포맷을 이용하기 때문에 form-data 방식을 이용하기 위해서는 'application/x-www-form-urlencoded' 타입으로 지정해서 전송해야 합니다.

customAxios.js에서는 api.js에 만들어진 requestRefreshToken( )을 호출하도록 수정합니다.

```
import { requestRefreshToken } from "./api";

const errorResponse = (error) => {

    //토큰이 만료된 경우에 동작
    if(error.response.status){
        const status = error.response.status
        const res = error.response.data
        const errorMsg = res.error
        console.log(status, res, errorMsg)

        if(errorMsg.indexOf("expired") > -1) {

            console.log("Refresh Token")
            //refresh token
            requestRefreshToken()
        }//end if
    }//end if

    return Promise.reject(error)

}
```

수정된 코드가 반영되면 에러가 발생하는 것은 동일하지만, API 서버의 '/api/v1/token/refresh'가 호출되는 것을 확인할 수 있습니다.

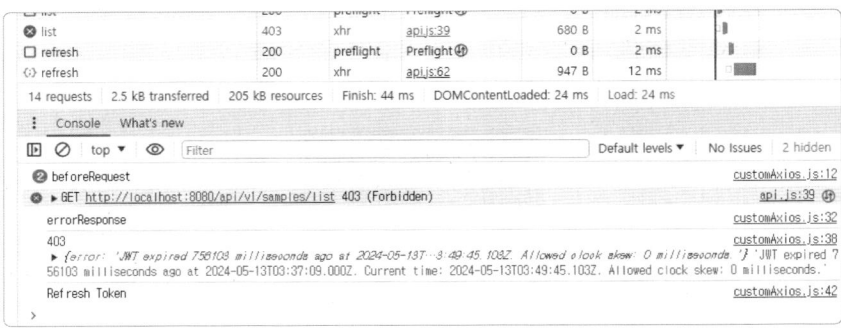

requestRefreshToken( )의 반환 타입은 Promise이므로 결과를 확인해 봅니다.

```
if(errorMsg.indexOf("expired") > -1) {

    console.log("Refresh Token")
    //refresh token
    //refresh token
    requestRefreshToken()
        .then(data => {
            console.log(data)
        })//end then
}//end if
```

전송된 새로운 토큰 값들은 saveToken( )을 이용해서 쿠키로 저장합니다.

```
import { requestRefreshToken, saveToken } from "./api";

const errorResponse = (error) => {
  console.log('errorResponse')

  const status = error.response.status
```

```
  const res = error.response.data
  const errorMsg = res.error

  console.log(status, res, errorMsg)

  if(errorMsg.indexOf("expired") > -1) {

    console.log("Refresh Token")
    //refresh token
    requestRefreshToken()
    .then(data => {
      console.log(data)

      saveToken("accessToken", data.accessToken)
      saveToken("refreshToken", data.refreshToken)

    })

  }

  return Promise.reject(error)

}
```

6.5.1 토큰 갱신 후 재호출

saveToken을 이용해서 새로운 토큰들이 저장되었다면 마지막 남은 작업은 원래 사용자가 호출하려고 했던 작업을 다시 호출하는 것입니다. 이 작업은 error 객체가 가지고 있는 config를 이용해서 원래의 호출을 알아낼 수 있습니다.

작성된 코드를 async/await를 이용하면 아래와 같이 조금 더 깔끔하게 작성할 수 있습니다.

```
const errorResponse = (error) => {
  console.log('errorResponse')

  const status = error.response.status
  const res = error.response.data
  const errorMsg = res.error

  console.log(status, res, errorMsg)
```

```
const refreshFn = async () => {

  console.log("Refresh Token")
  const data = await requestRefreshToken()
  saveToken("accessToken", data.accessToken)
  saveToken("refreshToken", data.refreshToken)

  error.config.headers["Authorization"] = "Bearer " + data.accessToken

  return await axios(error.config)
}

if(errorMsg.indexOf("expired") > 0) {
  return refreshFn()
}else {
  return Promise.reject(error)
}
}
```

정상적으로 모든 작업이 처리된다면 브라우저에서는 다음과 같은 순서의 호출이 일어나게 됩니다.

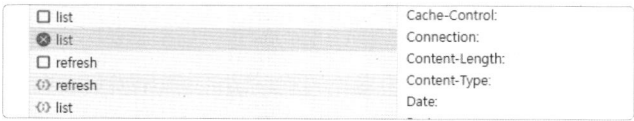

- 맨 위 두 개의 list 호출은 만료된 Access Token을 이용하는 호출입니다. 첫 번째 호출은 OPTIONS를 이용하는 호출로 POST 방식으로 호출이 가능한지를 체크합니다.

- 두 번째 list 호출은 Access Token이 만료되어서 403 에러가 발생하게 됩니다.

- 이후 두 개의 refresh 호출은 하나는 OPTIONS 호출이고 POST 방식으로 Refresh Token을 이용해서 갱신을 요청합니다. 요청된 이후에 토큰들은 다시 쿠키로 저장됩니다.

- 마지막 호출은 원래의 list 호출입니다. 갱신된 토큰이기 때문에 아무런 문제 없이 호출이 되는 것을 확인할 수 있습니다.

Axios를 사용하여 API 호출을 할 때, 브라우저에서 Preflight Request로 OPTIONS 요청이 발생하는 이유는 주로 CORS(Cross-Origin Resource Sharing) 정책 때문입니다. 브라우저는 보안상의 이유로 동일 출처 정책(Same-Origin Policy)을 적용하며, 다른 출처의 리소스에 접근하려는 요청을 제한합니다. 하지만, CORS를 사용하면 이러한 제한을 완화할 수 있습니다. OPTIONS 요청은 CORS 정책의 일부로, 서버에 실제 요청을 보내기 전에 사전 확인을 하기 위해 사용됩니다.

6.5.2 만료된 Refresh Token

Access Token이 만료되면 자동으로 Refresh Token을 전송해서 갱신하는 방식이지만, Refresh Token 역시 시간이 지나면 만료될 수 있습니다. 만일 Refresh Token이 만료될 때까지 API 서버를 호출하지 않았을 경우에는 어쩔 수 없이 다시 로그인을 시도하도록 유도해야 합니다.

만료된 Access Token과 만료된 Refresh Token을 이용했을 경우 400(Bad Request)이 발생하게 됩니다.

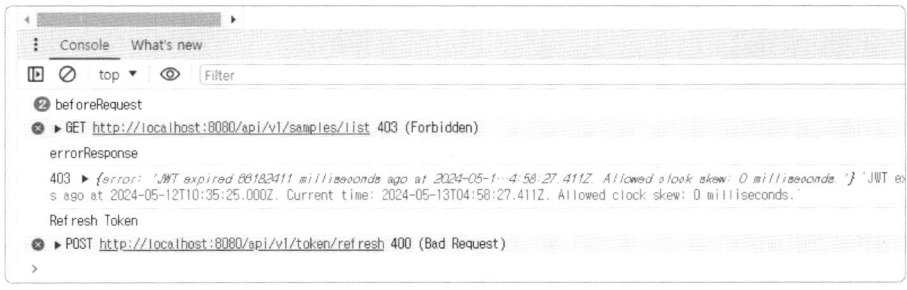

이 경우 에러 메시지는 'REFRESH JWT… ' 메시지가 전송됩니다.

list.html에서는 에러가 발생했고 에러 메시지가 'REFRSH ..'라면 login.html로 이동하도록 수정합니다.

```
getSamples().then(data => {
  console.log(data)
}).catch(err => {

  console.log(err)

  alert("ERROR")

  const errorMsg = err.response.data.error

  if(errorMsg){
    if(errorMsg.indexOf("REFRESH") >= 0 ){
      window.location.href = "/login.html"
    }
  }//end if
})
```

브라우저에서 확인하면 'Error' 경고창이 보인 후에 '/login.html'로 이동하게 됩니다.

API 서버의 호출은 단순히 보면 이미 만들어진 함수나 API를 호출하는 것과 유사합니다. 다만, 네트워크로 통신하기 때문에 그에 맞는 프로토콜과 응답 메시지를 구성해 줄 필요가 있습니다. 이 장에서는 Axios를 이용했지만, 다른 라이브러리나 환경에서도 전송되는 메시지는 동일하기 때문에 예제의 내용을 참고해서 개발하면 도움이 될 것입니다.

PART 3.
연관 관계 실습

PART 3에서는 좀 더 실제적인 예제들을 다루어 보려고 합니다. JPA 의 연관 관계 중에서 가장 많이 사용되는 @ManyToOne이나 전통적 인 ERD에서 Many-To-Many를 어떤 식으로 해결하는지, 엔티티가 아닌 단순 컬렉션들은 어떻게 처리하는지 실습으로 알아보겠습니다.

Chapter 07

파일 업로드와 상품 엔티티

이번 장에서는 이미지 파일을 업로드해서 상품 엔티티를 구성합니다. 이미지 파일 업로드는 별도의 컨트롤러를 이용해서 상품 엔티티뿐만 아니라 다른 기능에서도 함께 사용할 수 있게 독립적으로 구성합니다.

7.1 파일 업로드를 위한 설정

과거의 웹 개발에서는 파일 업로드를 하려면 별도의 라이브러리를 사용할 때가 많았지만, 서블릿 버전 3.0부터는 파일 업로드를 하기 위한 기능을 지원하기 시작했습니다. 스프링 부트 역시 이러한 파일 업로드 기능 자체를 별도의 설정 없이도 사용할 수 있습니다. 파일 업로드는 많은 양의 데이터를 처리하기 때문에 오히려 업로드의 크기를 제한하는 설정이 필요합니다.

예제에서 사용하는 프로젝트는 이전 장까지 작성된 ex3 프로젝트를 이용해서 추가하는 방식으로 개발합니다. 가장 먼저 파일 업로드와 관련해서 스프링 부트의 설정값을 조정합니다. application.properties 파일에 아래와 같은 설정들을 추가합니다.

```
spring.servlet.multipart.max-file-size=3MB
spring.servlet.multipart.enabled=true
spring.servlet.multipart.max-request-size=30MB
spring.webflux.multipart.max-in-memory-size=256KB
```

max-file-size는 파일 하나의 최대 크기를 의미하고, max-request-size는 한 번에 최대 전송 가능한 크기입니다. 예를 들어 2MB 크기의 파일을 10개 보내면 20MB가 되므로 한 번에 너무 많은 파일 데이터를 보낼 수 없도록 제한합니다. max-in-memory-size는 해당 크기 이상의 경우 메모리상에 보관하는 방식이 아니라 파일 시스템에서 임시로 보관하는 설정입니다.

7.1.1 FileController 구성

파일 업로드의 첫 단계는 오히려 파일 업로드의 예외 처리부터 시작합니다. 프로젝트 내에 upload 패키지를 구성하고 내부에 controller 패키지를 작성합니다(아래 그림에서는 하나의 패키지같이 보이지만, 하위 패키지로 합니다.). 만들어진 controller 패키지에 FileController를 구성합니다.

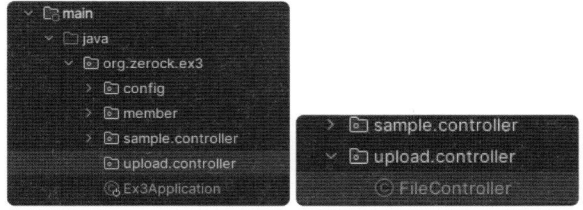

```
package org.zerock.ex3.upload.controller;

import lombok.RequiredArgsConstructor;
import lombok.extern.log4j.Log4j2;
import org.springframework.http.ResponseEntity;
import org.springframework.web.bind.annotation.PostMapping;
import org.springframework.web.bind.annotation.RequestMapping;
import org.springframework.web.bind.annotation.RequestParam;
import org.springframework.web.bind.annotation.RestController;
import org.springframework.web.multipart.MultipartFile;
```

```java
import java.util.List;

@RestController
@Log4j2
@RequestMapping("/api/v1/files")
@RequiredArgsConstructor
public class FileController {

    @PostMapping("/upload")
    public ResponseEntity<List<String>> uploadFile(@RequestParam("files") MultipartFile[] files) {

        log.info("upload file....");

        return null;
    }

}
```

FileController는 '/api/v1/files/' 경로를 이용해서 처리하고 uploadFile( )을 만들어서 업로드하는 용도로 사용합니다. REST 방식에서 파일 데이터를 처리하기 위해서는 POST 방식과 PUT 방식만이 가능하므로 파일 등록은 POST 방식으로 합니다. 스프링에서는 MultipartFile이라는 타입을 지원하기 때문에 파일 업로드된 데이터를 더 간단히 처리할 수 있습니다.

파일 업로드의 경우 아예 불가능한 것은 아니지만, JSON으로 전송하지 않고 'multipart/form-data' 타입으로 전송하는 것이 일반적입니다. 때문에 @RequestBody가 아닌 @RequestParam만을 사용합니다.

> **NOTE: JSON으로 파일 업로드를 하지 않는 이유 by ChatGPT**
>
> JSON을 사용하여 파일을 업로드하지 않는 이유는 주로 JSON의 설계 및 특성 때문입니다. 파일 업로드는 보통 이미지, 비디오, 오디오, 바이너리 파일 등 대량의 데이터를 전송하는 작업을 포함하는데, JSON은 이러한 데이터 전송에 적합하지 않습니다. 그 이유는 다음과 같습니다:

1. JSON의 텍스트 기반 형식 - JSON은 텍스트 기반의 데이터 형식입니다. 바이너리 파일을 JSON으로 인코딩하면 텍스트로 변환되기 때문에 데이터 크기가 커지고 전송 효율이 떨어집니다. 예를 들어, 이미지를 Base64로 인코딩하여 JSON에 포함하면 데이터 크기가 약 33% 증가하게 됩니다.

2. 성능 문제 - 파일을 JSON으로 인코딩하여 전송할 경우, 인코딩 및 디코딩 과정에서 추가적인 CPU 자원이 소모됩니다. 또한, 데이터 크기가 증가함에 따라 네트워크 대역폭을 더 많이 사용하게 되어 전송 속도가 느려지고 서버의 처리 부담이 커집니다.

3. 메모리 사용 - 큰 파일을 JSON으로 인코딩하여 전송하면, 클라이언트 및 서버 측에서 메모리 사용량이 크게 증가할 수 있습니다. 이는 메모리 부족 문제를 일으킬 수 있으며, 특히 대규모 파일 전송 시 문제가 됩니다.

4. 표준 및 호환성 - 파일 업로드를 위한 표준화된 방법은 multipart/form-data를 사용하는 것입니다. 이는 HTTP 프로토콜의 일부로 정의되어 있으며, 대부분의 웹 서버와 클라이언트 라이브러리에서 널리 지원됩니다. multipart/form-data는 바이너리 데이터를 효율적으로 전송할 수 있도록 설계되어 있으며, 다양한 파일 및 데이터 필드를 함께 전송하는데 적합합니다.

Postman을 이용한 테스트

FileController는 실제 파일 업로드를 하기 전에 Postman으로 동작 여부를 먼저 확인해 봅니다. 우선은 Access Token이 있어야만 동작할 수 있으므로 '/api/v1/token/make'를 이용해서 토큰을 생성하고 이를 호출 시에 사용합니다.

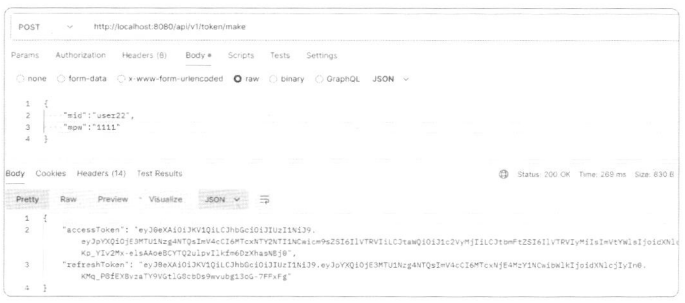

설정에서 가장 큰 파일의 크기는 3MB를 넘을 수 없기 때문에 3MB 이상의 크기를 가진 파일과 그보다 작은 크기의 파일을 이용해서 확인해 봅니다. 프로젝트가 실행된 상태에서 Postman으로 먼저 Access Token을 설정합니다.

파일은 3MB 이상이 되는 파일에 대해서 업로드를 시도합니다. 'form-data' 방식으로 하고 'files' 이름을 이용합니다. 아래 그림에서의 파일은 3MB보다 큰 파일입니다.

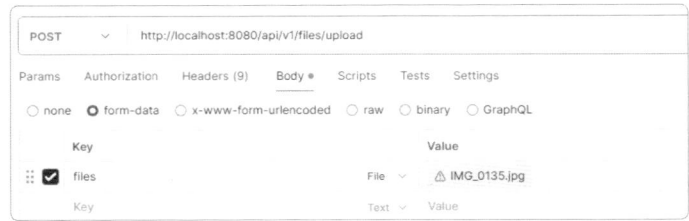

Postman에서는 예상과 달리 아무런 문제가 발생하지 않습니다. 대신 서버 내부에서는 Exception이 발생한 것을 확인할 수 있습니다.

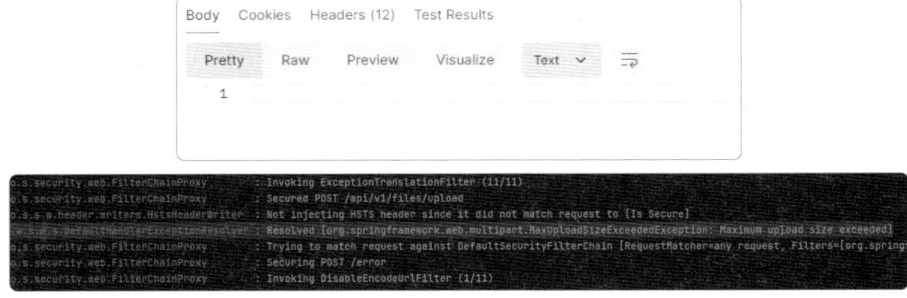

7.1.2 파일 관련 예외 처리

FileController 관련해서 예외가 발생하면 처리할 수 있게 advice 패키지를 추가하고 FileControllerAdvice를 작성합니다.

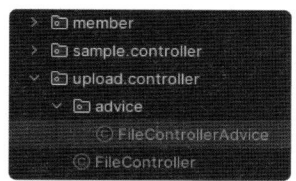

FileControllerAdvice에는 MaxUploadSizeExceededException을 처리하도록 구성합니다. MaxUploadSizeExceededException는 하나의 파일이 3MB가 넘는 경우나, 업로드되는 전체 파일이 30MB보다 큰 경우에 발생하게 됩니다. 상태 코드는 400(Bad Request)으로 작성합니다.

```java
package org.zerock.ex3.upload.controller.advice;

import org.springframework.http.ResponseEntity;
import org.springframework.web.bind.annotation.ExceptionHandler;
import org.springframework.web.bind.annotation.RestControllerAdvice;
import org.springframework.web.multipart.MaxUploadSizeExceededException;

import java.util.Map;

@RestControllerAdvice
public class FileControllerAdvice {

  @ExceptionHandler(MaxUploadSizeExceededException.class)
  public ResponseEntity<?>
handleMaxSizeException(MaxUploadSizeExceededException exception) {
    return ResponseEntity.badRequest().body( Map.of("error","File too large"));
  }
}
```

정상적으로 예외가 처리되면 400(Bad Request) 상태 코드와 함께 'File too large' 메시지가 전송되는 것을 확인할 수 있습니다.

이미지 파일의 체크와 예외

예제에서 사용하는 파일 업로드는 일반적으로 사용하는 이미지 파일 포맷(jpg, jpeg, gif, bmp, png 등)을 사용할 예정입니다. 따라서 파일이 업로드되면 해당 종류의 파일인지를 확인하는 과정이 필요합니다. 이렇게 파일의 확장자를 체크하는 이유는 보안상의 문제가 있긴 하지만, 예제에서는 Thumbnailator 라이브러리로 썸네일 파일을 생성할 것이므로 가능한 파일 확장자에 제한을 둡니다.

파일 업로드 과정에서 파일 확장자는 문제가 될 수 있으므로 이를 UploadNotSupportedException이라는 예외로 설계해 봅니다. exception 패키지를 아래와 같이 추가하고 UploadNotSupportedException 예외를 설계합니다.

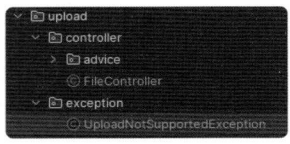

```
package org.zerock.ex3.upload.exception;

public class UploadNotSupportedException extends RuntimeException{

    public UploadNotSupportedException(String message) {
        super(message);
    }
}
```

UploadNotSupportedException은 앞에서 작성한 FileControllerAdvice에서 메시지를 전송하게 처리합니다.

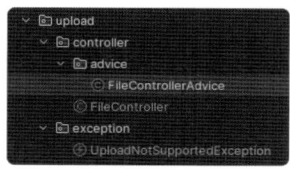

```
package org.zerock.ex3.upload.controller.advice;

import org.springframework.http.ResponseEntity;
import org.springframework.web.bind.annotation.ExceptionHandler;
import org.springframework.web.bind.annotation.RestControllerAdvice;
import org.springframework.web.multipart.MaxUploadSizeExceededException;
import org.zerock.ex3.upload.exception.UploadNotSupportedException;

import java.util.Map;

@RestControllerAdvice
public class FileControllerAdvice {

  @ExceptionHandler(MaxUploadSizeExceededException.class)
  public ResponseEntity<?> handleMaxSizeException(MaxUploadSizeExceededException exception) {
     return ResponseEntity.badRequest().body( Map.of("error","File too large"));
  }

  @ExceptionHandler(UploadNotSupportedException.class)
  public ResponseEntity<Map<String, String>> handleUploadNotSupportedException(UploadNotSupportedException exception) {
     return ResponseEntity.badRequest().body(Map.of("error", exception.getMessage()));
  }

}
```

FileController에는 파일의 확장자를 체크하는 기능을 구현하고 실제 파일 업로드 전에 지원 여부를 체크합니다.

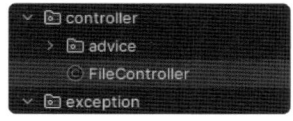

```java
@PostMapping("/upload")
public ResponseEntity<List<String>> uploadFile( @RequestParam("files")
MultipartFile[] files) {

    log.info("upload file....");

    if(files == null || files.length == 0) {
        throw new UploadNotSupportedException("No files to upload");
    }

    for (MultipartFile file : files) {
        log.info("-------------------------------");
        log.info("name: " + file.getOriginalFilename());
        checkFileType(file.getOriginalFilename());
    }

    return null;
}
private void checkFileType(String fileName) throws
UploadNotSupportedException{
    //jpg,gif,png,bmp
    String suffix = fileName.substring(fileName.lastIndexOf(".")+1);

    String regExp = "^(jpg|jpeg|JPG|JPEG|png|PNG|gif|GIF|bmp|BMP)";

    if(!suffix.matches(regExp)){
        throw new UploadNotSupportedException("File type not supported: " + suffix);
    }
}
```

Postman을 이용해서 허용되지 않는 형식의 파일을 업로드했을 때 예외 처리가 되는지 확인합니다. 아래 화면은 '.pptx' 파일을 업로드했을 때 예외 처리가 된 결과입니다.

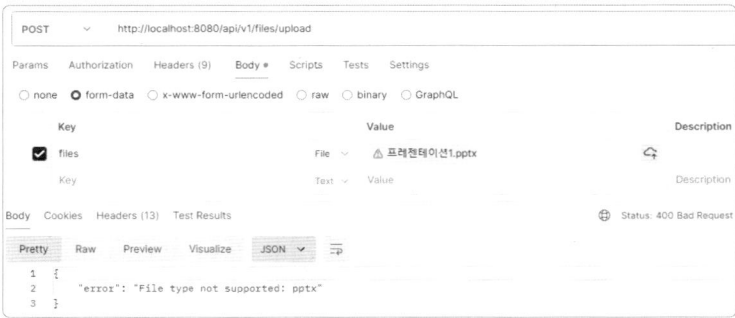

7.1.3 파일 업로드 처리

파일 데이터의 처리는 스프링에서 제공하는 FileCopyUtils로 처리할 수 있습니다. 파일은 프로젝트가 실행되면 upload라는 폴더를 생성해서 처리합니다. upload라는 폴더의 이름이나 경로는 수정이 가능하도록 application.properties 파일에 지정해 두고 사용합니다.

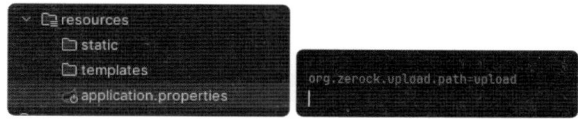

프로젝트에는 util 패키지를 추가하고 UploadUtil 클래스를 추가합니다.

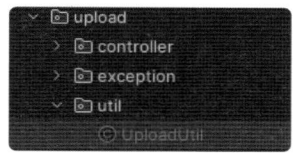

```
package org.zerock.ex3.upload.util;
import jakarta.annotation.PostConstruct;
import lombok.extern.log4j.Log4j2;
import org.springframework.beans.factory.annotation.Value;
import org.springframework.stereotype.Component;
import org.springframework.web.multipart.MultipartFile;

import java.io.File;
import java.util.List;

@Component
@Log4j2
public class UploadUtil {

    @Value("${org.zerock.upload.path}")
    private String uploadPath;

    @PostConstruct
    public void init() {

        File tempFolder = new File(uploadPath);
```

```
        if(tempFolder.exists() == false) {
            tempFolder.mkdir();
        }

        uploadPath = tempFolder.getAbsolutePath();

        log.info("----------------------------------------");
        log.info(uploadPath);
    }

    public List<String> upload(MultipartFile[] files){
        return null;
    }

}
```

UploadUtil은 @PostConstruct 어노테이션을 이용해서 객체로 생성되면 자동으로 init( ) 를 실행하도록 구성합니다. 때문에 프로젝트에 폴더를 생성하지 않아도 프로젝트가 실행되면 자동으로 upload 폴더가 생성되는 것을 확인할 수 있습니다.

파일 업로드 처리는 이미 FileController에서 확장자 등을 모두 체크했기만, 최종적으로 실제 파일 헤더가 이미지 파일인지를 확인하고 실제 업로드를 수행합니다. 업로드 시에는 동일한 이름 파일의 중복 처리를 위해서 java.util.UUID값을 생성해서 파일이름 앞에 붙이는 방식으로 완성합니다.

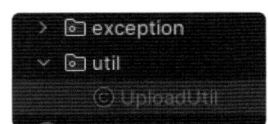

```java
package org.zerock.ex3.upload.util;

import jakarta.annotation.PostConstruct;
import lombok.extern.log4j.Log4j2;
import org.springframework.beans.factory.annotation.Value;
import org.springframework.stereotype.Component;
import org.springframework.util.FileCopyUtils;
import org.springframework.web.multipart.MultipartFile;

import java.io.File;
import java.io.FileOutputStream;
import java.io.InputStream;
import java.io.OutputStream;
import java.util.ArrayList;
import java.util.List;
import java.util.UUID;

@Component
@Log4j2
public class UploadUtil {

  @Value("${org.zerock.upload.path}")
  private String uploadPath;

  @PostConstruct
  public void init() {

    File tempFolder = new File(uploadPath);

    if(tempFolder.exists() == false) {
      tempFolder.mkdir();
    }

    uploadPath = tempFolder.getAbsolutePath();

    log.info("-------------------------------------");
    log.info(uploadPath);
  }

  public List<String> upload(MultipartFile[] files) {

    List<String> result = new ArrayList<>();

    for (MultipartFile file : files) {
      log.info("-------------------------------");
      log.info("name: " + file.getOriginalFilename());

      if(file.getContentType().startsWith("image") == false){
        log.error("File type not supported: " + file.getContentType());
        continue;
```

```
      }
   String uuid = UUID.randomUUID().toString();
   String saveFileName = uuid + "_" + file.getOriginalFilename();
   try (InputStream in = file.getInputStream();
        OutputStream out = new FileOutputStream(uploadPath + File.
separator + saveFileName)
   ) {
      FileCopyUtils.copy(in, out);
      result.add(saveFileName);

   } catch (Exception e) {
      log.error(e.getMessage());
   }//end catch
  }
  return result;
 }
}
```

NOTE: 첨부파일을 이용한 공격 by ChatGPT

웹 애플리케이션에서 첨부파일을 이용한 공격은 여러 형태로 나타날 수 있습니다. 이러한 공격들은 주로 애플리케이션의 파일 처리와 관련된 보안 취약점을 악용합니다. 대표적인 첨부파일을 이용한 공격 기법은 다음과 같습니다:

1. 파일 업로드 취약점 공격
a. 파일 타입 검사 우회
공격자는 파일 확장자를 변경하여 허용되지 않는 파일을 업로드할 수 있습니다. 예를 들어, PHP 파일을 .jpg 확장자로 변경하여 서버에 업로드하고, 이를 통해 원격 코드 실행을 시도할 수 있습니다.

> 예시: 공격자는 malicious.php 파일을 malicious.jpg로 변경하여 업로드한 후, 해당 파일을 웹 브라우저에서 실행하여 악성 코드를 실행합니다.

b. 경로 조작(Path Traversal)

경로 조작을 통해 서버의 중요한 파일을 덮어쓸 수 있습니다. 공격자는 파일이름에 경로 조작 문자를 포함시켜 서버의 다른 위치에 파일을 저장할 수 있습니다.

예시: ../../../../etc/passwd와 같은 파일명을 가진 파일을 업로드하여 서버의 시스템 파일을 덮어씁니다.

2. 악성 파일 업로드

a. 웹 셸(Web Shell)

공격자는 웹 셸을 업로드하여 서버에 원격 접근 권한을 획득할 수 있습니다. 웹 셸은 서버에서 명령을 실행할 수 있는 작은 스크립트입니다.

예시: shell.php 파일을 업로드하여 서버의 파일 시스템에 접근하거나 시스템 명령을 실행합니다.

b. 악성 스크립트

공격자는 악성 스크립트를 포함한 파일을 업로드하여 클라이언트 측에서 실행되도록 유도할 수 있습니다. 이러한 스크립트는 XSS (Cross-Site Scripting) 공격을 포함할 수 있습니다.

예시: <script>alert('XSS')</script>를 포함한 HTML 파일을 업로드하여 다른 사용자가 해당 파일을 열 때 스크립트가 실행되게 합니다.

3. 바이러스 및 악성코드 전파

공격자는 바이러스나 악성코드를 포함한 파일을 업로드하여 다른 사용자에게 전파할 수 있습니다.

예시: .exe 파일에 바이러스를 포함시켜 업로드한 후, 다른 사용자가 이를 다운로드하여 실행하면 감염됩니다.

FileController에서는 UploadUtil을 주입해서 업로드 기능을 완성합니다.

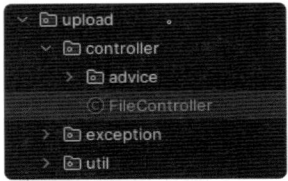

```java
package org.zerock.ex3.upload.controller;

import lombok.RequiredArgsConstructor;
import lombok.extern.log4j.Log4j2;
import org.springframework.http.ResponseEntity;
import org.springframework.web.bind.annotation.PostMapping;
import org.springframework.web.bind.annotation.RequestMapping;
import org.springframework.web.bind.annotation.RequestParam;
import org.springframework.web.bind.annotation.RestController;

import org.springframework.web.multipart.MultipartFile;
import org.zerock.ex3.upload.exception.UploadNotSupportedException;
import org.zerock.ex3.upload.util.UploadUtil;


import java.util.List;

@RestController
@Log4j2
@RequiredArgsConstructor
@RequestMapping("/api/v1/files")
public class FileController {

    private final UploadUtil uploadUtil;

    @PostMapping("/upload")
    public ResponseEntity<List<String>> uploadFile( @RequestParam("files") MultipartFile[] files) {

        log.info("upload file....");

        if(files == null || files.length == 0) {
            throw new UploadNotSupportedException("No files to upload");
        }

        for (MultipartFile file : files) {
            log.info("-------------------------------");
            log.info("name: " + file.getOriginalFilename());
```

```
            checkFileType(file.getOriginalFilename());
        }

        List<String> result = uploadUtil.upload(files);


        return ResponseEntity.ok(result);
    }

    private void checkFileType(String fileName) throws
UploadNotSupportedException{
        //jpg,gif,png,bmp
        String suffix = fileName.substring(fileName.lastIndexOf(".")+1);

        String regExp = "^(jpg|jpeg|JPG|JPEG|png|PNG|gif|GIF|bmp|BMP)";

        if(!suffix.matches(regExp)){
            throw new UploadNotSupportedException("File type not
supported: " + suffix);
        }
    }

}
```

정상적으로 업로드가 실행되면 업로드된 파일이름들을 JSON으로 반환합니다. 서버 내부에는 upload 폴더가 생성되어서 해당 파일들이 저장됩니다(Access Token이 있어야만 합니다.).

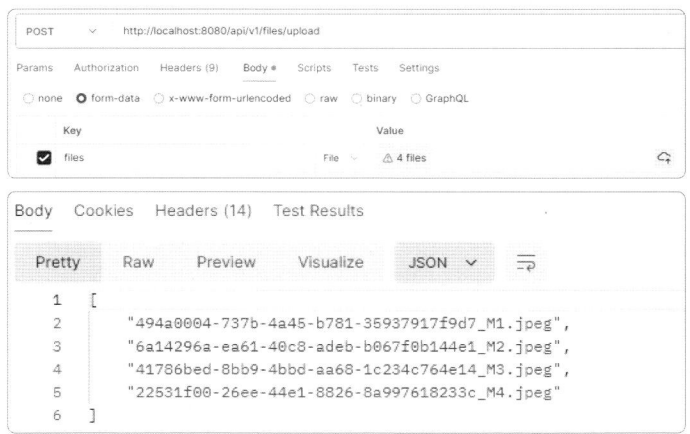

업로드가 실행된 후에 프로젝트에 생성된 upload 폴더를 확인해 보면 파일들이 만들어진 것을 확인할 수 있습니다(파일을 생성하는데 약간의 시간이 걸릴 수 있습니다.).

7.1.4 업로드된 파일 조회

이미지 파일의 업로드 자체는 권한이 있는 사용자만 하지만, 이미지의 조회는 그렇지 않을 수 있습니다. 예제에서는 Access Token이 없는 모든 사용자도 업로드된 이미지를 볼 수 있도록 정적 자원(static resource)으로 처리합니다.

```
org.zerock.upload.path=upload

spring.web.resources.static-locations=classpath:/static/,file:${org.zerock.upload.path}/
```

브라우저에서는 'http://localhost:8080/파일명'을 입력해 보면 JWTCheckFilter에서 막히는 것을 확인할 수 있습니다.

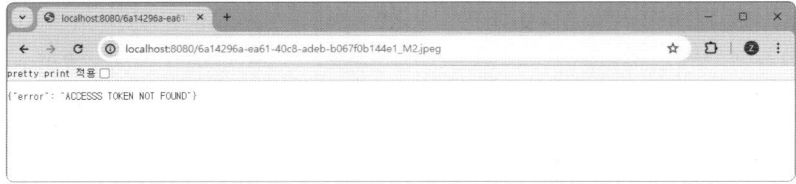

JWTCheckFilter를 수정해서 '/api/'로 시작하지 않는 경로는 동작하지 않도록 수정합니다.

```
@Override
protected boolean shouldNotFilter(HttpServletRequest request) throws
ServletException {

    if(request.getServletPath().startsWith("/api/v1/token/")) {
        return true;
    }

    String path = request.getRequestURI();

    if( !path.startsWith("/api/") ){
        return true;
    }

    //경로 지정 필요
    return false;
}
```

수정 후 브라우저에서 해당 파일이름을 호출하면 정상적으로 파일을 볼 수 있습니다.

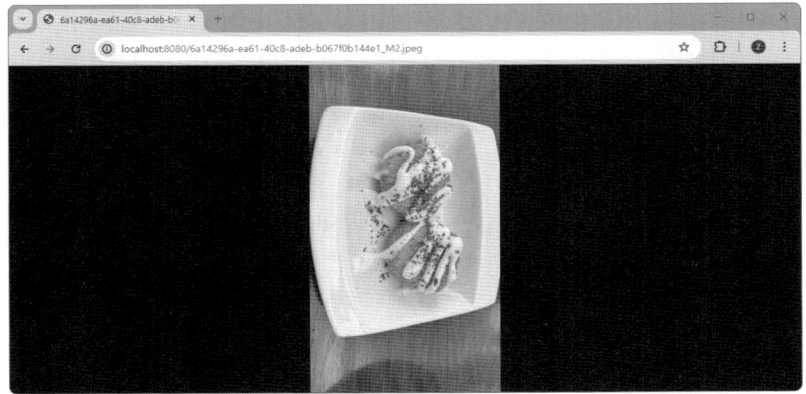

7.1.5 썸네일 이미지 처리

업로드 시에 파일의 확장자를 체크하는 작업은 보안상으로는 첨부파일을 이용한 해킹 공격을 막기 위해서이고 예제에서는 썸네일 이미지를 만들 수 있는 파일들만으로 선별하기 위해서입니다.

> **NOTE: 첨부파일을 이용한 공격을 방어 by ChatGPT**
>
> **1. 파일 타입 검사 강화**
> 파일의 MIME 타입을 검사하여 허용된 파일 타입만 업로드할 수 있도록 합니다. 단순히 파일 확장자를 검사하는 것만으로는 충분하지 않습니다.
>
> > 예시: 이미지 파일의 경우, 실제 파일 내용을 확인하여 이미지 헤더가 있는지 검사합니다.
>
> **2. 파일이름 및 경로 검증**
> 업로드된 파일의 이름과 경로를 철저히 검증하여 경로 조작 공격을 방지합니다. 파일이름에서 경로 조작 문자를 제거하거나 무작위로 생성된 안전한 파일이름을 사용합니다.
>
> > 예시: UUID를 사용하여 파일이름을 생성합니다.
>
> **3. 업로드된 파일의 실행 권한 제한**
> 서버에서 업로드된 파일이 실행되지 않도록 설정합니다. 예를 들어, 업로드된 파일을 웹 서버의 루트 디렉토리 외부에 저장하고, 웹 서버 설정에서 실행 권한을 제거합니다.
>
> > 예시: Nginx나 Apache 설정에서 업로드된 파일의 디렉토리에 대해 exec 권한을 제거합니다.
>
> **4. 파일 크기 및 내용 검증**
> 업로드된 파일의 크기와 내용을 검증하여 비정상적으로 큰 파일이나 악성 콘텐츠를 포함한 파일을 차단합니다.
>
> > 예시: 파일 크기 제한을 설정하고, 안티바이러스 소프트웨어를 사용하여 업로드된 파일을 검사합니다.

5. HTTPS 사용
HTTPS를 사용하여 파일 업로드 및 다운로드 시 데이터 전송을 암호화합니다. 이는 중간자 공격을 방지하는 데 도움이 됩니다.

6. 정기적인 보안 점검
파일 업로드 기능에 대해 정기적인 보안 점검 및 침투 테스트를 수행하여 새로운 취약점을 발견하고 대응합니다.

썸네일 이미지는 Thumbnailator 라이브러리를 이용합니다(https://github.com/coobird/thumbnailator 혹은 Maven Repository를 통해서 검색합니다.).

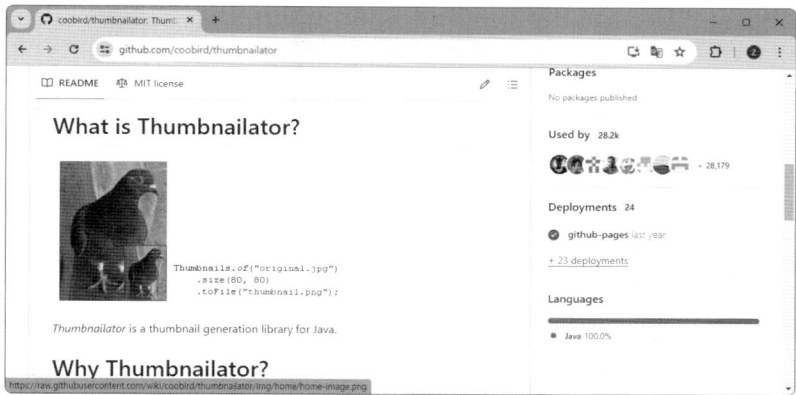

build.gradle 파일에 Thumbnailator 라이브러리를 추가하고 Gradle을 다시 로딩합니다.

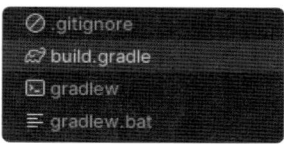

```
dependencies {
    ...생략

    // https://mvnrepository.com/artifact/net.coobird/thumbnailator
```

```
        implementation group: 'net.coobird', name: 'thumbnailator', version:
'0.4.20'

}
```

UploadUtil에서는 원본 파일을 업로드 한 후에 썸네일에 파일을 생성하는 로직을 추가합니다. 이때 파일이름 앞에 's_'를 붙여서 해당 파일이 썸네일인지 알 수 있도록 구성합니다. net.coobird.thumbnailator.Thumbnails를 이용해서 파일을 저장한 후에 썸네일을 생성하도록 수정합니다.

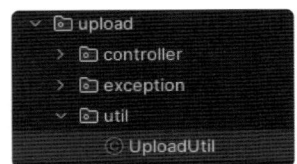

```
try(InputStream in = file.getInputStream();
    OutputStream out = new FileOutputStream(uploadPath+ File.
separator+saveFileName)
){
    
    FileCopyUtils.copy(in,out);
    
    Thumbnails.of( new File(uploadPath+ File.separator+saveFileName))
            .size(200,200)
            .toFile(uploadPath+File.separator+"s_"+saveFileName);
    
    result.add(saveFileName);
    
}catch(Exception e){
    log.error(e.getMessage());
}//end catch
```

수정된 코드를 이용해서 파일을 업로드하면 동일한 이름의 파일이지만, 앞에 's_'로 시작하는 작은 파일이 하나 더 생성되는 것을 확인할 수 있습니다(기존 파일들은 모두 삭제하고 업로드한 결과입니다.).

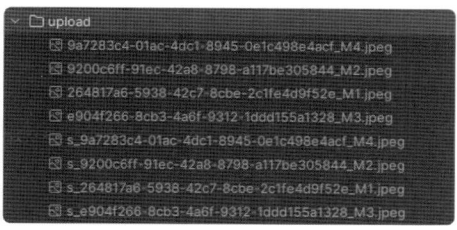

브라우저에서는 'http://localhost:8080/파일이름'의 경우에는 원본 파일을 조회할 수 있고, 'http://localhost:8080/s_파일이름'의 경우에는 썸네일 파일을 볼 수 있게 됩니다.

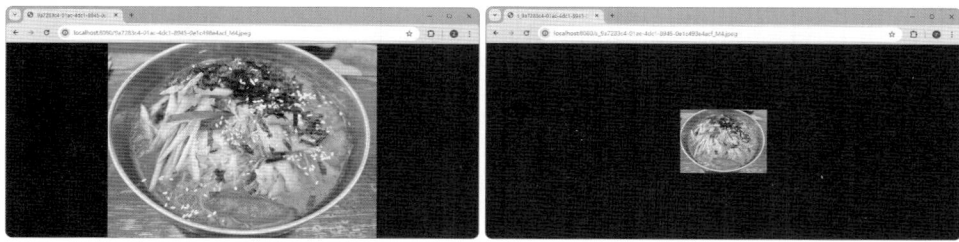

7.1.6 파일 삭제

파일의 처리에서는 수정이라는 기능은 필요하지 않기 때문에 삭제 처리 기능만을 구현하면 됩니다. 파일 삭제는 문제가 발생하더라도 굳이 예외를 던질 필요는 없기 때문에 단순하게 예외 처리를 메서드 내부에서 처리하면 됩니다. 업로드 작업과 마찬가지로 UploadUtil을 이용해서 파일 삭제 기능을 구현합니다.

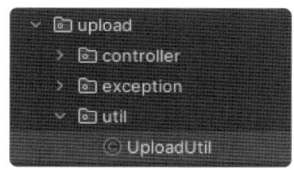

UploadUtil에는 특정한 이름의 파일을 이용해서 삭제하는 기능을 추가합니다. 파일을 삭제할 때는 썸네일 파일도 같이 삭제하도록 구현합니다.

```java
public void deleteFile(String fileName) {
    File file = new File(uploadPath + File.separator + fileName);
    File thumbFile = new File(uploadPath + File.separator + "s_" + fileName);

    try{
        if(file.exists()) {
            file.delete();
        }

        if(thumbFile.exists()) {
            thumbFile.delete();
        }
    }catch(Exception e) {
        log.error(e.getMessage());
    }
}
```

FileController에서는 UploadUtil의 deleteFile( )을 호출하는 기능인 @DeleteMapping을 이용해서 구현합니다(반드시 @DeleteMapping을 이용할 이유가 있는 것은 아니지만, '삭제'라는 명분에 맞게 @DeleteMapping을 이용합니다.). DELETE 방식은 추가적인 Payload(내용)를 전달할 수 없기 때문에 파일이름은 @PathVariable을 이용해서 처리합니다.

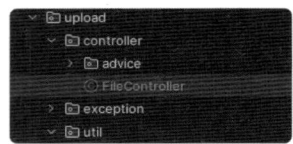

```java
@DeleteMapping("/delete/{fileName}")
public ResponseEntity<Void> deleteFile(@PathVariable(name = "fileName") String fileName) {
    log.info("delete file: " + fileName);

    uploadUtil.deleteFile(fileName);

    return ResponseEntity.ok().build();
}
```

파일 삭제를 테스트하기 전에 원본 파일과 's_'로 시작하는 썸네일 파일이 있는지 확인해 둡니다.

Postman을 이용해서 '/api/v1/files/delete/파일명' 주소로 삭제를 요청합니다. 이 작업 역시 Access Token이 있는 사용자만 가능하므로 'Authorization' 헤더를 지정해 줍니다.

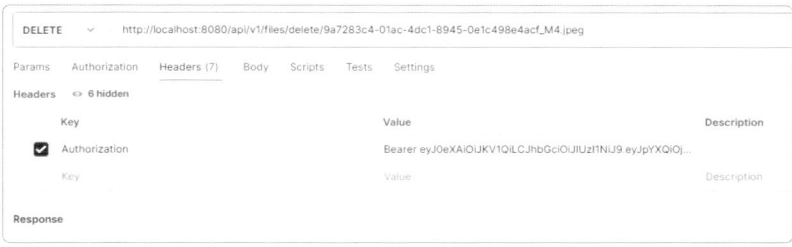

Postman에서는 200(OK) 상태 코드가 반환되고 다른 내용은 전송되지 않습니다.

폴더를 새로고침해서 살펴보면 해당 파일과 썸네일 파일이 삭제된 것을 확인할 수 있습니다.

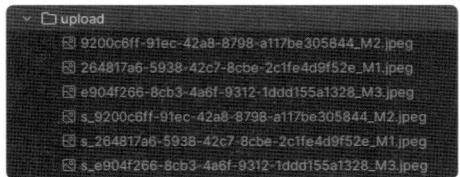

7.2 @ElementCollection

데이터베이스에서는 Primary Key(주키-이하 PK)와 Foreign Key(외래키-이하 FK)를 이용해서 엔티티 간의 관계를 표현합니다. 예를 들어 상품과 상품의 이미지 관계 역시 ERD(Entity-Relationship Diagram)로 표현하면 다음과 같은 형식이 됩니다.

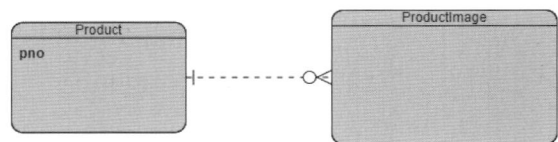

반면에, JPA는 객체지향으로 이러한 구조를 표현하기 위해서 연관 관계(Association)라는 것을 이용합니다.

연관 관계는 객체지향으로 설계되기 때문에 전통적인 ERD 구조와는 미묘한 차이가 발생하게 됩니다.

- 관계의 주인(주체) 문제: ERD를 작성할 때는 단순히 PK와 FK만을 이용해서 명백하게 관계가 정의되는데 비해 객체지향에서는 상품 객체가 여러 개의 상품 이미지 객체들을 참조하는 구조로 작성될 수도 있고, 반대로 상품 이미지 객체가 상품 객체를 참조하는 방식의 구성도 가능합니다.
- 참조 방향의 문제: JPA에서는 단방향(uni-directional)이라는 참조 방식과 양방향(bi-directional)이라는 참조 방식이 있습니다. 예를 들어 상품이 상품 이미지 객체들을 참조하고, 상품 이미지 객체 역시 상품을 참조하는 방식의 설계도 가능합니다.
- 엔티티 객체의 PK 문제: 엔티티 객체가 되기 위해서는 반드시 PK값에 해당하는 @Id가 있어야만 합니다. 하지만, 실제 ERD에서는 PK가 없는 테이블도 존재할 수 있습니다.

NOTE: JPA 연관 관계 by ChatGPT

JPA에서는 엔티티 간의 다양한 연관 관계를 정의할 수 있습니다. 가장 흔한 연관 관계의 종류는 다음과 같습니다.

* 일대일 관계(One-to-One): 한 엔티티가 다른 엔티티와 하나의 관계만을 가집니다.
  예를 들어, 한 명의 사용자가 하나의 프로필을 가지는 경우가 일대일 관계입니다.

* 일대다 관계(One-to-Many): 한 엔티티가 다른 엔티티와 여러 개의 관계를 가집니다.
  예를 들어, 하나의 부서가 여러 명의 직원을 가지는 경우가 일대다 관계입니다.

* 다대일 관계(Many-to-One): 여러 엔티티가 한 엔티티와 관계를 맺습니다.
  예를 들어, 여러 명의 직원이 하나의 부서에 속하는 경우가 다대일 관계입니다.

* 다대다 관계(Many-to-Many): 여러 엔티티가 여러 개의 다른 엔티티와 관계를 가집니다.
  예를 들어, 여러 명의 학생이 여러 개의 과목을 수강하는 경우가 다대다 관계입니다.

이러한 연관 관계는 각 엔티티 클래스에 어노테이션을 사용하여 JPA에서 매핑됩니다. 예를 들어, @OneToOne, @OneToMany, @ManyToOne, @ManyToMany 등의 어노테이션을 사용하여 연관 관계를 정의하고 매핑합니다.

각 연관 관계의 선택은 데이터 모델의 구조와 애플리케이션의 요구사항에 따라 달라집니다. 개발자는 애플리케이션의 복잡성, 데이터 일관성, 쿼리 성능 등을 고려하여 적절한 연관 관계를 선택해야 합니다.

연관 관계 중에서 가장 많이 다뤄지는 어노테이션은 @ManyToOne입니다. 예제의 경우 상품과 상품 이미지 역시 이러한 연관 관계를 만족하고 있습니다. 예제에서는 조금 뒤쪽에서 상품 리뷰 처리 시에 사용하도록 하고 상품 예제에서는 값 객체(Value Object)라는 것을 알아보도록 하겠습니다.

7.2.1 JPA의 값 객체(Value Object)

JPA에서는 값 객체(Value Object)는 간단히 말해서 @Id가 없는 객체를 의미합니다. @Id가 없기 때문에 주로 특정한 엔티티 객체의 부가적인 속성으로 사용됩니다. 값 객체는 @Id가 없기 때문에 단독으로 조회되거나 수정/삭제가 되지 않습니다. '단독'이라는 의미가 상당히 중요한 의미를 가지는데 '단독'으로 처리된다는 것은 하나의 엔티티라는 의미가 됩니다. 때문에 데이터베이스상으로는 동일하게 PK와 FK의 관계라고 하더라도 '게시물'과 '댓글'처럼 전혀 다른 사람에 의해서 전혀 다른 시간에 처리되는 데이터들은 독립적인 엔티티라고 봐야합니다. '단독'이라는 단어가 있는 뜻을 하나의 독립된 엔티티로 봐도 무방합니다.

상품과 상품 이미지를 생각해 보면 '상품을 수정'할 때 상품 이미지도 수정됩니다. 상품 이미지는 그 자체로는 의미를 가지고 있지 않아서 기능 설계 시에도 '상품 이미지를 수정한다'가 아니라 '상품을 수정한다'라는 표현을 하게 됩니다.

또한, 상품 이미지는 불변입니다. 상품 이미지는 변경이 아니라 삭제 후에 새로운 상품 이미지가 생성되는 방식으로 동작합니다. '독립적인 CRUD를 하는가?'를 생각해 보면 '게시물의 댓글'처럼 따로따로 이루어지는 경우가 있는 반면에 '상품 수정'처럼 한 번에 처리되어야 하는 경우도 있는데 이럴 때는 '값 객체'로 처리하는 것이 좋습니다.

7.2.2 상품 엔티티 설계

상품 엔티티는 기본적인 상품 정보와 업로드된 상품 이미지 파일의 이름들을 묶어서 하나의 엔티티로 처리합니다. 이 경우 업로드된 상품 이미지 파일의 이름들을 처리하기 위해서 @ElementCollection을 이용할 수 있습니다.

프로젝트 내 products 패키지를 생성하고 내부에 entity 패키지를 생성한 후에는 ProductImage와 ProductEntity 클래스를 추가합니다.

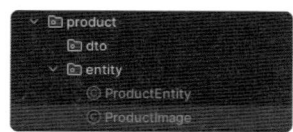

ProductImage는 해당 이미지가 몇 번째 이미지인지를 나타내기 위해 idx 속성을 정의하고 파일이름을 추가합니다.

```java
package org.zerock.ex3.product.entity;

import jakarta.persistence.Embeddable;
import lombok.*;

@Embeddable
@Builder
@AllArgsConstructor
@NoArgsConstructor
@Getter
@ToString
public class ProductImage implements Comparable<ProductImage>{

    private int idx;

    private String fileName;

    @Override
    public int compareTo(ProductImage o) {
        return this.idx - o.idx;
    }
}
```

클래스 선언부를 보면 @Embeddable이라는 어노테이션이 적용되어 있는데 이것은 다른 엔티티의 속성값으로 사용되기 위해서 만들어진 것이지 해당 클래스의 인스턴스는 엔티티 객체가 아니라는 것을 의미합니다.

ProductEntity는 상품 자체를 의미하기도 하지만, Set 기반의 ProductImage들을 가지도록 구성합니다(Set으로 하는 이유는 나중에 여러 개의 엔티티를 조인하더라도 중복이 되지 않기 때문입니다.). @ElementCollection과 @CollectionTable 등을 이용해서 필요한 관계를 설정합니다.

```java
package org.zerock.ex3.product.entity;

import jakarta.persistence.*;
import lombok.*;
import org.springframework.data.annotation.CreatedDate;
import org.springframework.data.annotation.LastModifiedDate;
```

```java
import org.springframework.data.jpa.domain.support.AuditingEntityListener;

import java.time.LocalDateTime;
import java.util.*;

@Entity
@Table(name = "tbl_products")
@Getter
@ToString(exclude = "images")
@AllArgsConstructor
@NoArgsConstructor
@Builder
@EntityListeners(value = { AuditingEntityListener.class })
public class ProductEntity {

    @Id
    @GeneratedValue(strategy = GenerationType.IDENTITY)
    private Long pno;

    private String pname;

    private int price;

    private String content;

    private String writer;

    @CreatedDate
    private LocalDateTime joinDate;

    @LastModifiedDate
    private LocalDateTime modifiedDate;

    @ElementCollection(fetch = FetchType.LAZY)
    @CollectionTable(name = "tbl_product_images", joinColumns = @JoinColumn(name = "pno"))
    @Builder.Default
    private SortedSet<ProductImage> images = new TreeSet<>();

    public void addImage(String fileName) {

        ProductImage productImage = ProductImage.builder()
                .fileName(fileName)
                .idx(images.size())
                .build();
        images.add(productImage);
    }

    public void clearImages() {
        images.clear();
    }
```

```
    public void changeTitle(String title) {
        this.pname = title;
    }

    public void changePrice(int price) {
        this.price = price;
    }

    private void changeContent(String content) {
        this.content = content;
    }
}
```

ProductImage들은 @ElementCollection으로 처리되고 필요할 때까지 로딩하지 않도록 지연로딩(Lazy loading)으로 지정합니다(지연로딩에 대해서는 테스트 과정에서 더 다루겠습니다.). 또한, @CollectionTable을 이용해서 테이블을 지정합니다.

ProductEntity에는 상품 이미지를 문자열로 추가하면 자동으로 ProductImage 타입으로 만들어서 보관되도록 하고, 이미지를 지울 때도 기존의 images를 그대로 사용하기 때문에 addImage( )와 기존 이미지들의 삭제를 위해서 clearImages( )를 추가해 두었습니다. addImage( )의 경우 문자열을 파라미터로 받아서 내부에서 ProductImage 객체를 생성한 후에 저장되는 방식이라 사용할 경우에는 주로 ProductEntity만을 이용해서 작업하게 됩니다.

7.2.3 상품 엔티티 테스트

ProductEntity에 대해서 테스트 코드를 작성해서 동작 여부를 살펴봅니다. product 패키지 내에 repository 패키지를 생성하고 ProductRepository를 추가합니다.

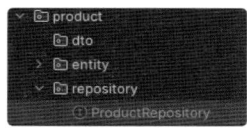

```
package org.zerock.ex3.product.repository;

import org.springframework.data.jpa.repository.JpaRepository;
import org.zerock.ex3.product.entity.ProductEntity;

public interface ProductRepository extends JpaRepository<ProductEntity,
Long> {

}
```

test 폴더에는 repository 패키지에 ProductRepositoryTests 클래스를 추가합니다.

ProductRepositoryTests에는 ProductRepository를 주입해서 사용하고, @DataJpaTest를 이용해서 테스트를 진행합니다.

```
package org.zerock.ex3.product.repository;

import org.springframework.beans.factory.annotation.Autowired;
import org.springframework.boot.test.autoconfigure.jdbc.
AutoConfigureTestDatabase;
import org.springframework.boot.test.autoconfigure.orm.jpa.DataJpaTest;
import org.springframework.transaction.annotation.Propagation;
import org.springframework.transaction.annotation.Transactional;

@DataJpaTest
@AutoConfigureTestDatabase(replace = AutoConfigureTestDatabase.Replace.
NONE)
@Transactional(propagation = Propagation.NOT_SUPPORTED)
public class ProductRepositoryTests {

  @Autowired
  private ProductRepository productRepoistory;


}
```

상품 등록 테스트

ProductRepositoryTests에는 여러 개의 상품을 등록하는 테스트 코드를 작성합니다. 하나의 상품에 2개의 이미지를 추가해서 데이터베이스가 어떻게 처리되는지 확인합니다.

```java
package org.zerock.ex3.product.repository;

import org.junit.jupiter.api.Test;
import org.springframework.beans.factory.annotation.Autowired;
import org.springframework.boot.test.autoconfigure.jdbc.AutoConfigureTestDatabase;
import org.springframework.boot.test.autoconfigure.orm.jpa.DataJpaTest;
import org.springframework.test.annotation.Commit;
import org.springframework.transaction.annotation.Propagation;
import org.springframework.transaction.annotation.Transactional;
import org.zerock.ex3.product.entity.ProductEntity;

@DataJpaTest
@AutoConfigureTestDatabase(replace = AutoConfigureTestDatabase.Replace.NONE)
@Transactional(propagation = Propagation.NOT_SUPPORTED)
public class ProductRepositoryTests {

    @Autowired
    private ProductRepository productRepoistory;

    @Test
    @Transactional
    @Commit
    public void testInsert() {

        for (int i = 1; i <= 50; i++) {

            ProductEntity productEntity = ProductEntity.builder()
                    .pname(i + "_새로운 상품")
                    .price(5000)
                    .content(i + "_상품 설명")
                    .writer("user00")
                    .build();

            productEntity.addImage(i + "_test1.jpg");
            productEntity.addImage(i + "_test2.jpg");

            productRepoistory.save(productEntity);

            System.out.println("New Product no: " + productEntity.getPno());
```

```
        }
      }
    }
```

데이터베이스에 상품 관련 테이블이 존재하지 않는다면, tbl_product_images 테이블과 tbl_products 테이블이 생성되고 자동으로 FK가 생성됩니다.

```
Hibernate:
    create table tbl_product_images (
        pno bigint not null,
        file_name varchar(255),
        idx integer
    ) engine=InnoDB
Hibernate:
    create table tbl_products (
        pno bigint not null auto_increment,
        content varchar(255),
        join_date datetime(6),
        modified_date datetime(6),
        pname varchar(255),
        price integer not null,
        writer varchar(255),
        primary key (pno)
    ) engine=InnoDB
```

```
alter table if exists tbl_product_images
    add constraint FKepw0pko5d1rxaefbfv9oij354
    foreign key (pno)
    references tbl_products (pno)
```

실행 과정에서는 tbl_products 테이블을 대상으로 50개의 상품이 추가됩니다.

```
43  43_상품 설명  2024-05-13 22:24:13.308067  2024-05-13 22:24:13.308067  43_새로운 상품  5000  user00
44  44_상품 설명  2024-05-13 22:24:13.310003  2024-05-13 22:24:13.310003  44_새로운 상품  5000  user00
45  45_상품 설명  2024-05-13 22:24:13.312261  2024-05-13 22:24:13.312261  45_새로운 상품  5000  user00
46  46_상품 설명  2024-05-13 22:24:13.313841  2024-05-13 22:24:13.313841  46_새로운 상품  5000  user00
47  47_상품 설명  2024-05-13 22:24:13.315026  2024-05-13 22:24:13.315026  47_새로운 상품  5000  user00
48  48_상품 설명  2024-05-13 22:24:13.316592  2024-05-13 22:24:13.316592  48_새로운 상품  5000  user00
49  49_상품 설명  2024-05-13 22:24:13.317730  2024-05-13 22:24:13.317730  49_새로운 상품  5000  user00
50  50_상품 설명  2024-05-13 22:24:13.318847  2024-05-13 22:24:13.318847  50_새로운 상품  5000  user00
```

tbl_product_images에는 하나의 상품마다 2개의 이미지가 추가됩니다.

```
45  45_test1.jpg  0
45  45_test2.jpg  1
46  46_test1.jpg  0
46  46_test2.jpg  1
47  47_test1.jpg  0
47  47_test2.jpg  1
48  48_test1.jpg  0
48  48_test2.jpg  1
49  49_test1.jpg  0
49  49_test2.jpg  1
50  50_test1.jpg  0
50  50_test2.jpg  1
```

상품 조회와 Lazy loading

ProductEntity의 @ElementCollection 어노테이션에는 fetch 속성과 FetchType.LAZY 속성값이 지정되어 있습니다. LAZY값이 적용되는 경우 ProductEntity를 가져올 때 필요한 순간까지 ProductImage를 조회하지 않는 방식으로 동작하는데 이를 '지연로딩(lazy loading)'이라고 합니다.

> **NOTE: 지연로딩을 사용하는 이유 by ChatGPT**
>
> JPA(Java Persistence API)에서의 지연로딩은 객체 관계 매핑(ORM)을 통해 데이터베이스와 자바 객체 간의 매핑을 지원하는 기술입니다. 지연로딩을 사용하는 이유는 다음과 같습니다.
>
> 성능 최적화: 지연로딩은 연관된 엔티티를 실제로 사용할 때까지 로드하지 않습니다. 이는 즉시로딩(즉시 패치)을 사용할 때 발생할 수 있는 과도한 데이터베이스 쿼리 문제를 방지합니다. 즉, 필요하지 않은 데이터를 미리 로드하지 않고, 실제로 필요한 시점에만 로드하여 성능을 최적화할 수 있습니다.
>
> 메모리 관리: 즉시로딩은 모든 연관 엔티티를 한꺼번에 로드하기 때문에 메모리 사용량이 증가할 수 있습니다. 하지만 지연로딩은 필요한 시점에만 해당 엔티티를 로드하기 때문에 메모리 관리 측면에서 효율적입니다.
>
> 데이터 일관성 유지: 지연로딩은 영속성 콘텍스트에서 객체를 관리하므로 데이터베이스의 변경 사항에 대한 실시간 반영을 보장합니다. 따라서 연관된 엔티티의 변경 사항이 있을 때 실시간으로 반영되어 데이터 일관성을 유지할 수 있습니다.
>
> 불필요한 조회 방지: 즉시로딩을 사용할 경우 연관된 엔티티가 필요 없는 경우에도 함께 로드될 수 있습니다. 그러나 지연로딩은 필요한 시점에만 연관된 엔티티를 조회하므로 불필요한 데이터베이스 조회를 방지할 수 있습니다.
>
> 프락시 사용: 지연로딩은 프락시(Proxy) 패턴을 사용하여 지연로딩을 구현합니다. 이는 연관된 엔티티를 실제로 사용하는 시점에 해당 엔티티를 로드하는데 사용되며, 이를 통해 성능 및 메모리 사용량을 최적화할 수 있습니다.
>
> 따라서 JPA에서 지연로딩을 사용하면 성능, 메모리 관리, 데이터 일관성 유지 및 불필요한 데이터베이스 조회를 방지하는 데 도움이 됩니다.

ProductEntity의 선언부에 @ToString에는 exclude 속성이 적용되어 있습니다. 이렇게 되면 toString( )을 만들 때 images 부분은 만들어내는 문자열에 포함되지 않기 때문에 지연로딩과 결합하면 tbl_products 테이블만을 조회하게 됩니다.

```
@Entity
@Table(name = "tbl_products")
@Getter
@ToString(exclude = "images")
@AllArgsConstructor
@NoArgsConstructor
@Builder
@EntityListeners(value = { AuditingEntityListener.class })
public class ProductEntity {
```

테스트 코드로 지연로딩을 확인해 봅니다.

```
@Test
@Transactional(readOnly = true)
public void testRead() {

    Long pno = 1L;

    Optional<ProductEntity> result = productRepoistory.findById(pno);

    ProductEntity productEntity = result.get();

    System.out.println(productEntity);

    System.out.println("--------------------------------");

    System.out.println(productEntity.getImages());

}
```

테스트 코드의 중간에는 '------------'를 기준으로 ProductEntity를 출력하는 부분과 ProductEntity의 images를 출력하는 부분으로 구성됩니다. 실제 테스트를 진행하면 다음과 같이 select가 두 번 실행되는 것을 볼 수 있습니다(때문에 @Transactional이 필요합니다.).

우선은 tbl_products 테이블에 select가 실행됩니다.

```
select
    pe1_0.pno,
    pe1_0.content,
    pe1_0.join_date,
    pe1_0.modified_date,
    pe1_0.pname,
    pe1_0.price,
    pe1_0.writer
from
    tbl_products pe1_0
where
    pe1_0.pno=?
ProductEntity(pno=1, pname=1_새로운 상품, price=5000, content=1_상품 설명, writer=user00, joinDate=2024-05-13T22:24:13.210095,
------------
```

'------------'가 출력된 후에 productEntity.getImages( )를 출력하기 위해서 다시 tbl_product_images 테이블에서 select가 일어납니다.

```
Hibernate:
    select
        i1_0.pno,
        i1_0.file_name,
        i1_0.idx
    from
        tbl_product_images i1_0
    where
        i1_0.pno=?
[ProductImage(idx=0, fileName=1_test1.jpg), ProductImage(idx=1, fileName=1_test2.jpg)]
```

지연로딩의 반대는 '즉시로딩(eager loading)'이라고 합니다. 즉시로딩으로 처리하면 조인 처리가 되기 때문에 한 번에 데이터를 조회할 수 있습니다. 가끔은 즉시로딩이 좋다고 생각할 수 있지만, JPA를 이용할 때는 가능하면 지연로딩으로 구성하고 필요할 때만 즉시로딩 방식을 쓰는 것이 좋습니다.

@EntityGraph

지연로딩을 하더라도 조금 뒤에 나오는 페치 조인이나 @EntityGraph를 이용하면 즉시 처리되는 방식으로 조회가 가능합니다. @EntityGraph는 관련된 엔티티나 값 객체 등의 로딩을 조절하기 위해서 사용합니다. attributePaths 속성을 이용해서 같이 로딩하려는 속성을 지정하고, type 속성을 이용해서 EntityGraphType.FETCH를 지정하면 원하는 속성을 같이 로딩할 수 있습니다.

@ProductRepository에 직접 @Query를 이용해서 조회 기능을 작성해 봅니다.

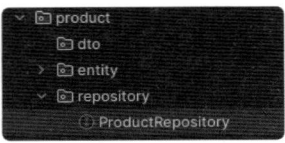

```java
package org.zerock.ex3.product.repository;

import org.springframework.data.jpa.repository.EntityGraph;
import org.springframework.data.jpa.repository.JpaRepository;
import org.springframework.data.jpa.repository.Query;
import org.springframework.data.repository.query.Param;
import org.zerock.ex3.product.entity.ProductEntity;

import java.util.Optional;

public interface ProductRepository extends JpaRepository<ProductEntity, Long> {

    @EntityGraph(attributePaths = {"images"}, type = EntityGraph.EntityGraphType.FETCH)
    @Query("select p from ProductEntity p where p.pno = :pno")
    Optional<ProductEntity> getProduct(@Param("pno") Long pno);

}
```

테스트 코드는 기존과 거의 동일하지만, findById( ) 대신에 위에서 정의한 getProduct( )를 호출합니다.

```java
@Test
public void testReadQuery() {

    Long pno = 1L;

    Optional<ProductEntity> result = productRepoistory.getProduct(pno);

    ProductEntity productEntity = result.get();

    System.out.println(productEntity);

    System.out.println("--------------------------------");
```

```
            System.out.println(productEntity.getImages());
    }
```

실행 결과를 보면 이전과 달리 select문 자체가 이미 조인으로 처리되고, images를 출력하기 전에 다시 select문이 실행되지 않는 것을 확인할 수 있습니다.

```
Hibernate:
    select
        pe1_0.pno,
        pe1_0.content,
        i1_0.pno,
        i1_0.file_name,
        i1_0.idx,
        pe1_0.join_date,
        pe1_0.modified_date,
        pe1_0.pname,
        pe1_0.price,
        pe1_0.writer
    from
        tbl_products pe1_0
    left join
        tbl_product_images i1_0
            on pe1_0.pno=i1_0.pno
    where
        pe1_0.pno=?
ProductEntity(pno=1, pname=1_새로운 상품, price=5000, content=1_상품 설명, writer=user00, joinDate=2024-
[ProductImage(idx=0, fileName=1_test1.jpg), ProductImage(idx=1, fileName=1_test2.jpg)]
```

페치 조인 방식(Fetch Join)

@EntityGraph와 유사하게 JPA에는 '페치 조인(fetch join)'이라는 기능이 있습니다. 페치 조인은 연관된 엔티티들을 한 번에 조회할 때 사용하는데 SQL과 비슷해 보이지만, JPA에서만 지원되는 기능입니다.

ProductRepository의 getProduct( )를 페치 조인 방식으로 처리하면 다음과 같이 작성될 수 있습니다(JPQL에서는 join fetch로 사용합니다.).

```
package org.zerock.ex3.product.repository;

import org.springframework.data.jpa.repository.EntityGraph;
import org.springframework.data.jpa.repository.JpaRepository;
import org.springframework.data.jpa.repository.Query;
import org.springframework.data.repository.query.Param;
import org.zerock.ex3.product.entity.ProductEntity;
```

```
import java.util.Optional;

public interface ProductRepository extends JpaRepository<ProductEntity, Long> {

//    @EntityGraph(attributePaths = {"images"}, type = EntityGraph.EntityGraphType.FETCH)
//    @Query("select p from ProductEntity p where p.pno = :pno")
//    Optional<ProductEntity> getProduct(@Param("pno") Long pno);

    @Query("select p from ProductEntity p join fetch  p.images pi where p.pno = :pno")
    Optional<ProductEntity> getProduct(@Param("pno") Long pno);

}
```

ProductImage는 엔티티가 아니므로 사용할 수 없지만, p.images와 같이 선언해서 이용할 수 있습니다.

상품 수정

상품 수정 예제는 상품의 가격을 변경하고 새로운 상품의 이미지가 추가되는 상황을 고려해 봅니다.

```
@Test
@Transactional
@Commit
public void testUpdate() {

    Optional<ProductEntity> result = productRepoistory.getProduct(1L);

    ProductEntity productEntity = result.get();

    productEntity.changeTitle("변경된 상품");

    productEntity.changePrice(10000);

    productEntity.addImage("new1.jpg");
```

```
    productEntity.addImage("new2.jpg");

    //변경 감지시에는 필요없음
    //productRepoistory.save(productEntity);
}
```

상품 이미지에 새로운 이미지를 추가하는 구조입니다. 테스트 결과를 보면 @Element Collection으로 한 번에 조회한 후에 tbl_products 테이블을 update합니다. ProductImage는 @Id가 없기 때문에 ProductEntity에 해당하는 모든 데이터를 삭제한 후에 다시 하나씩 insert 하는 것을 볼 수 있습니다.(원래 이미지가 2개 있었고 수정 작업을 통해서 2개가 추가되어서 4개가 됩니다.).

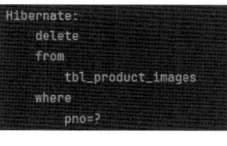

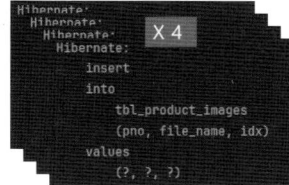

모든 이미지 정보가 삭제된 후에 다시 4개가 추가되는 방식은 빈번하게 수정/삭제가 이루어지는 상황에서는 바람직한 것은 아니기 때문에 @ManyToOne과 같이 독립적인 엔티티 관계를 유지하기도 합니다.

상품 삭제

상품 수정 단계에서 보았듯이 상품의 삭제 과정 역시 자동으로 delete가 됩니다. 테스트 코드를 작성한다면 다음과 같습니다.

```
@Test
@Transactional
@Commit
public void testDelete() {

    productRepoistory.deleteById(1L);

}
```

실제 삭제 과정은 엔티티의 존재를 확인하는 select와 FK로 구성된 이미지들의 삭제가 먼저 이루어지고 마지막으로 상품이 삭제됩니다.

7.3 DTO를 이용한 처리

ProductEntity 객체는 기존과 다르게 추가로 ProductImage들을 가지고 있기 때문에 DTO로 변환할 때도 조금 신경 쓸 필요가 있습니다. 예제에서는 ProductDTO를 구성하고 ProductEntity를 받아서 직접 변환하는 방식으로 구현해 봅니다.

7.3.1 상품 등록/조회 DTO

dto 패키지에 ProductDTO 클래스를 정의합니다.

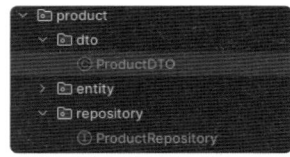

```
package org.zerock.ex3.product.dto;

import lombok.Data;
import lombok.NoArgsConstructor;
import org.zerock.ex3.product.entity.ProductEntity;

import java.util.List;

@Data
@NoArgsConstructor
public class ProductDTO {

    private Long pno;

    private String pname;

    private int price;

    private String content;

    private String writer;

    private List<String> imageList;

    public ProductDTO(ProductEntity productEntity) {

    }
}
```

ProductDTO는 @NoArgsConstructor와 ProductEntity를 파라미터로 받는 생성자를 정의합니다. 파라미터가 없는 생성자는 조금 뒤에 작성하게 될 컨트롤러에서 사용하기 위해서이고, ProductEntity를 파라미터로 사용하는 경우는 ProductRepository에서 직접 DTO를 반환하기 위해서입니다.

생성자 함수의 내부 구현은 다음과 같이 내용을 채워줍니다. 주의할 부분은 ProductEntity의 ProductImage를 문자열로 바꾸는 부분입니다.

```
public ProductDTO(ProductEntity productEntity) {
    this.pno = productEntity.getPno();
    this.pname = productEntity.getPname();
    this.price = productEntity.getPrice();
    this.content = productEntity.getContent();
```

```
        this.writer = productEntity.getWriter();
        this.imageList =
                productEntity.getImages().stream()
                .map(ProductImage::getFileName)
                .collect(Collectors.toList());
    }
```

ProductRepository에서는 ProductDTO의 생성자를 이용해서 DTO로 자동으로 처리해 주는 메서드를 getProductDTO( ) 이름으로 작성합니다.

```
package org.zerock.ex3.product.repository;

import org.springframework.data.jpa.repository.EntityGraph;
import org.springframework.data.jpa.repository.JpaRepository;
import org.springframework.data.jpa.repository.Query;
import org.springframework.data.repository.query.Param;
import org.zerock.ex3.product.dto.ProductDTO;
import org.zerock.ex3.product.entity.ProductEntity;

import java.util.Optional;

public interface ProductRepository extends JpaRepository<ProductEntity, Long> {

    ...


    @Query("select p from ProductEntity p join fetch  p.images pi where p.pno = :pno")
    Optional<ProductDTO> getProductDTO(@Param("pno") Long pno);


}
```

변경된 부분은 리턴 타입이 Optional<ProductEntity>에서 Optional<ProductDTO>로 변경된 것뿐이지만, 이를 이용하면 서비스 계층에서의 변환 부분을 생략할 수 있습니다.

테스트 코드를 작성한다면 아래와 같이 작성할 수 있습니다.

```java
@Test
public void testReadDTO() {

    //반드시 DB에 있는 번호로
    Long pno = 10L;

    Optional<ProductDTO> result = productRepoistory.getProductDTO(pno);

    ProductDTO productDTO = result.get();

    System.out.println(productDTO);

}
```

```
Hibernate:
    select
        pe1_0.pno,
        pe1_0.content,
        i1_0.pno,
        i1_0.file_name,
        i1_0.idx,
        pe1_0.join_date,
        pe1_0.modified_date,
        pe1_0.pname,
        pe1_0.price,
        pe1_0.writer
    from
        tbl_products pe1_0
    join
        tbl_product_images i1_0
            on pe1_0.pno=i1_0.pno
    where
        pe1_0.pno=?
ProductDTO(pno=10, pname=10_새로운 상품, price=5000, content=10_상품 설명, writer=user00, imageList=[10_test1.jpg, 10_test2.jpg])
```

상품목록 DTO

일반적으로 상품목록은 상품의 이미지는 하나만을 가져와서 목록으로 출력합니다. 이를 위해서 ProductImage에는 idx라는 속성을 정의한 것인데 상품 하나당 하나의 이미지를 가져올 때 idx의 값이 '0'인 데이터만을 처리하기 위해서입니다.

상품목록의 경우 결과로 만들어지는 DTO 역시 하나의 이미지 파일이름만을 가지도록 구성하는 것이 타당하기 때문에 dto 패키지에 ProductListDTO를 구성합니다.

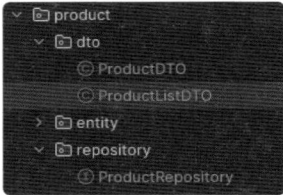

ProductListDTO에는 상품의 이미지는 하나만 담을 수 있게 구성해 봅니다.

```
package org.zerock.ex3.product.dto;

import lombok.Data;
import lombok.NoArgsConstructor;

@Data
@NoArgsConstructor
public class ProductListDTO {

    private Long pno;
    private String pname;
    private int price;
    private String writer;
    private String productImage;

}
```

7.3.2 Querydsl에서의 @ElementCollection

ProductImage는 독립적인 엔티티가 아니기 때문에 Querydsl을 이용할 때도 약간의 차이가 있습니다. 우선, repository의 search 패키지를 작성하고 패키지 내에 ProductSearch 인터페이스와 ProductSearchImpl 클래스를 정의합니다.

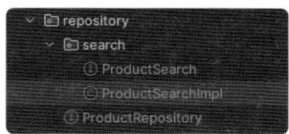

ProductRepository는 ProductSearch 인터페이스를 상속하도록 구성합니다.

```
public interface ProductRepoistory extends JpaRepository<ProductEntity,
Long> , ProductSearch {

    ...생략

}
```

ProductSearch 인터페이스에는 Pageable을 파라미터로 받아서 Page<ProductListDTO> 타입으로 반환하는 메서드를 선언합니다.

```
package org.zerock.ex3.product.repository.search;

import org.springframework.data.domain.Page;
import org.springframework.data.domain.Pageable;
import org.zerock.ex3.product.dto.ProductListDTO;

public interface ProductSearch {

    Page<ProductListDTO> list(Pageable pageable);
}
```

ProductSearchImpl에서의 구현은 직접 조인 처리를 아래와 같이 작성합니다. 주의해서 봐야 하는 부분은 @ElementCollection으로 설정되어 있는 images를 사용하는 부분입니다. 독립적인 엔티티가 아니기 때문에 속성값으로 이용하면서 Q도메인 타입으로 설정해야 합니다.

build.gradle 파일에 Querydsl 관련 설정이 있는지 확인합니다.

```
buildscript {
    ext {
        queryDslVersion = "5.0.0"
    }
}
...생략

dependencies {
    ...생략
//QueryDSL
    implementation "com.querydsl:querydsl-jpa:${queryDslVersion}:jakarta"

    annotationProcessor(
            "jakarta.persistence:jakarta.persistence-api",
            "jakarta.annotation:jakarta.annotation-api",
            "com.querydsl:querydsl-apt:${queryDslVersion}:jakarta"
    )

}
...생략
```

우선 Gradle 메뉴에서 compileJava를 실행해서 Q도메인 클래스들이 생성되도록 합니다.

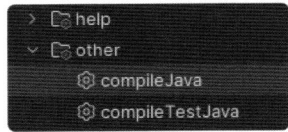

ProductSearchImpl의 list( )를 구현합니다.

```
package org.zerock.ex3.product.repository.search;

import com.querydsl.jpa.JPQLQuery;
import org.springframework.data.domain.Page;
import org.springframework.data.domain.Pageable;
import org.springframework.data.jpa.repository.support.
QuerydslRepositorySupport;
```

```
import org.zerock.ex3.product.dto.ProductListDTO;
import org.zerock.ex3.product.entity.ProductEntity;
import org.zerock.ex3.product.entity.QProductEntity;
import org.zerock.ex3.product.entity.QProductImage;

public class ProductSearchImpl extends QuerydslRepositorySupport
implements ProductSearch{

  public ProductSearchImpl() {
    super(ProductEntity.class);
  }

  @Override
  public Page<ProductListDTO> list(Pageable pageable) {

    QProductEntity productEntity = QProductEntity.productEntity;
    QProductImage productImage = QProductImage.productImage;

    JPQLQuery<ProductEntity> query = from(productEntity);
    query.leftJoin(productEntity.images, productImage);

    //where productImage.idx = 0
    query.where(productImage.idx.eq(0));

    this.getQuerydsl().applyPagination(pageable, query);

    query.fetch();

    query.fetchCount();


    return null;
  }

}
```

아직 최종 결과를 만든 것은 아니지만, 테스트는 가능하므로 테스트 코드를 작성해서 실행해 봅니다.

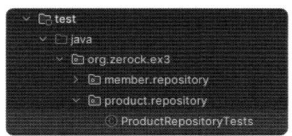

```java
@Test
public void testList() {

  org.springframework.data.domain.Pageable pageable
        = PageRequest.of(0, 10, Sort.by("pno").descending());

  productRepoistory.list(pageable);
}
```

테스트 코드를 실행해 보면 조인 처리가 이루어진 것을 확인할 수 있습니다. 실행되는 select에서 중요한 부분은 마지막에 있는 limit 처리가 이루어지면서 데이터베이스 내에서 적절하게 페이징 처리가 되고 있다는 점입니다.

```
Hibernate:
    select
        pe1_0.pno,
        pe1_0.content,
        pe1_0.join_date,
        pe1_0.modified_date,
        pe1_0.pname,
        pe1_0.price,
        pe1_0.writer
    from
        tbl_products pe1_0
    left join
        tbl_product_images i1_0
            on pe1_0.pno=i1_0.pno
    where
        i1_0.idx=?
    order by
        pe1_0.pno desc
    limit
        ?, ?
```

```
Hibernate:
    select
        count(pe1_0.pno)
    from
        tbl_products pe1_0
    left join
        tbl_product_images i1_0
            on pe1_0.pno=i1_0.pno
    where
        i1_0.idx=?
```

select문이 정상적으로 실행되었다면 최종적으로 Projections를 이용해서 ProductList DTO를 구성합니다. ProductSearchImpl의 list( )는 아래와 같이 작성됩니다.

```java
package org.zerock.ex3.product.repository.search;

import com.querydsl.core.types.Projections;
import com.querydsl.jpa.JPQLQuery;
import org.springframework.data.domain.Page;
import org.springframework.data.domain.PageImpl;
import org.springframework.data.domain.Pageable;
import org.springframework.data.jpa.repository.support.
QuerydslRepositorySupport;
import org.zerock.ex3.product.dto.ProductListDTO;
```

```java
import org.zerock.ex3.product.entity.ProductEntity;
import org.zerock.ex3.product.entity.QProductEntity;
import org.zerock.ex3.product.entity.QProductImage;

public class ProductSearchImpl extends QuerydslRepositorySupport
implements ProductSearch{

  public ProductSearchImpl() {
    super(ProductEntity.class);
  }

  @Override
  public Page<ProductListDTO> list(Pageable pageable) {

    QProductEntity productEntity = QProductEntity.productEntity;
    QProductImage productImage = QProductImage.productImage;

    JPQLQuery<ProductEntity> query = from(productEntity);
    query.leftJoin(productEntity.images, productImage);

    //where productImage.idx = 0
    query.where(productImage.idx.eq(0));

    //Long pno, String pname, int price, String writer, String productImage
    JPQLQuery<ProductListDTO> dtojpqlQuery = query.select(Projections.bean(ProductListDTO.class,
            productEntity.pno,
            productEntity.pname,
            productEntity.price,
            productEntity.writer,
            productImage.fileName.as("productImage")));

    this.getQuerydsl().applyPagination(pageable, dtojpqlQuery);

    java.util.List<ProductListDTO> dtoList = dtojpqlQuery.fetch();

    long count = dtojpqlQuery.fetchCount();

    return new PageImpl<>(dtoList, pageable, count);
  }

}
```

테스트 코드에서는 출력 부분을 추가해서 결과를 확인합니다.

```java
@Test
public void testList() {

  org.springframework.data.domain.Pageable pageable
          = PageRequest.of(0, 10, Sort.by("pno").descending());

  Page<ProductListDTO> result = productRepoistory.list(pageable);

  result.getContent().forEach(productListDTO -> {
    System.out.println(productListDTO);
  });

}
```

테스트 결과에는 상품의 이미지 파일의 이름도 같이 출력되는 것을 확인할 수 있습니다.

```
ProductListDTO(pno=50, pname=50_새로운 상품, price=5000, writer=user00, productImage=50_test1.jpg)
ProductListDTO(pno=49, pname=49_새로운 상품, price=5000, writer=user00, productImage=49_test1.jpg)
ProductListDTO(pno=48, pname=48_새로운 상품, price=5000, writer=user00, productImage=48_test1.jpg)
ProductListDTO(pno=47, pname=47_새로운 상품, price=5000, writer=user00, productImage=47_test1.jpg)
ProductListDTO(pno=46, pname=46_새로운 상품, price=5000, writer=user00, productImage=46_test1.jpg)
ProductListDTO(pno=45, pname=45_새로운 상품, price=5000, writer=user00, productImage=45_test1.jpg)
ProductListDTO(pno=44, pname=44_새로운 상품, price=5000, writer=user00, productImage=44_test1.jpg)
ProductListDTO(pno=43, pname=43_새로운 상품, price=5000, writer=user00, productImage=43_test1.jpg)
ProductListDTO(pno=42, pname=42_새로운 상품, price=5000, writer=user00, productImage=42_test1.jpg)
ProductListDTO(pno=41, pname=41_새로운 상품, price=5000, writer=user00, productImage=41_test1.jpg)
```

N+1 문제

대부분의 목록 화면에서는 상품 이미지는 하나만 존재하면 문제가 되지 않지만, 간혹 상품의 모든 이미지를 가져오고 싶은 경우가 있습니다. 이런 경우에는 N+1 문제가 발생하므로 주의해야 합니다.

ProductSearch 인터페이스에 listWithAllImages( ) 기능을 추가합니다.

```java
package org.zerock.ex3.product.repository.search;

import org.springframework.data.domain.Page;
import org.springframework.data.domain.Pageable;
import org.zerock.ex3.product.dto.ProductDTO;
import org.zerock.ex3.product.dto.ProductListDTO;
```

```java
public interface ProductSearch {

    Page<ProductListDTO> list(Pageable pageable);

    Page<ProductDTO> listWithAllImages(Pageable pageable);
}
```

PageSearchImpl에서의 구현은 아래와 같이 작성합니다.

```java
@Override
public Page<ProductDTO> listWithAllImages(Pageable pageable) {

    QProductEntity productEntity = QProductEntity.productEntity;

    JPQLQuery<ProductEntity> query = from(productEntity);

    this.getQuerydsl().applyPagination(pageable, query);

    query.fetch();

    long count = query.fetchCount();

    return null;
}
```

listWithAllImages( )에서는 QProductImage 관련 부분은 하나도 없이 QProductEntity 만으로 구성되어 있습니다.

아직 반환 값이 null이긴 하지만, 테스트 코드는 아래와 같이 작성할 수 있습니다. 테스트 메서드의 선언부에 @Transactional이 추가되는 점을 주의합니다.

```java
@Transactional
@Test
public void testListWithAllImages() {

    Pageable pageable = PageRequest.of(0, 10, Sort.by("pno").descending());

    Page<ProductDTO> result = productRepoistory.listWithAllImages(pageable);
}
```

테스트 코드를 실행하면 tbl_products 테이블에 대한 select가 limit와 함께 이루어집니다.

```
Hibernate:
    select
        pe1_0.pno,
        pe1_0.content,
        pe1_0.join_date,
        pe1_0.modified_date,
        pe1_0.pname,
        pe1_0.price,
        pe1_0.writer
    from
        tbl_products pe1_0
    order by
        pe1_0.pno desc
    limit
        ?, ?

Hibernate:
    select
        count(pe1_0.pno)
    from
        tbl_products pe1_0
```

아직 ProductImage에 대한 부분이 없으므로 메서드 내에서 이를 출력해 봅니다.

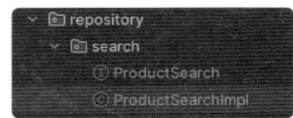

```java
@Override
public Page<ProductDTO> listWithAllImages(Pageable pageable) {

    QProductEntity productEntity = QProductEntity.productEntity;

    JPQLQuery<ProductEntity> query = from(productEntity);

    this.getQuerydsl().applyPagination(pageable, query);

    List<ProductEntity> entityList = query.fetch();

    long count = query.fetchCount();

    for(ProductEntity entity : entityList){
        System.out.println(entity);
        System.out.println(entity.getImages());
        System.out.println("-------------------------------");
    }

    return null;
}
```

변경된 코드는 listWithAllImages( )의 내부에서 상품과 상품의 이미지들을 출력하는 방식입니다. 테스트 코드를 통해서 실행하면 예상하지 못한 결과가 발생하게 됩니다.

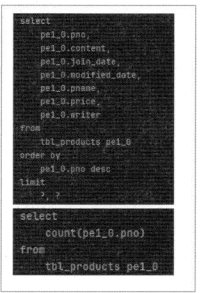 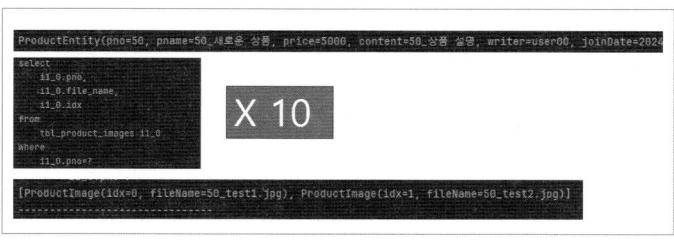

우선 페이징 처리를 위해서 왼쪽의 select와 count 관련 쿼리가 실행됩니다. 그리고 출력하는 과정에서 ProductEntity를 출력하는데 ProductImage들을 가져오기 위해서 tlb_product_images 테이블을 매번 하나씩 select를 실행하게 됩니다. JPA에서는 이처럼 한 번에 N개의 엔티티를 조회하고 각 엔티티 객체마다 추가적인 쿼리가 실행되는 상황을 'N+1'이라고 표현합니다.

'N+1'이 발생하면 한 번만 여러 개의 추가적인 쿼리가 실행되어야 하기 때문에 성능면에서 큰 문제가 됩니다. 이를 해결하기 위해서는 페치 조인(fetch join)를 이용하거나 @EntityGraph, @BatchSize를 이용합니다.

@BatchSize

@BatchSize는 관련 엔티티나 값 객체들을 한 번에 IN으로 처리합니다. @BatchSize에는 size 속성을 지정해서 한 번에 몇 개의 데이터를 IN(?,?)와 같은 형식으로 만들지를 지정합니다.

ProductEntity에 @BatchSize를 지정해 봅니다.

```
@ElementCollection(fetch = FetchType.LAZY)
@CollectionTable(name = "tbl_product_images", joinColumns = @
JoinColumn(name = "pno"))
@Builder.Default
@BatchSize(size = 100)
private SortedSet<ProductImage> images = new TreeSet<>();
```

ProductEntity의 images에는 @BatchSize의 size는 100으로 지정했습니다(IN (?,?,?)에 들어가는 ?의 개수, 일반적으로 한 페이지 내에 출력되는 데이터의 수에 맞게 지정합니다.).

ProductEntity를 수정한 후에 테스트 코드를 실행하면 매번 쿼리가 실행되었던 부분이 달라집니다.

페이징 처리를 위해서 limit와 count 관련 쿼리가 실행되는 부분은 동일합니다(화면 왼쪽). 이전과 달라진 점은 매번 select가 일어나는 대신에 한 번에 IN으로 처리된 select가 실행되고 이후에 추가적인 실행이 없다는 점입니다(@BatchSize의 size를 100으로 지정한 것은 화면에서 한 페이지당 최대 100개까지 출력한다고 가정한 것입니다.).

@BatchSize를 이용하면 페이징 처리는 그대로 사용할 수 있다는 장점이 있지만, 추가적으로 한 번의 쿼리가 실행되어야 한다는 점은 단점이 될 수 있습니다. 또한, @BatchSize를 사용하면 Projections를 사용할 수 없으므로 DTO로 변환하는 부분은 직접 처리해야 합니다.

ProductSearchImpl을 아래와 같이 수정합니다.

```java
@Override
    public Page<ProductDTO> listWithAllImages(Pageable pageable) {

        QProductEntity productEntity = QProductEntity.productEntity;

        JPQLQuery<ProductEntity> query = from(productEntity);

        this.getQuerydsl().applyPagination(pageable, query);

        List<ProductEntity> entityList = query.fetch();

        long count = query.fetchCount();

        List<ProductDTO> dtoList = entityList.stream().map(ProductDTO::new).toList();

        return new PageImpl<>(dtoList, pageable, count);
    }
```

테스트 코드에서는 이미지까지 모두 출력되는지 확인합니다.

```java
@Transactional
@Test
public void testListWithAllImages() {

    Pageable pageable = PageRequest.of(0, 10, Sort.by("pno").descending());

    Page<ProductDTO> result = productRepoistory.listWithAllImages(pageable);

    result.getContent().forEach(productDTO -> {
        System.out.println(productDTO);
    });

}
```

```
ProductDTO(pno=50, pname=50_새로운 상품, price=5000, content=50_상품 설명, writer=user00, imageList=[50_test1.jpg, 50_test2.jpg])
ProductDTO(pno=49, pname=49_새로운 상품, price=5000, content=49_상품 설명, writer=user00, imageList=[49_test1.jpg, 49_test2.jpg])
ProductDTO(pno=48, pname=48_새로운 상품, price=5000, content=48_상품 설명, writer=user00, imageList=[48_test1.jpg, 48_test2.jpg])
ProductDTO(pno=47, pname=47_새로운 상품, price=5000, content=47_상품 설명, writer=user00, imageList=[47_test1.jpg, 47_test2.jpg])
ProductDTO(pno=46, pname=46_새로운 상품, price=5000, content=46_상품 설명, writer=user00, imageList=[46_test1.jpg, 46_test2.jpg])
ProductDTO(pno=45, pname=45_새로운 상품, price=5000, content=45_상품 설명, writer=user00, imageList=[45_test1.jpg, 45_test2.jpg])
ProductDTO(pno=44, pname=44_새로운 상품, price=5000, content=44_상품 설명, writer=user00, imageList=[44_test1.jpg, 44_test2.jpg])
ProductDTO(pno=43, pname=43_새로운 상품, price=5000, content=43_상품 설명, writer=user00, imageList=[43_test1.jpg, 43_test2.jpg])
ProductDTO(pno=42, pname=42_새로운 상품, price=5000, content=42_상품 설명, writer=user00, imageList=[42_test1.jpg, 42_test2.jpg])
ProductDTO(pno=41, pname=41_새로운 상품, price=5000, content=41_상품 설명, writer=user00, imageList=[41_test1.jpg, 41_test2.jpg])
```

페치 조인

'N+1' 문제를 해결하는 또다른 방법은 페치 조인(fetch join)을 이용하는 것입니다. ProductSearch에 listFetchAllImages( )를 추가해 봅니다.

```java
package org.zerock.ex3.product.repository.search;

import org.springframework.data.domain.Page;
import org.springframework.data.domain.Pageable;
import org.zerock.ex3.product.dto.ProductDTO;
import org.zerock.ex3.product.dto.ProductListDTO;

public interface ProductSearch {

    Page<ProductListDTO> list(Pageable pageable);

    Page<ProductDTO> listWithAllImages(Pageable pageable);

    Page<ProductDTO> listFetchAllImages(Pageable pageable);
}
```

PageSearchImpl의 구현은 아래와 같습니다.

```java
@Override
public Page<ProductDTO> listFetchAllImages(Pageable pageable) {

    QProductEntity productEntity = QProductEntity.productEntity;
    QProductImage productImage = QProductImage.productImage;

    JPQLQuery<ProductEntity> query = from(productEntity);
    query.leftJoin(productEntity.images, productImage).fetchJoin();

    this.getQuerydsl().applyPagination(pageable, query);

    List<ProductEntity> entityList = query.fetch();

    long count = query.fetchCount();

    for (ProductEntity entity : entityList) {
        System.out.println(entity);
        System.out.println(entity.getImages());
        System.out.println("-------------------------------");
    }

    return null;
}
```

기존의 코드와 달라진 점은 다음과 같습니다.

- leftJoin( ) 뒤에 fetchJoin( )이 실행되는 부분
- 기존에 있었던 groupBy( )가 없음
- where 조건으로 idx = 0이 없음

테스트 코드를 작성해서 listFetchAllImages( )를 실행합니다.

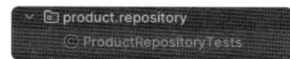

```
@Test
public void testListFetchAllImages() {

    Pageable pageable = PageRequest.of(0, 10, Sort.by("pno").descending());

    Page<ProductDTO> result = productRepoistory.listFetchAllImages(pageable);
}
```

테스트 코드를 실행하면 다음과 같은 결과가 발생합니다.

실행 결과를 보면 @BatchSize와 같이 추가적인 쿼리가 실행되지 않았다는 점에서 좋아 보일 수 있습니다. 하지만, 자세히 살펴보면 마지막에 있었던 'limit ?,?' 부분이 없어서 페이징 처리가 되지 않은 것을 알 수 있습니다.

페이징 처리가 안 된 이유는 tbl_products와 tbl_product_images 테이블을 조인해서 결과를 가져오는데 하나의 상품에 몇 개의 이미지가 있는지 알 수 없기 때문에 페이징 처리를 하지 못하고 테이블 전체에 대해서 조인 처리된 결과를 이용할 수밖에 없습니다.

테스트 코드의 실행 과정을 살펴보면 select문이 실행되기 전에 아래와 같은 메시지가 출력되는 것을 볼 수 있습니다.

```
: Hibernate is in classpath; If applicable, HQL parser will be used.
: Started ProductRepositoryTests in 2.574 seconds (process running for 3.391)
: HHH90003004: firstResult/maxResults specified with collection fetch; applying in memory
```

> **NOTE: 메모리상에서 페이징 처리가 되면 안되는 이유 by ChatGPT**
>
> JPA를 사용하여 데이터베이스에서 데이터를 가져올 때 firstResult와 maxResults를 설정하면, 결과 집합에서 특정 범위의 데이터를 페이징 처리할 수 있습니다. 그러나 특정 경우에는 이러한 페이징 처리가 데이터베이스 레벨이 아니라 애플리케이션 메모리에서 수행되는 문제가 발생할 수 있습니다. 이와 관련된 경고 메시지로 "firstResult/maxResults specified with collection fetch; applying in memory"가 나타날 수 있습니다.
>
> 의미: 이 경고 메시지는 JPA 쿼리가 컬렉션 페치(Fetch)를 포함하고 있을 때, 페이징 처리가 데이터베이스에서 직접 수행되지 않고, 메모리 내에서 처리된다는 것을 의미합니다. 이는 일반적으로 다음과 같은 상황에서 발생합니다:
>
> - 컬렉션 페치 조인 사용: 엔티티와 연관된 컬렉션을 한 번에 페치하기 위해 JOIN FETCH를 사용할 때.
> - 페이징 처리: setFirstResult와 setMaxResults를 사용하여 페이징을 시도할 때.

문제점

메모리 내에서 페이징을 처리할 경우 다음과 같은 문제가 발생할 수 있습니다:

성능 저하: 데이터베이스에서 모든 결과를 가져온 후 메모리에서 페이징을 처리하기 때문에, 불필요하게 많은 데이터를 메모리로 로드하게 됩니다. 이는 메모리 사용량 증가와 함께 성능 저하를 초래할 수 있습니다.

확장성 문제: 대량의 데이터를 처리하는 경우, 메모리 내 페이징은 심각한 확장성 문제를 야기할 수 있습니다.

해결 방법

이 문제를 해결하기 위해서는 몇 가지 접근 방법이 있습니다:

- 컬렉션 페치를 피하고 필요한 데이터만 쿼리: 연관된 컬렉션을 한 번에 페치하지 않고, 필요할 때마다 별도의 쿼리를 통해 가져오는 방법입니다. 이를 통해 페이징 처리를 직접 데이터베이스에서 수행할 수 있습니다. 데이터의 양이 적은 경우에는 페이징 처리가 없는 것이 크게 문제가 되지 않겠지만, 데이터가 많아질수록 성능의 저하가 발생할 수 있으므로 주의해야 합니다.

- 배치 페치(Batch Fetching) 사용: JPA의 배치 페치 기능을 사용하여 연관된 컬렉션을 효율적으로 페치할 수 있습니다. 이를 통해 데이터베이스 레벨에서 페이징 처리와 함께 연관 데이터를 가져올 수 있습니다.

- 데이터 전송량 제한: 필요한 데이터만 선택적으로 가져오기 위해서 JPQL이나 Criteria API를 사용하여 필요한 필드만 선택적으로 가져오는 것도 하나의 방법입니다.

경고 메시지 "firstResult/maxResults specified with collection fetch; applying in memory"는 페이징 처리가 메모리에서 수행됨으로 인해 발생하는 성능 문제를 경고하는 메시지입니다. 이를 해결하기 위해 컬렉션 페치를 피하거나 배치 페칭과 같은 다른 기술을 활용하여 데이터베이스 레벨에서 페이징 처리가 수행되도록 하는 것이 좋습니다.

페치 조인의 결과를 DTO로 변경해 봅니다.

```
@Override
public Page<ProductDTO> listFetchAllImages(Pageable pageable) {

    QProductEntity productEntity = QProductEntity.productEntity;
    QProductImage productImage = QProductImage.productImage;

    JPQLQuery<ProductEntity> query = from(productEntity);
    query.leftJoin(productEntity.images, productImage).fetchJoin();

    this.getQuerydsl().applyPagination(pageable, query);

    List<ProductEntity> entityList = query.fetch();

    List<ProductDTO> dtoList = entityList.stream().map(ProductDTO::new).toList();

    long count = query.fetchCount();

    return new PageImpl<>(dtoList, pageable, count);
}
```

@BatchSize를 이용했을 경우에는 Projections를 사용할 수 없었지만, 페치 조인은 이용할 수 있습니다(하지만, 앞에서 언급했듯이 가능하면 페치 조인을 사용하지 않는 방식을 우선시하는 것이 좋습니다.).

테스트 코드에서는 ProductDTO들을 출력해 봅니다.

```
@Test
public void testListFetchAllImages() {

    Pageable pageable = PageRequest.of(0, 10, Sort.by("pno").descending());

    Page<ProductDTO> result = productRepoistory.listFetchAllImages(pageable);
```

```
    for (ProductDTO productDTO : result.getContent()) {
        System.out.println(productDTO);
    }
}
```

실행 결과는 이전과 동일하게 모든 상품 이미지까지 같이 가져옵니다.

```
ProductDTO(pno=50, pname=50_새로운 상품, price=5000, content=50_상품 설명, writer=user00, imageList=[50_test1.jpg, 50_test2.jpg])
ProductDTO(pno=49, pname=49_새로운 상품, price=5000, content=49_상품 설명, writer=user00, imageList=[49_test1.jpg, 49_test2.jpg])
ProductDTO(pno=48, pname=48_새로운 상품, price=5000, content=48_상품 설명, writer=user00, imageList=[48_test1.jpg, 48_test2.jpg])
ProductDTO(pno=47, pname=47_새로운 상품, price=5000, content=47_상품 설명, writer=user00, imageList=[47_test1.jpg, 47_test2.jpg])
ProductDTO(pno=46, pname=46_새로운 상품, price=5000, content=46_상품 설명, writer=user00, imageList=[46_test1.jpg, 46_test2.jpg])
ProductDTO(pno=45, pname=45_새로운 상품, price=5000, content=45_상품 설명, writer=user00, imageList=[45_test1.jpg, 45_test2.jpg])
ProductDTO(pno=44, pname=44_새로운 상품, price=5000, content=44_상품 설명, writer=user00, imageList=[44_test1.jpg, 44_test2.jpg])
ProductDTO(pno=43, pname=43_새로운 상품, price=5000, content=43_상품 설명, writer=user00, imageList=[43_test1.jpg, 43_test2.jpg])
ProductDTO(pno=42, pname=42_새로운 상품, price=5000, content=42_상품 설명, writer=user00, imageList=[42_test1.jpg, 42_test2.jpg])
ProductDTO(pno=41, pname=41_새로운 상품, price=5000, content=41_상품 설명, writer=user00, imageList=[41_test1.jpg, 41_test2.jpg])
```

검색이 없는 경우의 페치 조인

만일 검색을 다루지 않았다면, @Query에서 페치 조인을 다루면 간단히 상품과 상품 이미지들을 조회할 수 있습니다.

```
public interface ProductRepository extends JpaRepository<ProductEntity,
Long>, ProductSearch {

    ...생략

    @Query("select p from ProductEntity p join fetch  p.images pi ")
    Page<ProductDTO> listQuery(Pageable pageable);
}
```

JPQL을 이용할 때는 'join fetch'를 이용해서 구현할 수 있습니다. 테스트 코드를 통해서 실행해 보면 아래와 같은 쿼리가 실행됩니다.(마찬가지로 limit를 이용한 페이징 처리가 없음).

```
select
    pe1_0.pno,
    pe1_0.content,
    i1_0.pno,
    i1_0.file_name,
    i1_0.idx,
    pe1_0.join_date,
    pe1_0.modified_date,
    pe1_0.pname,
    pe1_0.price,
    pe1_0.writer
from
    tbl_products pe1_0
join
    tbl_product_images i1_0
        on pe1_0.pno=i1_0.pno
order by
    pe1_0.pno desc
```

```
select
    count(pe1_0.pno)
from
    tbl_products pe1_0
join
    tbl_product_images i1_0
        on pe1_0.pno=i1_0.pno
```

NOTE: 페이징 처리가 중요한 이유 by ChatGPT

1. 메모리 사용량 증가
페이징 처리가 이루어지지 않으면, 데이터베이스에서 가져오는 데이터의 양이 많아지게 됩니다. 이로 인해 애플리케이션이 한 번에 메모리로 로드해야 하는 데이터 양이 증가하여, 메모리 부족 문제나 OutOfMemoryError가 발생할 수 있습니다. 특히 대규모 데이터를 처리할 때 이러한 문제가 더 두드러집니다.

2. 성능 저하
페치 조인으로 인해 많은 양의 데이터를 한 번에 가져오게 되면 네트워크 트래픽과 데이터베이스의 부하가 증가하여 성능이 저하될 수 있습니다. 쿼리 실행 시간이 길어지고 응답 시간이 느려지며, 전체 애플리케이션의 성능이 저하될 수 있습니다.

3. 데이터 중복 문제
페치 조인으로 인해 주 엔터티와 연관된 엔터티의 조합으로 인해 중복된 데이터가 결과 집합에 포함될 수 있습니다. 예를 들어, 주 엔터티 A가 연관 엔터티 B와 1:N 관계를 가질 때, A의 각 행이 B의 여러 행과 조인되면 A의 데이터가 중복되어 나타날 수 있습니다. 이렇게 중복된 데이터를 기준으로 페이징을 처리하면, 중복된 행들이 페이징에 영향을 미쳐 예상치 못한 결과를 초래할 수 있습니다.

4. 예기치 않은 페이징 결과
페이징 처리를 위해 LIMIT와 OFFSET을 사용하면, 데이터베이스 레벨에서 주 엔터티가 아닌 조인된 엔터티를 기준으로 페이징이 이루어질 수 있습니다. 이로 인해 사용자가 기대하는 페이지별 데이터와 실제로 반환되는 데이터가 일치하지 않게 됩니다. 이는 특히 사용자가 특정 페이지에서 일관된 데이터를 기대할 때 문제가 됩니다.

이 밖에 @ElementCollection이 있긴 하지만, 어노테이션은 Querydsl에는 적용이 불가합니다. 개인적으로는 한 번의 쿼리가 더 실행되더라도 @BatchSize는 페이징 처리가 가능하므로 이를 이용하는 것이 낫다고 생각합니다.

7.4 상품 관련 서비스와 예외 설계

상품과 관련해서도 미리 예외를 설계해 두고 개발하는 것이 좋습니다. 상품의 등록 과정에서 데이터베이스 쪽에서 예외가 발생할 수도 있고, 조회 시에는 해당 번호의 상품이 존재하지 않을 수도 있습니다. 이러한 예외들을 exception 패키지를 추가해서 관리합니다.

7.4.1 상품 관련 예외 설계

exception 패키지에는 상품 관련해서 발생하는 예외를 ProductTaskException이라고 정의하고 미리 몇 개의 ProductTaskException들을 enum으로 만들어서 관리합니다.

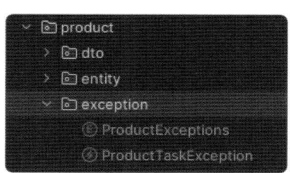

```java
package org.zerock.ex3.product.exception;

import lombok.Getter;
import lombok.ToString;

@Getter
@ToString
public class ProductTaskException extends RuntimeException {

    private int code;
    private String message;

    public ProductTaskException(String message, int code) {
        super(message);
        this.message = message;
        this.code = code;
    }
}
```

```java
package org.zerock.ex3.product.exception;

public enum ProductExceptions {

    PRODUCT_NOT_FOUND("Product Not Found", 404),
    PRODUCT_NOT_REGISTERED("Product Not Registered", 400),
    PRODUCT_NOT_MODIFIED("Product Not Modified", 400),
    PRODUCT_NOT_REMOVED("Product Not Removed", 400),
    PRODUCT_NOT_FETCHED("Product Not Fetched", 400);

    private ProductTaskException productTaskException;

    ProductExceptions(String message, int code) {
        this.productTaskException = new ProductTaskException(message, code);
    }

    public ProductTaskException get() {
        return productTaskException;
    }
}
```

7.4.2 상품 서비스 개발

JPA에 대한 처리가 어느 정도 완성되었다면 ProductService를 이용해서 API 서버가 제공해야 하는 기능들을 작성합니다. API 서버에서 요구되는 기능은 상품 등록, 수정, 삭제, 조회, 목록 처리 기능들이라고 가정하고 이를 개발하도록 합니다.

service 패키지를 작성하고 ProductService 클래스를 추가합니다.

```
package org.zerock.ex3.product.service;

import lombok.RequiredArgsConstructor;
import lombok.extern.log4j.Log4j2;
import org.springframework.stereotype.Service;
import org.springframework.transaction.annotation.Transactional;
import org.zerock.ex3.product.repository.ProductRepository;

@Service
@Log4j2
@RequiredArgsConstructor
@Transactional
public class ProductService {

    private final ProductRepository productRepository;

}
```

ProductRepository를 개발하면서 필요한 기능들의 처리가 어느 정도 되었기 때문에 ProductService에서는 예외 처리 등에 신경 써서 개발합니다.

상품 등록

앞에서 기능들을 개발하면서 상품의 조회나 목록은 처리되었지만, API 서버의 호출로 전달되는 새로운 상품의 정보는 앞에서 만든 ProductDTO를 이용하거나 별도의 DTO를 구성해서 처리할 수 있습니다. 예제에서는 기존의 ProductDTO를 수정해서 ProductEntity로 변환하거나, 컨트롤러에서 사용할 검증 관련된 어노테이션들을 추가합니다.

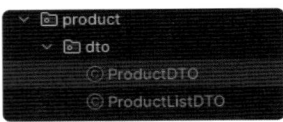

```java
package org.zerock.ex3.product.dto;

import jakarta.validation.constraints.Min;
import jakarta.validation.constraints.NotEmpty;
import lombok.Data;
import lombok.NoArgsConstructor;
import org.zerock.ex3.product.entity.ProductEntity;
import org.zerock.ex3.product.entity.ProductImage;

import java.util.List;
import java.util.stream.Collectors;

@Data
@NoArgsConstructor
public class ProductDTO {

    private Long pno;

    @NotEmpty
    private String pname;

    @Min(0)
    private int price;

    private String content;

    @NotEmpty
    private String writer;

    private List<String> imageList;

    public ProductDTO(ProductEntity productEntity) {
        this.pno = productEntity.getPno();
        this.pname = productEntity.getPname();
        this.price = productEntity.getPrice();
        this.content = productEntity.getContent();
        this.writer = productEntity.getWriter();
```

```
            this.imageList =
                    productEntity.getImages().stream()
                            .map(ProductImage::getFileName)
                            .collect(Collectors.toList());
        }

        public ProductEntity toEntity() {
            ProductEntity productEntity = ProductEntity.builder()
                    .pno(pno)
                    .pname(pname)
                    .price(price)
                    .content(content)
                    .writer(writer)
                    .build();

            if(imageList == null || imageList.isEmpty()) {
                return productEntity;
            }

            imageList.forEach(productEntity::addImage);

            return productEntity;
        }
    }
```

ProductService에 register( )를 추가합니다. register( )는 등록된 상품이 데이터베이스에 몇 번으로 만들어졌는지 등을 모두 반환하도록 ProductDTO를 리턴 타입으로 사용합니다.

```
package org.zerock.ex3.product.service;

import lombok.RequiredArgsConstructor;
import lombok.extern.log4j.Log4j2;
import org.springframework.stereotype.Service;
import org.springframework.transaction.annotation.Transactional;
import org.zerock.ex3.product.dto.ProductDTO;
import org.zerock.ex3.product.entity.ProductEntity;
import org.zerock.ex3.product.exception.ProductExceptions;
import org.zerock.ex3.product.repository.ProductRepository;

@Service
```

```
@Log4j2
@RequiredArgsConstructor
@Transactional
public class ProductService {

    private final ProductRepository productRepository;

    public ProductDTO register(ProductDTO productDTO) {
        try{
            log.info("register............");
            log.info(productDTO);

            ProductEntity productEntity = productDTO.toEntity();

            productRepository.save(productEntity);

            return new ProductDTO(productEntity);

        }catch(Exception e){
            log.error(e.getMessage());
            throw ProductExceptions.PRODUCT_NOT_REGISTERED.get();
        }//end catch
    }
}
```

상품 조회

상품 조회는 해당 번호의 상품이 존재하지 않는 상황이 발생할 수 있으므로 예외 처리가 필요합니다.

```
@Transactional(readOnly = true)
public ProductDTO read(Long pno){
    log.info("read............");
    log.info(pno);

    java.util.Optional<ProductEntity> result = productRepository.getProduct(pno);

    ProductEntity productEntity =
            result.orElseThrow(ProductExceptions.PRODUCT_NOT_FOUND::get);

    return new ProductDTO(productEntity);
}
```

상품 삭제

상품 삭제는 deleteById( ) 대신엔 ProductEntity를 찾아서 삭제하는 방식으로 처리합니다. 상품의 삭제는 상품이 존재하지 않을 때는 예외 처리로 하는 부분만 주의하면 어려운 부분은 없습니다.

```java
public void remove(Long pno){
    log.info("remove...........");
    log.info(pno);

    java.util.Optional<ProductEntity> result = productRepository.findById(pno);

    ProductEntity productEntity =
            result.orElseThrow(ProductExceptions.PRODUCT_NOT_FOUND::get);

    try{
        productRepository.delete(productEntity);
    }catch(Exception e){
        log.error(e.getMessage());
        throw ProductExceptions.PRODUCT_NOT_REMOVED.get();
    }//end catch

}
```

상품 수정

상품 수정에서 신경 쓰이는 것은 상품의 이미지입니다. 상품은 기존 상품의 이미지들이 중요한 것이 아니라 변경하려는 상품의 이미지들이 중요하기 때문에 기존 상품의 모든 이미지를 삭제(clear)한 후에 새로운 이미지들로 완전히 바꾸는 방식으로 합니다.

```java
public ProductDTO modify(ProductDTO productDTO){
    log.info("modify...........");
    log.info(productDTO);

    java.util.Optional<ProductEntity> result =
            productRepository.findById(productDTO.getPno());

    ProductEntity productEntity =
            result.orElseThrow(ProductExceptions.PRODUCT_NOT_FOUND::get);
```

```
        try{
            //상품 정보 수정
            productEntity.changePrice(productDTO.getPrice());
            productEntity.changeTitle(productDTO.getPname());

            //기존 이미지들 삭제
            productEntity.clearImages();

            //새로운 이미지들 추가
            java.util.List<String> fileNames = productDTO.getImageList();

            if(fileNames != null && !fileNames.isEmpty()){
                fileNames.forEach(productEntity::addImage);
            }

            productRepository.save(productEntity);

            return new ProductDTO(productEntity);

        }catch(Exception e) {
            log.error(e.getMessage());
            throw ProductExceptions.PRODUCT_NOT_MODIFIED.get();
        }//end catch

    }
```

상품목록

상품목록은 dto 패키지에 PageRequestDTO를 구성해서 사용합니다.

```
package org.zerock.ex3.product.dto;

import jakarta.validation.constraints.Max;
import jakarta.validation.constraints.Min;
import lombok.AllArgsConstructor;
import lombok.Builder;
import lombok.Data;
import lombok.NoArgsConstructor;
import org.springframework.data.domain.Pageable;
import org.springframework.data.domain.Sort;
```

```java
@Data
@Builder
@AllArgsConstructor
@NoArgsConstructor
public class PageRequestDTO {

    @Min(1)
    @Builder.Default
    private int page = 1;

    @Min(10)
    @Max(100)
    @Builder.Default
    private int size = 10;

    public Pageable getPageable( Sort sort) {

        return org.springframework.data.domain.PageRequest.of(page - 1, size, sort);
    }

}
```

ProductService에서는 파라미터로 PageRequestDTO를 이용해서 페이지 번호와 사이즈를 담아서 이용합니다.

```java
public Page<ProductListDTO> getList(PageRequestDTO pageRequestDTO){
    log.info("getList............");
    log.info(pageRequestDTO);

    try{

        Pageable pageable =
                pageRequestDTO.getPageable(Sort.by("pno").descending());

        return productRepository.list(pageable);

    }catch(Exception e){
        log.error(e.getMessage());
        throw ProductExceptions.PRODUCT_NOT_FETCHED.get();
    }//end catch

}
```

상품의 목록은 나중에 검색 조건을 추가하는 부분을 고려해야 합니다. 현재 ProductSearch에는 list( )라는 기능만이 존재하지만, 다양한 파라미터를 받도록 새로운 메서드를 추가할 수 있고, PageRequestDTO를 상속해서 키워드나 검색 타입 등을 지정할 수도 있도록 구성할 수 있습니다(앞에서 ProductListDTO 뿐 아니라 ProductDTO의 목록 처리 방법도 이용 가능합니다.).

7.5 상품 컨트롤러의 개발

상품 컨트롤러는 기본적으로 Access Token을 가진 사용자만이 사용할 수 있는 자원입니다. 예제에서는 수정이나 삭제 시에 상품을 등록한 사용자만이 상품을 수정/삭제할 수 있도록 시큐리티를 적용합니다.

controller 패키지를 추가하고 ProductController를 추가합니다.

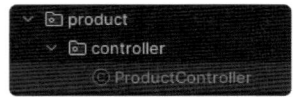

```java
package org.zerock.ex3.product.controller;


import lombok.RequiredArgsConstructor;
import lombok.extern.log4j.Log4j2;
import org.springframework.web.bind.annotation.RequestMapping;
import org.springframework.web.bind.annotation.RestController;
import org.zerock.ex3.product.service.ProductService;


@RestController
@Log4j2
@RequiredArgsConstructor
@RequestMapping("/api/v1/products")
public class ProductController {

    private final ProductService productService;

}
```

7.5.1 목록 처리와 확인

목록 처리는 PageRequestDTO를 이용해서 파라미터를 수집하고 Page〈ProductListDTO〉를 이용합니다. 예제에서는 현재 Access Token을 이용해서 사용자의 정보를 확인하기 위해서 java.security.Principal을 추가적인 파라미터로 확인해 봅니다.

```java
package org.zerock.ex3.product.controller;

import lombok.RequiredArgsConstructor;
import lombok.extern.log4j.Log4j2;
import org.springframework.data.domain.Page;
import org.springframework.http.ResponseEntity;
import org.springframework.validation.annotation.Validated;
import org.springframework.web.bind.annotation.GetMapping;
import org.springframework.web.bind.annotation.RequestMapping;
import org.springframework.web.bind.annotation.RestController;
import org.zerock.ex3.product.dto.PageRequestDTO;
import org.zerock.ex3.product.dto.ProductListDTO;
import org.zerock.ex3.product.service.ProductService;

import java.security.Principal;

@RestController
@Log4j2
@RequiredArgsConstructor
@RequestMapping("/api/v1/products")
public class ProductController {

    private final ProductService productService;

    @GetMapping("/list")
    public ResponseEntity<Page<ProductListDTO>> list(@Validated PageRequestDTO pageRequestDTO, Principal principal) {

        log.info(pageRequestDTO);
        log.info(principal.getName());

        return ResponseEntity.ok(productService.getList(pageRequestDTO));
    }
}
```

Postman을 이용할 때는 반드시 만료 기한이 지나지 않은 Access Token으로 확인합니다.

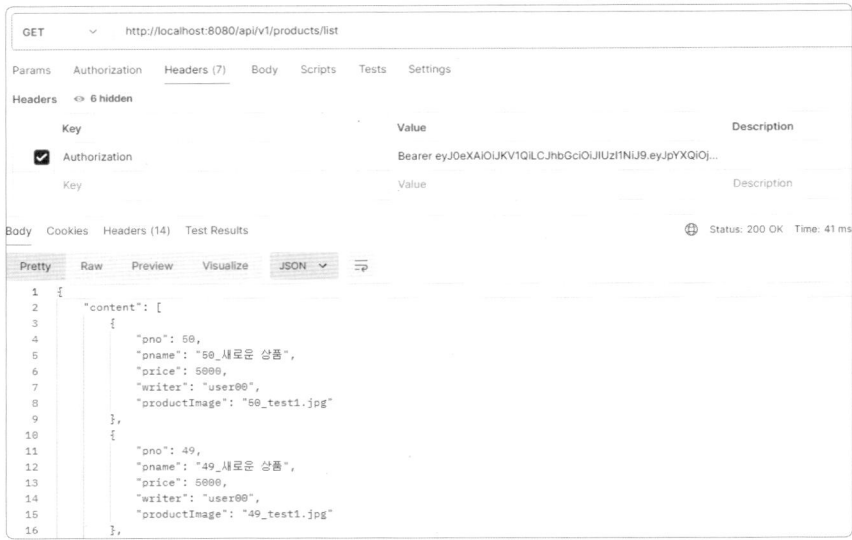

서버의 내부에서는 Principal을 이용해서 사용자의 아이디(mid)값을 확인할 수 있습니다.

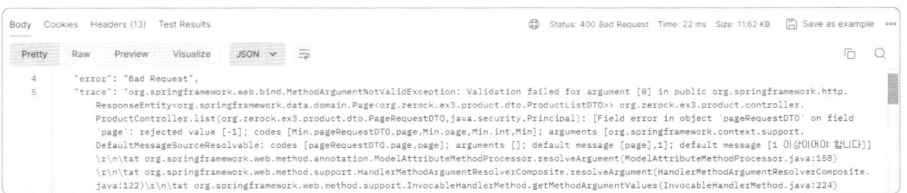

예외 처리

파라미터에는 @Validated가 적용되어 있으므로 잘못된 page, size값을 전달하면 문제가 생깁니다.

controller 패키지에 추가로 advice 패키지를 작성하고 ProductControllerAdvice 클래스를 작성합니다.

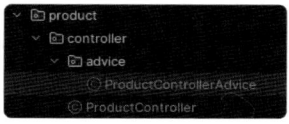

```
package org.zerock.ex3.product.controller.advice;

import lombok.extern.log4j.Log4j2;
import org.springframework.http.ResponseEntity;
import org.springframework.validation.ObjectError;
import org.springframework.web.bind.MethodArgumentNotValidException;
import org.springframework.web.bind.annotation.ExceptionHandler;
import org.springframework.web.bind.annotation.RestControllerAdvice;

import java.util.List;
import java.util.Map;
import java.util.stream.Collectors;

@RestControllerAdvice
@Log4j2
public class ProductControllerAdvice {

    @ExceptionHandler(MethodArgumentNotValidException.class)
    public ResponseEntity<Map<String, String>> handleMethodArgumentNotValidException(
            MethodArgumentNotValidException e) {

        log.error("handleMethodArgumentNotValidException............");
        log.error(e.getMessage());

        List<ObjectError> errors = e.getBindingResult().getAllErrors();
        String errorMessage = errors.stream()
                .map(ObjectError::getDefaultMessage)
                .collect(Collectors.joining(", "));

        return ResponseEntity.badRequest().body(Map.of("error", errorMessage));

    }

}
```

page값을 -1처럼 음수로 지정하면 다음과 같은 메시지와 400(Bad Request)이 발생합니다.

ProductControllerAdvice에는 앞으로 예외 발생 시에 사용하게 될 ProductTaskException에 대해서 처리도 같이 추가합니다.

```java
@ExceptionHandler(ProductTaskException.class)
public ResponseEntity<Map<String, String>>
handleProductTaskException(ProductTaskException e) {
    log.error("ProductTaskException............");
    log.error(e.getClass().getName());
    log.error(e.getMessage());

    int status = e.getCode();

    return ResponseEntity.status(status).body(Map.of("error",
e.getMessage()));
}
```

7.5.2 등록 처리

상품 등록은 이미지가 없는 경우를 반드시 체크해야 합니다(물론 이미지들은 앞에서 만든 파일 업로드의 결과를 반환된 업로드된 파일의 이름들입니다.).

ProductController에서 등록 과정에 필요한 이미지 파일들이 없는 경우와 writer의 값과 현재 Access Token을 통해 알아낸 사용자가 다른 경우를 예외 항목으로 추가합니다.

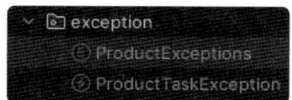

```
package org.zerock.ex3.product.exception;

public enum ProductExceptions {

    PRODUCT_NOT_FOUND("Product Not Found", 404),
    ...생략

    PRODUCT_NO_IMAGE("Product No Image", 400),
    PRODUCT_WRITER_ERROR("Product Writer Error", 403);

    ...생략
}
```

ProductExceptions에는 PRODUCT_NO_IMAGE와 PRODUCT_WRITER_ERROR가 추가되었습니다.

ProductController의 구현은 다음과 같습니다.

```
@PostMapping("")
public ResponseEntity<ProductDTO> register(
        @RequestBody @Validated ProductDTO productDTO, Principal principal) {

    log.info("register............");
    log.info(productDTO);

    if(productDTO.getImageList() == null || productDTO.getImageList().isEmpty()){
        throw ProductExceptions.PRODUCT_NO_IMAGE.get();
    }

    if(!principal.getName().equals(productDTO.getWriter())) {
        throw ProductExceptions.PRODUCT_WRITER_ERROR.get();
    }

    return ResponseEntity.ok(productService.register(productDTO));

}
```

테스트를 위해 'user22'를 이용해서 토큰을 생성하고 Authorization Header에 지정합니다.

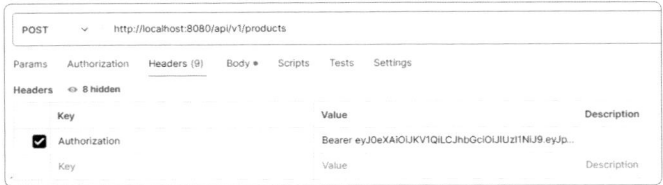

등록을 위한 JSON 데이터에 고의적으로 다른 사용자의 아이디를 적용해서 예외가 발생하도록 합니다. 현재 Access Token의 mid값은 'user22'지만 writer의 값을 'user55'로 지정해 봅니다.

호출 후 결과를 보면 403 에러와 'Product Writer Error'가 발생하는 것을 볼 수 있습니다.

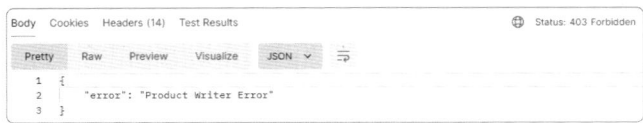

마찬가지로 이미지 파일이 없는 경우에도 예외 메시지가 전송됩니다.

정상적이라면 새로운 상품의 번호가 생성됩니다.

```
{
    "pno": 51,
    "pname": "테스트 상품",
    "price": 4000,
    "content": "새로운 상품 테스트",
    "writer": "user22",
    "imageList": [
        "test1.jpg",
        "test2.jpg"
    ]
}
```

7.5.3 상품 조회 처리

상품 조회는 해당 번호의 상품이 없을 경우에 ProductTaskException을 발생하도록 구성합니다. 이미 ProductService는 해당 번호의 상품이 없는 경우 예외를 발생하도록 되어 있으므로 ProductController에서는 별도의 예외 처리가 필요하지 않습니다.

```java
@GetMapping("/{pno}")
public ResponseEntity<ProductDTO> read(@PathVariable("pno") Long pno) {

    log.info("read...........");
    log.info(pno);

    ProductDTO productDTO = productService.read(pno);

    return ResponseEntity.ok(productDTO);
}
```

Access Token이 지정되고 존재하는 상품의 번호를 조회하는 경우에는 상품의 데이터가 출력됩니다.

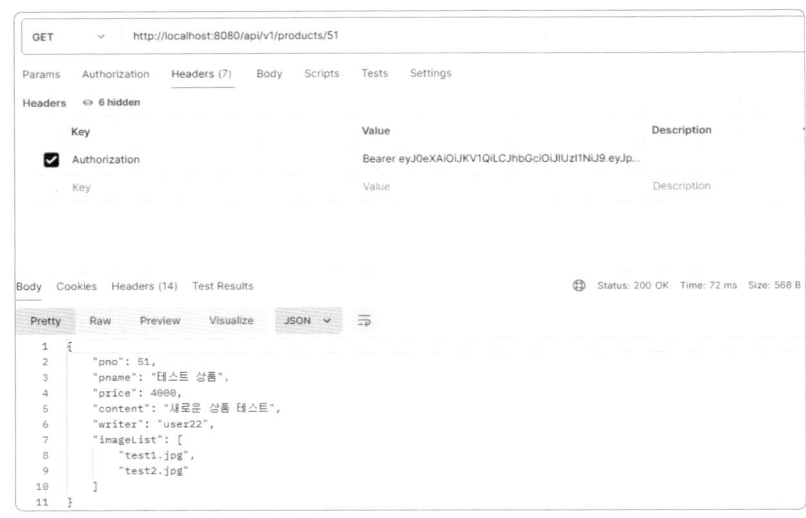

만일 Access Token은 문제없지만 존재하지 않는 상품의 번호를 조회하면 404(Not Found)와 'Product Not Found' 메시지가 전송됩니다.

7.5.4 상품 삭제

상품의 삭제는 상품을 등록한 사용자와 ADMIN 권한을 가진 사용자만 가능하도록 구성합니다. java.secruity.Principal의 경우 사용자의 mid값만을 알 수 있지만, org.springframework.security.core.Authentication을 이용하는 경우에는 권한 정보를 조회할 수 있습니다.

```java
@DeleteMapping("/{pno}")
public ResponseEntity<Map<String, String>> remove(@PathVariable("pno")
Long pno, Authentication authentication) {

    log.info("remove............");
    log.info(pno);
    log.info(authentication.getName());
    log.info(authentication.getAuthorities());

    ProductDTO productDTO =  productService.read(pno);

    if(!productDTO.getWriter().equals(authentication.getName())) {
        //현재 사용자의 권한
        Collection<? extends GrantedAuthority> authorities = authentication.getAuthorities();
        //ADMIN 권한이 없는 경우 예외 발생
        authorities.stream().filter(authority -> authority.getAuthority().equals("ROLE_ADMIN"))
                .findAny().orElseThrow(ProductExceptions.PRODUCT_WRITER_ERROR::get);
    }

    productService.remove(pno);

    return ResponseEntity.ok(Map.of("result","success"));
}
```

remove( )는 우선 현재 Access Token을 가진 사용자의 mid값과 상품의 writer가 같은지를 보고 하고, 그렇지 않은 경우에는 사용자가 ADMIN 권한이 있는지 추가로 확인합니다.

현재 tbl_products에 존재하는 2번 상품은 'user00'이라는 사용자가 작성한 것으로 처리되어 있습니다(user00은 더미값으로 실제 tbl_members 테이블에는 존재하지 않는 값입니다.).

user22의 Access Token으로 삭제를 시도하면 403(Forbidden) 상태 코드와 'Product Writer Error' 메시지가 생성됩니다.

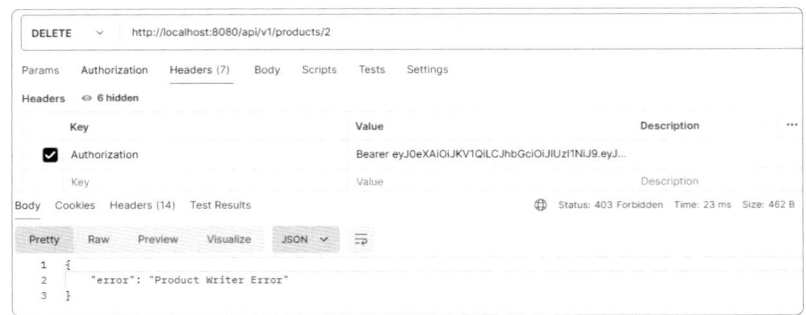

ADMIN 권한이 있는 사용자(user81 ~ user100)로 토큰을 생성합니다.

상품 삭제에 사용하는 Access Token을 생성한 값을 변경하고 테스트를 진행해 봅니다.

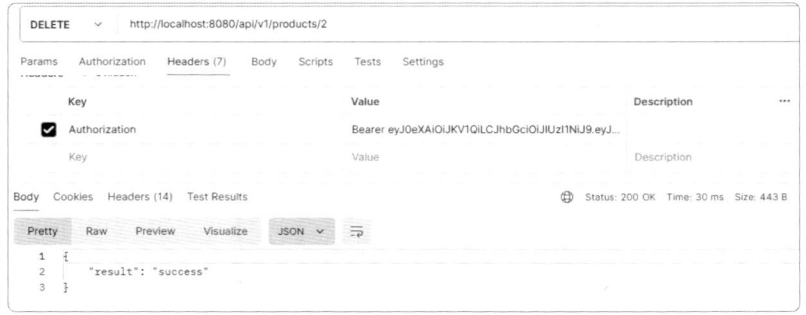

결과를 보면 상품의 작성자(writer)는 아니지만, 상품의 삭제가 가능한 것을 확인할 수 있습니다. 마지막으로 실제 데이터베이스에서도 삭제되었는지 확인합니다.

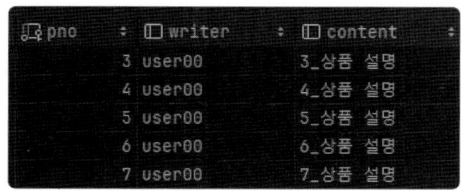

 실제 서비스 환경에서는 상품의 번호를 삭제하는 것은 위험한 일입니다. 상품의 번호는 PK일 것이고 다른 여러 테이블에서 FK로 사용되고 있기 때문에 상품이 삭제되면 관련된 모든 데이터가 삭제되어야만 합니다. 문제는 데이터가 삭제되기 때문에 이전의 데이터와 현재의 데이터가 안 맞게 된다는 것입니다. 때문에 테이블에서는 삭제되었다는 표시만 하는 방식을 많이 사용하는데 이를 소프트 삭제(Soft Delete)라고 합니다. 소프트 삭제는 특정한 칼럼의 삭제 여부를 의미하도록 지정하고 검색 시에 해당 칼럼의 값을 기준으로 검색을 수행하는 방식입니다.

7.5.5 상품 수정

상품 수정은 다음과 같은 사항들을 체크해야 합니다.

- @PathVariable로 전달된 값과 ProductDTO안의 pno값이 일치하는가?
- 수정하려는 상품 데이터에 이미지가 존재하는가?
- 상품의 작성자와 현재 Access Token의 사용자가 같은 사람인가?

```
@PutMapping("/{pno}")
public ResponseEntity<ProductDTO> modify(@PathVariable("pno") Long pno,
                                        @RequestBody @Validated
ProductDTO productDTO,
                                        Authentication authentication) {

    log.info("modify............");
    log.info(pno);
    log.info(productDTO);
    log.info(authentication.getName());

    if(!pno.equals(productDTO.getPno())){
```

```
    throw ProductExceptions.PRODUCT_NOT_FOUND.get();
  }

  if(productDTO.getImageList() == null || productDTO.getImageList().
isEmpty()){
    throw ProductExceptions.PRODUCT_NO_IMAGE.get();
  }

  if(!productDTO.getWriter().equals(authentication.getName())) {
    throw ProductExceptions.PRODUCT_WRITER_ERROR.get();
  }

  return ResponseEntity.ok(productService.modify(productDTO));
}
```

상품 수정 정보는 JSON으로 작성합니다. 올바른 Access Token을 지정하고 고의로 호출 경로의 상품 번호와 JSON 데이터의 상품 번호를 다르게 지정해 봅니다. 아래 그림은 주소 창에서는 51번 상품을 수정한다고 했지만, 상품 정보는 41번인 경우에 404(Not Found)가 전송됩니다.

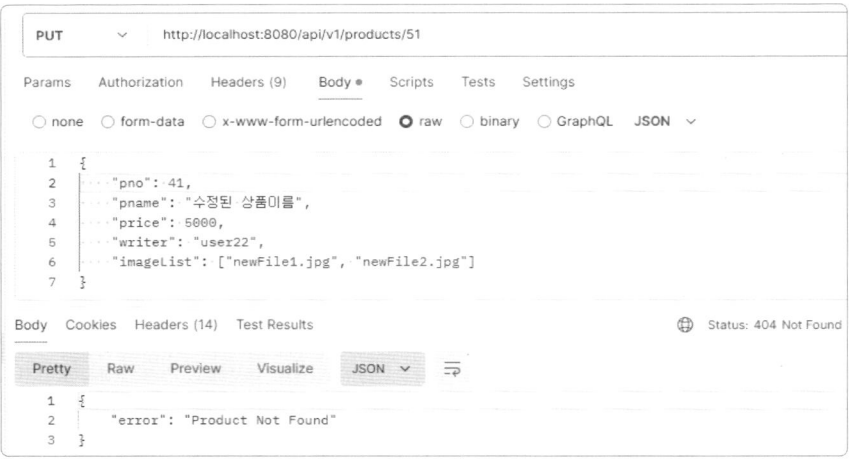

Access Token 정보와 writer 정보가 일치하지 않는 경우에도 예외 처리가 됩니다.

수정하려는 상품의 이미지 파일 정보가 있어야만 합니다.

모든 정보가 맞는 경우에만 상품 정보가 수정됩니다.

API 서버의 경우 원격에서 호출하기 때문에 문제가 발생했을 때 어떤 상황인지 호출한 쪽에서 알기 어렵다는 단점이 있습니다. 때문에 초기 설계 과정에서 적당한 에러 메시지와 상태 코드들을 미리 정의하고 개발하는 습관을 가지는 것이 중요합니다.

Chapter 08
구현을 통해서 알아보는 연관 관계 실습

이 장에서는 두 개 이상의 엔티티를 이용하는 연관 관계(Association)에 대해서 학습합니다. 이전 장의 상품 예제에 추가로 리뷰와 장바구니, 주문에 관해서 다룹니다.

8.1 다대일(Many To One) 연관 관계

다대일(N:1) 관계는 데이터베이스의 설계에서 가장 흔하게 등장하는 연관 관계입니다. 다대일 연관 관계는 하나의 PK가 다른 테이블에서 FK로 사용되거나 PK의 일부로 여러 번 사용되는 것을 의미합니다. 다대일 관계의 가장 흔한 예로는 게시물과 댓글들, 특정 카테고리와 상품들, 상품과 상품의 이미지들 모두 ERD상으로는 다대일의 관계로 표현됩니다.

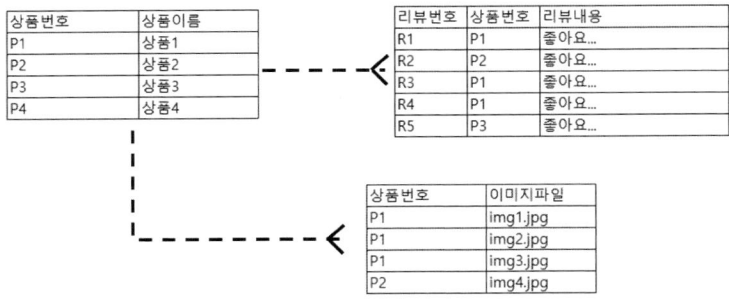

그런데 ERD를 살펴보면 다대일은 반대 관점에서 보면 일대다(1:N)로도 해석이 가능합니다. '하나의 게시물이 여러 개의 댓글을 가지고 있다'는 표현도 가능하지만, '댓글들은 하나의 게시글에 속한다'는 표현도 가능하기 때문입니다.

8.1.1 연관 관계의 해석

'다대일', '일대다' 관계에 대한 해석은 이를 바라보는 관점의 차이입니다. 한국어에는 수동태가 없고 무생물 주어를 사용하지 않기 때문에 다대일(N:1)의 관계를 일대다(1:N)로 잘못 인식할 수가 있습니다. '게시글 하나가 여러 개의 댓글을 가지고 있다'는 표현이 자연스럽게 느껴지는 반면에, '여러 개의 댓글은 하나의 게시글에 속한다'라는 표현이 조금은 어색하게 느껴지는 이유이기도 합니다.

가장 올바른 해석은 ERD를 통한 해석입니다. ERD상에서는 'FK(외래키)'를 관계의 주어로 보고 해석해야 합니다. 또한, 연관 관계의 해석은 관계 차수(Cardinality)를 보고 일(one)인지 다(many)인지를 해석해야 합니다. JPA를 하더라도 ERD를 정확히 설계할 줄 알아야만, 이를 통해서 연관 관계를 읽고 반영할 수 있습니다. 가장 먼저 기억해야 하는 사실은 FK(외래키)를 가진 쪽을 항상 관계의 주어로 해석해야만 한다는 점이고, ERD를 통해서 연관 관계를 읽어야만 한다는 점입니다.

8.1.2 연관 관계의 방향

JPA는 한 가지 더 고민해야 하는 사항이 생기는데 객체와 객체 간의 참조를 통해서 관계를 표현하기 때문에 댓글이 게시물을 참조하는 단방향(unidirectional) 참조를 이용할 것인지 게시물과 댓글이 상호 참조 관계를 가지는 양방향(bidirectional) 참조를 할 것인지 결정해야 합니다.

객체지향에서는 객체와 객체 간의 관계는 비교적 평등하고 경우에 따라서 의존적인 상황이 생기기는 하지만, A 객체가 B 객체의 참조를 가지고 있고, B 객체가 A 객체의 참조를 가지고 있는 상황 자체가 불가능한 것은 아닙니다. 객체지향에서는 어떤 A와 B 중에서 어떤 객체가 다른 객체의 참조를 유지할 것인가에 대한 고민이 필요합니다.

A나 B 객체 중의 하나가 다른 객체의 참조를 가지고 있는 방식을 단방향 참조라고 하고, A 와 B 모두가 상대방 객체의 참조를 유지하는 방식을 양방향 참조라고 합니다.

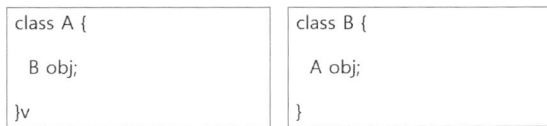

엔티티의 경우 참조 관계를 양쪽의 엔티티가 유지하는 방식은 신경 써야 하는 일들이 상당히 많을 수밖에 없습니다. 따라서 특별한 경우가 아니라면 개발에는 한쪽만이 참조를 유지하는 것이 엔티티들의 상태를 유지할 때 편하기 때문에 실제 개발 현장에서는 단방향, 다대일이 가장 흔하게 사용됩니다.

8.1.3 리뷰(Review)와 상품

이전 장에서 상품(ProductEntity)을 작성했으므로 이번 장에서는 특정한 상품에 대해서 여러 개의 리뷰를 작성하는 연관 관계를 단방향, 다대일로 설계해 봅니다.

프로젝트 내에 review라는 패키지를 생성해서 리뷰와 관련된 모든 개발을 진행합니다.

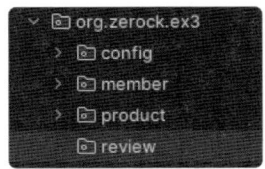

Review 패키지 내 새로운 entity, dto, repository 패키지를 추가하고 entity 패키지 내에 ReviewEntity를 설계합니다.

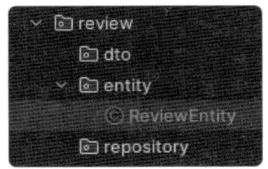

연관 관계를 설계할 때 @ToString과 @ManyToOne을 사용하는 부분을 항상 주의해야 합니다.

```java
package org.zerock.ex3.review.entity;

import jakarta.persistence.*;
import lombok.*;
import org.springframework.data.annotation.CreatedDate;
import org.springframework.data.annotation.LastModifiedDate;
import org.springframework.data.jpa.domain.support.AuditingEntityListener;
import org.zerock.ex3.product.entity.ProductEntity;

import java.time.LocalDateTime;

@Entity
@Table(name = "tbl_reviews", indexes = @Index(columnList = "product_pno"))
@Getter
@ToString(exclude = "productEntity")
@AllArgsConstructor
@NoArgsConstructor
@Builder
@EntityListeners(value = { AuditingEntityListener.class })
public class ReviewEntity {

    @Id
    @GeneratedValue(strategy = GenerationType.IDENTITY)
    private Long rno;

    private String reviewText;

    private String reviewer;

    private int score;

    @ManyToOne(fetch = FetchType.LAZY)
    @JoinColumn(name = "product_pno")
    private ProductEntity productEntity;

    @CreatedDate
    private LocalDateTime reviewDate;

    @LastModifiedDate
    private LocalDateTime modifiedDate;
}
```

ReviewEntity에는 몇 가지 특이한 설정이 추가되어 있습니다.

- @Table에 indexes 설정이 추가되어 있습니다. 리뷰는 특정한 상품의 리뷰를 조회하기 때문에 상품 번호를 기준으로 select가 되는 상황이 발생합니다. 때문에 상품 번호로 빠르게 조회가 가능한 인덱스가 있으면 좋습니다.
- @ToString에 exclude가 적용되어 있습니다.
- ProductEntity를 단방향 참조로 하고 있습니다. ProductEntity는 ReviewEntity의 존재를 모르고 있습니다.

프로젝트를 실행해 보면 tbl_reviews 테이블이 생성되고 인덱스와 외래키가 생성되는 것을 확인할 수 있습니다.

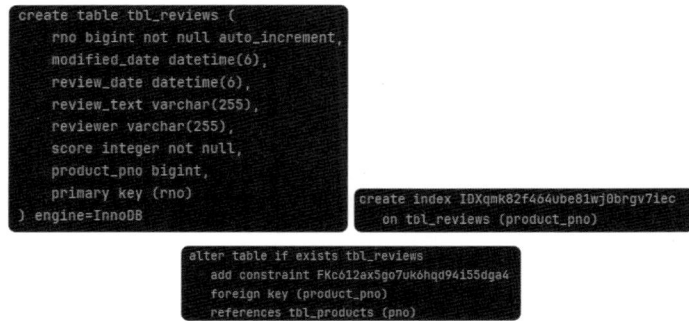

8.2 리포지토리와 테스트

ReviewEntity를 JPA로 처리하기 위한 ReviewRepository를 repository 패키지에 추가합니다.

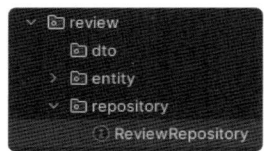

```
package org.zerock.ex3.review.repository;

import org.springframework.data.jpa.repository.JpaRepository;
import org.zerock.ex3.review.entity.ReviewEntity;

public interface ReviewRepository extends JpaRepository<ReviewEntity,
Long> {
}
```

test 폴더에도 review 관련 패키지를 생성하고 ReviewRepositoryTests 클래스를 추가합니다.

```
package org.zerock.ex3.review.repository;

import org.springframework.beans.factory.annotation.Autowired;
import org.springframework.boot.test.autoconfigure.jdbc.
AutoConfigureTestDatabase;
import org.springframework.boot.test.autoconfigure.orm.jpa.DataJpaTest;
import org.springframework.transaction.annotation.Propagation;
import org.springframework.transaction.annotation.Transactional;

@DataJpaTest
@AutoConfigureTestDatabase(replace = AutoConfigureTestDatabase.Replace.
NONE)
@Transactional(propagation = Propagation.NOT_SUPPORTED)
public class ReviewRepositoryTests {

    @Autowired
    private ReviewRepository reviewRepository;
}
```

테스트 코드를 작성하기 전에 리뷰는 상품 정보가 필요하므로 데이터베이스 내 상품 데이터들을 미리 확인해 둡니다.

8.2.1 리뷰 등록

단방향 연관 관계를 이용할 때 편리한 점 중의 하나는 참조하는 객체의 @Id 값만을 이용해서 엔티티 객체를 구성할 수 있다는 점입니다. 예를 들어 51번 상품의 리뷰를 등록한다면 다음과 같은 형태가 됩니다(반드시 데이터베이스를 먼저 확인해 줍니다.).

```java
@Test
public void testInsert() {

    Long pno = 51L;

    ProductEntity productEntity =
            ProductEntity.builder().pno(pno).build();

    ReviewEntity reviewEntity = ReviewEntity.builder()
            .reviewText("리뷰 내용....")
            .score(5)
            .reviewer("reviewer1")
            .productEntity(productEntity)
            .build();

    reviewRepository.save(reviewEntity);

}
```

ReviewEntity 객체를 만들기 위해서 필요한 상품의 정보에 문제가 없다면 정상적으로 insert가 실행됩니다.

```
insert
into
    tbl_reviews
    (modified_date, product_pno, review_date, review_text, reviewer, score)
values
    (?, ?, ?, ?, ?, ?)
```

만일 없는 번호의 상품에 대한 리뷰를 추가하면 FK 위반이 되는 상황이 발생합니다. 테스트 코드에서 pno값을 데이터베이스에 없는 상품 번호로 지정하고 테스트하면 아래와 같은 예외가 발생합니다.

```
org.springframework.dao.DataIntegrityViolationException: could not execute statement [(conn=13)
    at org.springframework.orm.jpa.vendor.HibernateJpaDialect.convertHibernateAccessException(HibernateJpaDialect
    at org.springframework.orm.jpa.vendor.HibernateJpaDialect.translateExceptionIfPossible(HibernateJpaDialect
    at org.springframework.orm.jpa.AbstractEntityManagerFactoryBean.translateExceptionIfPossible(AbstractEntit
    at org.springframework.dao.support.ChainedPersistenceExceptionTranslator.translateExceptionIfPossible(Chai
    at org.springframework.dao.support.DataAccessUtils.translateIfNecessary(DataAccessUtils.java:155)
    at org.springframework.dao.support.PersistenceExceptionTranslationInterceptor.invoke(PersistenceException
    at org.springframework.aop.framework.ReflectiveMethodInvocation.proceed(ReflectiveMethodInvocation.java:1
Cannot add or update a child row: a foreign key constraint fails (`bootdb2`.`tbl_reviews`, CONSTRAINT `FKeo12ax5go7ukohqd94i55dge4` FOREIGN KEY (`product_pno`)
```

발생하는 예외는 org.springframework.dao.DataIntegrityViolationException 타입입니다. 이에 대한 것은 조금 뒤에 처리하도록 하고, 여러 개의 리뷰 데이터를 추가해 둡니다. 아래의 상황은 현재 51번 상품에 대해서 11개의 리뷰가 등록된 상태를 보여줍니다.

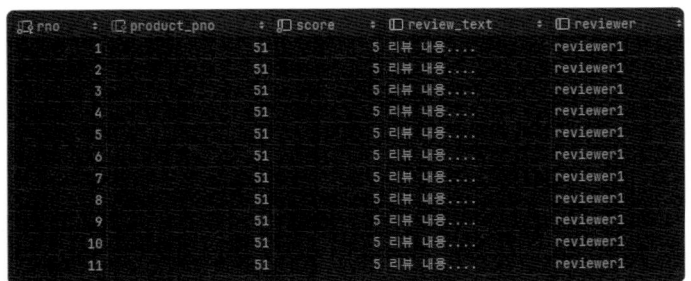

8.2.2 리뷰 관련 예외의 설계

리뷰의 등록 과정에서는 ReviewEntity 객체 자체의 문제로 인해 데이터베이스에 insert가 실패하는 경우와 위와 같이 FK 위반으로 인해 예외가 발생할 수 있습니다.

review 패키지에 exception 패키지를 추가하고 ReviewTaskException을 정의합니다.

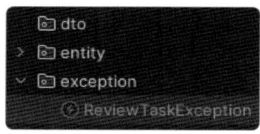

```
package org.zerock.ex3.review.exception;

import lombok.Data;

@Data
public class ReviewTaskException extends RuntimeException{

    private String message;
    private int code;

    public ReviewTaskException(String message, int code) {
        super(message);
        this.message = message;
        this.code = code;
    }
}
```

ReviewTaskException을 미리 enum으로 정의하는 ReviewExceptions를 생성합니다.

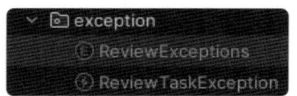

우선 리뷰 등록이 실패하는 경우와 리뷰에 해당하는 상품이 없는 경우를 미리 설정합니다.

```
package org.zerock.ex3.review.exception;

public enum ReviewExceptions {

  REVIEW_NOT_REGISTERED("Review Not Registered", 400),
  REVIEW_PRODUCT_NOT_FOUND("Product Not Found for Review", 404);

  private final ReviewTaskException reviewTaskException;

  ReviewExceptions(String msg, int code) {

    reviewTaskException = new ReviewTaskException(msg, code);
```

```
    }
    public ReviewTaskException get() {
        return reviewTaskException;
    }
}
```

8.2.3 리뷰 조회

리뷰의 조회/수정/삭제는 이전의 예제들과 유사합니다. ReviewEntity에 수정 가능한 리뷰의 내용(reviewText)과 점수(score) 부분을 추가합니다.

```
public void changeReviewText(String reviewText) {
    this.reviewText = reviewText;
}
public void changeScore(int score) {
    this.score = score;
}
```

리뷰 조회와 지연로딩

ReviewRepositoryTest에서 조회 기능은 리뷰 번호를 이용해서 처리합니다.

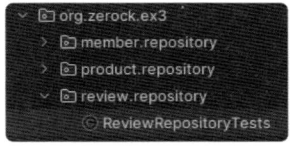

```
@Transactional
@Test
public void testRead() {

    Long rno = 1L; //DB에 있는 리뷰 번호
```

```
    reviewRepository.findById(rno).ifPresent(reviewEntity -> {
        System.out.println(reviewEntity);
        System.out.println(reviewEntity.getProductEntity());
    });
}
```

조회 기능의 경우 ReviewEntity에서 ProductEntity를 가져와서 출력하는 부분에 주목합니다. @ManyToOne의 fetch 속성이 지연로딩이므로 ProductEntity가 필요한 순간에 다시 select가 실행되는 것을 확인할 수 있습니다. 만일 @ToString에 exclude 속성값을 지정하지 않았다면, ReviewEntity를 출력하는 순간에 ProductEntity까지 출력하려고 select가 실행됩니다.

우선 ReviewEntity를 출력하기 위해서 select가 실행됩니다.

```
select
    re1_0.rno,
    re1_0.modified_date,
    re1_0.product_pno,
    re1_0.review_date,
    re1_0.review_text,
    re1_0.reviewer,
    re1_0.score
from
    tbl_reviews re1_0
where
    re1_0.rno=?
ReviewEntity(rno=1, reviewText=리뷰 내용..., reviewer=reviewer1, score=5, reviewDate=2024-05-15T12:13:15.897895, modifiedDate=2024-05-15T12:13:15.897895)
```

reviewEntity.getProductEntity( )가 처리되는 부분에서 다시 한번 select가 일어납니다.

```
select
    pe1_0.pno,
    pe1_0.content,
    pe1_0.join_date,
    pe1_0.modified_date,
    pe1_0.pname,
    pe1_0.price,
    pe1_0.writer
from
    tbl_products pe1_0
where
    pe1_0.pno=?
ProductEntity(pno=51, pname=수정된 상품이름, price=5000, content=새로운 상품 텍스트, writer=user22, joinDate=2024-05-14T14:46:34.402122, modifiedDate=2024-05-14T13:20:55.827687)
```

페치 조인 방식

만일 호출하는 쪽에서 리뷰와 상품 정보를 같이 원한다면 지연로딩은 여러 번의 select가 실행되기 때문에 별도의 @Query를 이용해서 해결하는 것이 낫습니다.

> repository
> ① ReviewRepository

```java
package org.zerock.ex3.review.repository;

import org.springframework.data.jpa.repository.JpaRepository;
import org.springframework.data.jpa.repository.Query;
import org.springframework.data.repository.query.Param;
import org.zerock.ex3.review.entity.ReviewEntity;

import java.util.Optional;

public interface ReviewRepository extends JpaRepository<ReviewEntity,
Long> {

  @Query("select r from ReviewEntity r join fetch  r.productEntity where
r.rno = :rno")
  Optional<ReviewEntity> getWithProduct(@Param("rno") Long rno);

}
```

추가된 getWithProduct( )는 페치 조인을 이용해서 한 번에 상품까지 select 하도록 구성됩니다.

테스트 코드를 통해서 결과를 살펴봅니다.

```java
@Test
public void testGetWithProduct() {

    Long rno = 1L;

    reviewRepository.getWithProduct(rno).ifPresent(reviewEntity -> {
        System.out.println(reviewEntity);
        System.out.println(reviewEntity.getProductEntity());
    });
}
```

실행 결과를 보면 join 처리가 되는 것을 확인할 수 있습니다. 출력 결과 역시 별도의 select 가 추가로 실행되지 않습니다.

```
select
    re1_0.rno,
    re1_0.modified_date,
    pe1_0.pno,
    pe1_0.content,
    pe1_0.join_date,
    pe1_0.modified_date,
    pe1_0.pname,
    pe1_0.price,
    pe1_0.writer,
    re1_0.review_date,
    re1_0.review_text,
    re1_0.reviewer,
    re1_0.score
from
    tbl_reviews re1_0
join
    tbl_products pe1_0
        on pe1_0.pno=re1_0.product_pno
where
    re1_0.rno=?
```

ReviewEntity(rno=1, reviewText=리뷰 내용...., reviewer=reviewer1, score=5, reviewDate=2024-05-15T12:13:15.897895, ProductEntity(pno=51, pname=수정된 상품이름, price=5000, content=새로운 상품 테스트, writer=user22, joinDate=2024-05-

리뷰와 상품과 상품 이미지

상품 객체는 상품의 이미지에 대한 정보도 @ElementCollection으로 가지고 있기 때문에 이를 같이 출력해 봅니다. 테스트 코드에서 상품의 이미지들도 함께 출력되게 수정합니다.

```
@Test
public void testGetWithProduct() {

    Long rno = 1L;

    reviewRepository.getWithProduct(rno).ifPresent(reviewEntity -> {
        System.out.println(reviewEntity);
        System.out.println(reviewEntity.getProductEntity());
        System.out.println(reviewEntity.getProductEntity().getImages());
    });
}
```

testGetWithProduct( )를 실행하면 상품의 이미지 정보를 가져오기 위해서 추가적인 select를 실행해야 하는데 트랜잭션 처리가 안 되어 있기 때문에 에러가 발생하게 됩니다.

testGetWithProduct( ) 메서드의 선언부에 @Transactional을 추가하면 에러는 해결되지만, 추가적인 select가 실행되는 것은 피할 수 없습니다.

페치 조인을 한 번 더 구성하면 쉽게 해결할 수 있습니다.

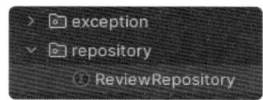

```java
package org.zerock.ex3.review.repository;

import org.springframework.data.jpa.repository.JpaRepository;
import org.springframework.data.jpa.repository.Query;
import org.springframework.data.repository.query.Param;
import org.zerock.ex3.review.entity.ReviewEntity;

import java.util.Optional;

public interface ReviewRepository extends JpaRepository<ReviewEntity, Long> {

    @Query("select r from ReviewEntity r " +
            " join fetch  r.productEntity rp " +
            " join fetch rp.images " +
            " where r.rno = :rno")
    Optional<ReviewEntity> getWithProduct( @Param("rno") Long rno);
}
```

테스트 코드를 실행하면 tbl_reviews와 tbl_products, tbl_product_images 테이블이 조인 처리되는 것을 볼 수 있습니다. 실행 결과를 보면 추가적인 select가 발생하지 않는 것을 확인할 수 있습니다.

```
select
    re1_0.rno,
    re1_0.modified_date,
    pe1_0.pno,
    pe1_0.content,
    i1_0.pno,
    i1_0.file_name,
    i1_0.idx,
    pe1_0.join_date,
    pe1_0.modified_date,
    pe1_0.pname,
    pe1_0.price,
    pe1_0.writer,
    re1_0.review_date,
    re1_0.review_text,
    re1_0.reviewer,
    re1_0.score
from
    tbl_reviews re1_0
join
    tbl_products pe1_0
        on pe1_0.pno=re1_0.product_pno
join
    tbl_product_images i1_0
        on pe1_0.pno=i1_0.pno
where
    re1_0.rno=?
```

ReviewEntity(rno=1, reviewText=리뷰 내용..., reviewer=reviewer1, score=5, reviewDate=2024-05-15T12:13:15.897895, modifiedDate=2024-05-15T12:13:15.897895)
ProductEntity(pno=51, pname=수정된 상품이름, price=5000, content=새로운 상품 테스트, writer=user22, joinDate=2024-05-14T14:46:54.462122, modifiedDate=2024-05-14T15:29:35.857687)
[ProductImage(idx=0, fileName=newFile1.jpg), ProductImage(idx=1, fileName=newFile2.jpg)]

조회의 예외

조회의 예외는 해당하는 리뷰가 없는 것이므로 간단히 ReviewExceptions에 REVIEW_NOT_FOUND로 추가합니다.

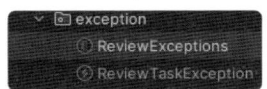

```
public enum ReviewExceptions {

    REVIEW_NOT_REGISTERED("Review Not Registered", 400),
    REVIEW_PRODUCT_NOT_FOUND("Product Not Found for Review", 404),
    REVIEW_NOT_FOUND("Review Not Found", 404);
..이하 생략
```

8.2.4 리뷰 삭제

삭제는 조회한 후에 삭제하거나 직접 리뷰의 번호(rno)만으로 삭제가 가능합니다. 단방향 참조이기 때문에 ReviewEntity만 삭제해 주면 됩니다.

```
@Transactional
@Test
@Commit
public void testRemove() {

    Long rno = 1L;

    reviewRepository.deleteById(rno);
}
```

deleteById( )를 이용하는 경우에는 리턴값이 void 타입이기 때문에 삭제 시에도 해당 리뷰가 존재하는지를 체크하는 방식으로 작성하고 싶다면 다음과 같이 작성할 수 있습니다.

```
@Transactional
@Test
@Commit
public void testRemove2() {

    ReviewEntity reviewEntity =
            reviewRepository.findById(1L).orElseThrow(ReviewExceptions.
REVIEW_NOT_FOUND::get);

    reviewRepository.delete(reviewEntity);
}
```

8.2.5 리뷰 수정

리뷰 수정은 조회해서 가져온 ReviewEntity 객체에서 변경 가능한 reviewText와 score를 변경하면 됩니다.

```
@Transactional
@Test
@Commit
public void testUpdate() {

    Long rno = 2L;

    ReviewEntity reviewEntity =
        reviewRepository.findById(rno).orElseThrow(ReviewExceptions.
REVIEW_NOT_FOUND::get);
```

```
        reviewEntity.changeReviewText("변경된 리뷰 내용");
        reviewEntity.changeScore(3);
    }
```

리뷰 수정은 삭제와 마찬가지로 조회한 후에 변경하면 변경 감지에 의해서 처리됩니다(변경된 내용이 없다면 수정되지 않는다는 점을 주의해야 합니다.).

```
select
    re1_0.rno,
    re1_0.modified_date,
    re1_0.product_pno,
    re1_0.review_date,
    re1_0.review_text,
    re1_0.reviewer,
    re1_0.score
from
    tbl_reviews re1_0
where
    re1_0.rno=?

update
    tbl_reviews
set
    modified_date=?,
    product_pno=?,
    review_date=?,
    review_text=?,
    reviewer=?,
    score=?
where
    rno=?
```

리뷰의 삭제와 수정 과정에서 알 수 없는 예외가 발생할 수 있는 부분을 Review Exceptions 에 추가해 둡니다.

```
package org.zerock.ex3.review.exception;

public enum ReviewExceptions {

    REVIEW_NOT_REGISTERED("Review Not Registered", 400),
    REVIEW_PRODUCT_NOT_FOUND("Product Not Found for Review", 404),

    REVEIW_NOT_MODIFIED("Review Not Modified", 400),
    REVIEW_NOT_REMOVED("Review Not Removed", 400),
    REVIEW_NOT_FOUND("Review Not Found", 404);
    ...생략
}
```

8.2.6 리뷰의 목록 처리와 DTO

리뷰는 특정한 상품에 대해서만 조회되기 때문에 목록 역시 특정한 상품의 번호를 기준으로 출력해야 합니다.

리뷰 목록 역시 한 번에 DTO로 처리되는 방식이 편하기 때문에 dto 패키지에 ReviewDTO를 추가합니다.

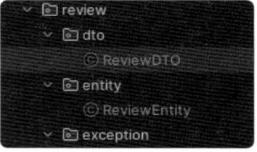

ReviewDTO는 ReviewEntity에서 변환하기 쉽게 생성자를 작성해 주고 ReviewEntity로 변환해 주는 기능도 같이 구현합니다.

```java
package org.zerock.ex3.review.dto;

import lombok.AllArgsConstructor;
import lombok.Builder;
import lombok.Data;
import lombok.NoArgsConstructor;
import org.zerock.ex3.product.entity.ProductEntity;
import org.zerock.ex3.review.entity.ReviewEntity;

import java.time.LocalDateTime;

@Data
@NoArgsConstructor
@Builder
@AllArgsConstructor
public class ReviewDTO {

    private Long rno;

    private String reviewText;

    private String reviewer;

    private int score;

    private Long pno;

    private LocalDateTime reviewDate;

    private LocalDateTime modifiedDate;

    public ReviewDTO(ReviewEntity reviewEntity) {
        this.rno = reviewEntity.getRno();
```

```
        this.reviewText = reviewEntity.getReviewText();
        this.reviewer = reviewEntity.getReviewer();
        this.score = reviewEntity.getScore();
        this.pno = reviewEntity.getProductEntity().getPno();
        this.reviewDate = reviewEntity.getReviewDate();
        this.modifiedDate = reviewEntity.getModifiedDate();
    }

    public ReviewEntity toEntity() {

        ProductEntity productEntity = ProductEntity.builder().pno(pno). build();

        return ReviewEntity.builder()
                .rno(rno)
                .reviewText(reviewText)
                .reviewer(reviewer)
                .score(score)
                .productEntity(productEntity)
                .build();
    }
}
```

ReviewRepository에 ProductEntity의 번호를 이용해서 리뷰 목록 찾는 기능을 아래와 같이 추가합니다. 생성자를 이용해서 @Query 자체는 ReviewEntity를 반환하도록 하지만, 실제로는 ReviewDTO로 처리되게 구성합니다.

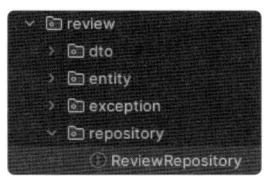

```
package org.zerock.ex3.review.repository;

import org.springframework.data.domain.Page;
import org.springframework.data.domain.Pageable;
import org.springframework.data.jpa.repository.JpaRepository;
import org.springframework.data.jpa.repository.Query;
import org.springframework.data.repository.query.Param;
import org.zerock.ex3.review.dto.ReviewDTO;
import org.zerock.ex3.review.entity.ReviewEntity;
```

```
import java.util.Optional;

public interface ReviewRepository extends JpaRepository<ReviewEntity, Long> {

    @Query("select r from ReviewEntity r " +
            " join fetch  r.productEntity rp " +
            " join fetch rp.images " +
            " where r.rno = :rno")
    Optional<ReviewEntity> getWithProduct( @Param("rno") Long rno);


    @Query("select r from ReviewEntity r where r.productEntity.pno = :pno")
    Page<ReviewDTO> getListByPno(@Param("pno") Long pno, Pageable pageable);

}
```

테스트 코드를 이용해서 특정 댓글의 리뷰들을 확인해 봅니다.

```
@Test
public void testList() {

    Long pno = 51L;

    Pageable pageable = PageRequest.of(0,10, Sort.by("rno").descending());

    reviewRepository.getListByPno(pno, pageable).getContent().forEach(reviewDTO -> {
        System.out.println(reviewDTO);
    });
}
```

실행 결과에서는 limit를 이용한 페이징 처리가 실행되는지와 order by가 적용되는지 확인합니다.

```
select
    re1_0.rno,
    re1_0.modified_date,
    re1_0.product_pno,
    re1_0.review_date,
    re1_0.review_text,
    re1_0.reviewer,
    re1_0.score
from
    tbl_reviews re1_0
where
    re1_0.product_pno=?
order by
    re1_0.rno desc
limit
    ?, ?
```

```
select
    count(re1_0.rno)
from
    tbl_reviews re1_0
where
    re1_0.product_pno=?
```

8.3 상품목록과 리뷰의 개수

리뷰와 관련된 엔티티 처리를 독립적으로 하는 것은 그다지 어렵지 않지만, 일반적으로 상품목록에는 리뷰의 개수가 같이 출력되는 경우가 많은데 Querydsl에서 ProductEntity와 ReviewEntity를 조인으로 처리하면 해결됩니다.

기존의 ProductListDTO에는 reviewCount를 추가합니다.

JPA의 숫자 관련해서는 주로 long 타입을 반환하기 때문에 long reviewCount를 선언합니다.

```
@Data
@NoArgsConstructor
public class ProductListDTO {

    private Long pno;
    private String pname;
    private int price;
    private String writer;
```

```
        private String productImage;

        private long reviewCount;
        ...이하 생략
}
```

ProductDTO 역시 리뷰의 개수를 나타내기 위해서 reviewCount를 추가합니다.

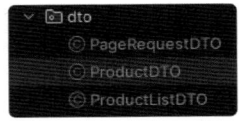

```
package org.zerock.ex3.product.dto;

...생략

@Data
@NoArgsConstructor
public class ProductDTO {

    private Long pno;

    ...생략

    private List<String> imageList;

    //review count
    private long reviewCount;

    //이하 생략
}
```

8.3.1 상품당 하나의 이미지와 리뷰수

기존의 ProductSearch 인터페이스에 리뷰의 개수를 같이 가져오는 메서드를 추가합니다.

```
package org.zerock.ex3.product.repository.search;

import org.springframework.data.domain.Page;
import org.springframework.data.domain.Pageable;
import org.zerock.ex3.product.dto.ProductDTO;
import org.zerock.ex3.product.dto.ProductListDTO;

public interface ProductSearch {

    ...생략

    Page<ProductListDTO> listWithReviewCount(Pageable pageable);

}
```

listWithReviewCount( )는 상품당 하나의 이미지와 리뷰의 개수를 같이 조회합니다.

작성된 ReviewEntity에 대한 QReviewEntity를 생성하기 위해서 Gradle의 compileJava를 실행합니다.

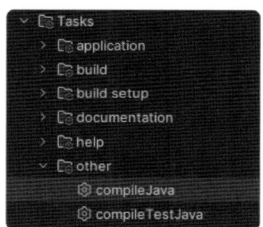

ProductSearchImpl( )에서의 구현은 QReviewEntity를 이용해서 조인 처리로 구현합니다.

```
@Override
public Page<ProductListDTO> listWithReviewCount(Pageable pageable) {

    QProductEntity productEntity = QProductEntity.productEntity;
    QReviewEntity reviewEntity = QReviewEntity.reviewEntity;
    QProductImage productImage = QProductImage.productImage;
```

```
    JPQLQuery<ProductEntity> query = from(productEntity);
    query.leftJoin(reviewEntity).on(reviewEntity.productEntity.
eq(productEntity));
    query.leftJoin(productEntity.images, productImage);

    //where productImage.idx = 0
    query.where(productImage.idx.eq(0));

    this.getQuerydsl().applyPagination(pageable, query);

    //group by
    query.groupBy(productEntity);

    //Long pno, String pname, int price, String writer, String
productImage
    JPQLQuery<ProductListDTO> dtojpqlQuery = query.select(Projections.
bean(ProductListDTO.class,
            productEntity.pno,
            productEntity.pname,
            productEntity.price,
            productEntity.writer,
            productImage.fileName.as("productImage"),
            reviewEntity.countDistinct().as("reviewCount")));

    this.getQuerydsl().applyPagination(pageable, dtojpqlQuery);

    java.util.List<ProductListDTO> dtoList = dtojpqlQuery.fetch();

    long count = dtojpqlQuery.fetchCount();

    return new PageImpl<>(dtoList, pageable, count);
}
```

코드의 내용이 길고 복잡해 보이기는 하지만, 핵심적인 부분을 다시 살펴보면 몇 가지 단계로 구성되는 것을 알 수 있습니다.

가장 먼저 QReviewEntity를 조인 처리해 주어야 합니다. 리뷰가 존재하지 않을 수도 있기 때문에 leftJoin( )을 이용해서 처리합니다.

```
QProductEntity productEntity = QProductEntity.productEntity;
QProductImage productImage = QProductImage.productImage;
QReviewEntity reviewEntity = QReviewEntity.reviewEntity;
```

```
JPQLQuery<ProductEntity> query = from(productEntity);
query.leftJoin(productEntity.images, productImage);
query.leftJoin(reviewEntity).on(reviewEntity.productEntity.
eq(productEntity));
```

하나의 상품에는 하나의 상품 이미지만 나올 수 있도록 ProductImage의 idx가 0인 이미지들만 조회하고 여러 개의 리뷰가 있을 수 있으므로 상품별로 group by 처리가 필요합니다.

```
//where productImage.idx = 0
query.where(productImage.idx.eq(0));

//group by
query.groupBy(productEntity);
```

데이터를 추출하는 부분을 추가합니다. ProductListDTO에 reviewCount로 추가했기 때문에 as( )를 이용해서 이름을 맞춥니다. 리뷰의 숫자를 셀 때는 중복되지 않도록 count( )가 아닌 countDistinct( )로 처리합니다.

```
JPQLQuery<ProductListDTO> dtojpqlQuery = query.select(Projections.
bean(ProductListDTO.class,
        productEntity.pno,
        productEntity.pname,
        productEntity.price,
        productEntity.writer,
        productImage.fileName.as("productImage"),
        reviewEntity. countDistinct().as("reviewCount")));
```

테스트 코드를 이용해서 결과를 확인해 보면 댓글의 숫자가 반영되는 것을 확인할 수 있습니다.

```java
@Test
public void testListWithReviewCount() {

    Pageable pageable = PageRequest.of(0, 10, Sort.by("pno").descending());

    Page<ProductListDTO> result = productRepoistory.listWithReviewCount(pageable);

    result.getContent().forEach(productListDTO -> {
        System.out.println(productListDTO);
    });
}
```

실행되는 쿼리에서는 left join 처리와 페이징 처리를 확인합니다. 현재 환경에서는 51번 상품에 대해서만 11개의 댓글이 있고 나머지 상품은 댓글이 없는 상황입니다.

```
select
    pe1_0.pno,
    pe1_0.pname,
    pe1_0.price,
    pe1_0.writer,
    i1_0.file_name,
    count(distinct re1_0.rno)
from
    tbl_products pe1_0
left join
    tbl_reviews re1_0
        on re1_0.product_pno=pe1_0.pno
left join
    tbl_product_images i1_0
        on pe1_0.pno=i1_0.pno
where
    i1_0.idx=?
group by
    pe1_0.pno
order by
    pe1_0.pno desc,
    pe1_0.pno desc
limit
    ?, ?
```

```
select
    count(distinct pe1_0.pno)
from
    tbl_products pe1_0
left join
    tbl_reviews re1_0
        on re1_0.product_pno=pe1_0.pno
left join
    tbl_product_images i1_0
        on pe1_0.pno=i1_0.pno
where
    i1_0.idx=?
```

```
ProductListDTO(pno=51, pname=수정된 상품이름, price=5000, writer=user22, productImage=newFile1.jpg, reviewCount=11)
ProductListDTO(pno=50, pname=50_새로운 상품, price=5000, writer=user00, productImage=50_test1.jpg, reviewCount=0)
ProductListDTO(pno=49, pname=49_새로운 상품, price=5000, writer=user00, productImage=49_test1.jpg, reviewCount=0)
ProductListDTO(pno=48, pname=48_새로운 상품, price=5000, writer=user00, productImage=48_test1.jpg, reviewCount=0)
ProductListDTO(pno=47, pname=47_새로운 상품, price=5000, writer=user00, productImage=47_test1.jpg, reviewCount=0)
ProductListDTO(pno=46, pname=46_새로운 상품, price=5000, writer=user00, productImage=46_test1.jpg, reviewCount=0)
ProductListDTO(pno=45, pname=45_새로운 상품, price=5000, writer=user00, productImage=45_test1.jpg, reviewCount=0)
ProductListDTO(pno=44, pname=44_새로운 상품, price=5000, writer=user00, productImage=44_test1.jpg, reviewCount=0)
ProductListDTO(pno=43, pname=43_새로운 상품, price=5000, writer=user00, productImage=43_test1.jpg, reviewCount=0)
ProductListDTO(pno=42, pname=42_새로운 상품, price=5000, writer=user00, productImage=42_test1.jpg, reviewCount=0)
```

8.3.2 상품의 모든 이미지와 리뷰수

상품당 하나의 이미지만을 가져오는 쿼리의 경우 group by를 시켜주면서 리뷰의 개수를 세기 때문에 가장 무난한 형태로 사용할 수 있지만, 때에 따라서 상품의 모든 이미지를 가져오면서 리뷰의 개수를 가져와야 하는 상황도 생길 수 있습니다.

예제에서는 @BatchSize를 이용해서 상품의 이미지들을 가져오고 리뷰의 개수는 조인 처리를 합니다. @BatchSize의 경우 목록을 가져온 후에 추가로 해당 상품의 이미지들을 조회하는 쿼리를 한 번 더 실행한다는 단점이 있긴 하지만, SQL에서 페이징 처리가 된다는 점에서 권장하고 있습니다.

JPA 2.1부터 여러 번 페치 조인을 사용할 수 있지만, 페치 조인 자체가 조인 처리된 결과를 내부적으로 가공하는 방식이기 때문에 상황에 따라서는 메모리를 많이 사용하는 문제가 발생할 수 있습니다. 또한, 현재 ProductEntity의 경우 ReviewEntity들을 참조하고 있지 않기 때문에 페치 조인 자체가 가져온 데이터를 엔티티 객체가 가지도록 처리하는데, 현재처럼 참조 관계가 유지되지 않는다면 원하는 결과가 나오지 않습니다.

@BatchSize를 이용하는 경우

@BatchSize를 이용하는 경우는 기본적으로 SQL로 group by를 하는 방식과 동일합니다. group by를 통해서 하나의 상품당 하나의 데이터를 만들어 냅니다.

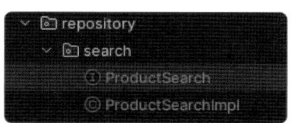

ProductSearch에 listWithAllImagesReviewCount( )를 추가합니다.

```java
public interface ProductSearch {

    ...생략

    Page<ProductDTO> listWithAllImagesReviewCount(Pageable pageable);

}
```

ProductSearchImpl에서는 leftJoin( )을 이용해서 ReviewEntity와 조인 처리합니다.

```java
@Override
public Page<ProductDTO> listWithAllImagesReviewCount(Pageable pageable) {

    QProductEntity productEntity = QProductEntity.productEntity;
    QReviewEntity reviewEntity = QReviewEntity.reviewEntity;

    JPQLQuery<ProductEntity> query = from(productEntity);
    query.leftJoin(reviewEntity).on(reviewEntity.productEntity.eq(productEntity));

    this.getQuerydsl().applyPagination(pageable, query);

    query.groupBy(productEntity);

    JPQLQuery<Tuple> tupleJPQLQuery = query.select(productEntity, reviewEntity.countDistinct());

    List<Tuple> result = tupleJPQLQuery.fetch();

    List<ProductDTO> dtoList = result.stream().map(tuple -> {
        ProductEntity product = tuple.get(0, ProductEntity.class);
        long count = tuple.get(1, Long.class);

        ProductDTO dto = new ProductDTO(product);

        dto.setReviewCount(count);

        return dto;
    }).toList();

    return new PageImpl<>(dtoList, pageable, tupleJPQLQuery.fetchCount());
}
```

listWithAllImagesReviewCount( )는 우선 QProductEntity와 QReviewEntity를 조인 처리합니다.

```java
QProductEntity productEntity = QProductEntity.productEntity;
QReviewEntity reviewEntity = QReviewEntity.reviewEntity;

JPQLQuery<ProductEntity> query = from(productEntity);
query.leftJoin(reviewEntity).on(reviewEntity.productEntity.eq(productEntity));
```

원하는 데이터는 상품별 리뷰의 개수이므로 group by절이 필요합니다.

```
this.getQuerydsl().applyPagination(pageable, query);

query.groupBy(productEntity);
```

가장 큰 문제는 ProductEntity 자체에는 리뷰의 숫자를 의미하는 속성이 없기 때문에 ProductEntity를 직접 사용하지 못한다는 점입니다. 이를 위해서 com.querydsl.core.Tuple을 이용해서 원하는 모든 데이터를 하나의 묶음으로 가져옵니다.

```
JPQLQuery<Tuple> tupleJPQLQuery = query.select(productEntity,
reviewEntity.countDistinct());

List<Tuple> result = tupleJPQLQuery.fetch();
```

Tuple은 기본적으로 Object[ ]와 유사한데 위에서는 ProductEntity와 Long 타입의 데이터가 한 묶음으로 처리됩니다. 이를 이용해서 직접 ProductDTO로 변환하는 처리를 구현합니다.

```
List<ProductDTO> dtoList = result.stream().map(tuple -> {
    ProductEntity product = tuple.get(0, ProductEntity.class);
    long count = tuple.get(1, Long.class);

    ProductDTO dto = new ProductDTO(product);

    dto.setReviewCount(count);

    return dto;
}).toList();
```

listWithAllImagesReviewCount( ) 역시 테스트 코드를 이용해서 동작을 확인합니다.

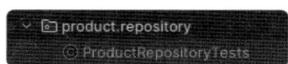

```java
@Transactional
@Test
public void testListWithAllImagesReviewCount() {

    Pageable pageable = PageRequest.of(0, 10, Sort.by("pno").descending());

    Page<ProductDTO> result = productRepoistory.listWithAllImagesReviewCount(pageable);

    result.getContent().forEach(productDTO -> {
        System.out.println(productDTO);
    });

}
```

실행되는 쿼리의 페이징 처리를 확인합니다. @BatchSize를 이용하므로 in(?,?...)로 처리되는 구문이 만들어집니다.

목록에 대한 처리 과정에서는 항상 페이징 처리가 제대로 될 수 있는지를 먼저 확인하는 습관을 가지는 것이 좋습니다.

8.4 리뷰의 서비스 계층

리뷰에 대한 서비스 계층을 구성해 봅니다. 리뷰를 등록하거나 수정하는 경우 DTO에는 상품의 번호만을 가지고 있기 때문에 실제 처리 과정에서 해당 번호의 상품이 있는지를 확인하는 것이 필요합니다.

service 패키지를 구성하고 ReviewService를 추가합니다.

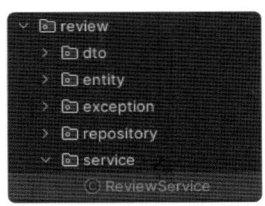

```
package org.zerock.ex3.review.service;

import lombok.RequiredArgsConstructor;
import lombok.extern.log4j.Log4j2;
import org.springframework.stereotype.Service;
import org.springframework.transaction.annotation.Transactional;
import org.zerock.ex3.review.repository.ReviewRepository;

@Service
@RequiredArgsConstructor
@Log4j2
@Transactional
public class ReviewService {

    private final ReviewRepository reviewRepository;

}
```

8.4.1 서비스의 리뷰 등록

ReviewService에는 ReviewDTO를 이용해서 등록 처리를 구현합니다. 등록 처리 과정에서 가장 신경 쓰이는 부분은 리뷰에서 사용하는 상품 데이터가 없는 경우입니다. 이 경우

DataIntegrityViolationException이 발생하므로 이를 ReviewExceptions를 이용해서 따로 처리하도록 설계합니다.

```java
package org.zerock.ex3.review.service;

import lombok.RequiredArgsConstructor;
import lombok.extern.log4j.Log4j2;
import org.springframework.dao.DataIntegrityViolationException;
import org.springframework.stereotype.Service;
import org.springframework.transaction.annotation.Transactional;
import org.zerock.ex3.review.dto.ReviewDTO;
import org.zerock.ex3.review.entity.ReviewEntity;
import org.zerock.ex3.review.exception.ReviewExceptions;
import org.zerock.ex3.review.repository.ReviewRepository;

@Service
@RequiredArgsConstructor
@Log4j2
@Transactional
public class ReviewService {

    private final ReviewRepository reviewRepository;

    public ReviewDTO register(ReviewDTO reviewDTO){

        log.info("review register............");

        try{
            ReviewEntity reviewEntity = reviewDTO.toEntity();

            reviewRepository.save(reviewEntity);

            return new ReviewDTO(reviewEntity);

        }catch(DataIntegrityViolationException e){
            //외래 키 위반
            throw ReviewExceptions.REVIEW_PRODUCT_NOT_FOUND.get();
        }catch(Exception e){
            log.error(e.getMessage());
            throw ReviewExceptions.REVIEW_NOT_REGISTERED.get();
        }//end catch
    }

}
```

test 폴더 내에 있는 service 패키지를 추가하고 ReviewServiceTests를 구성하고 register( )를 테스트해 봅니다.

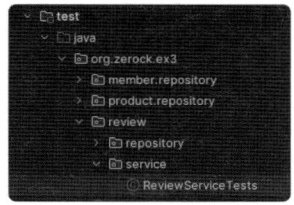

```
package org.zerock.ex3.review.service;

import org.springframework.beans.factory.annotation.Autowired;
import org.springframework.boot.test.context.SpringBootTest;

@SpringBootTest
public class ReviewServiceTests {

  @Autowired
  private ReviewService reviewService;

}
```

테스트 코드는 일부러 존재하지 않는 상품 번호를 이용해서 테스트해 봅니다.

```
@Test
public void testRegister() {

    Long pno = 100L;

    ReviewDTO reviewDTO = ReviewDTO.builder()
            .reviewText("리뷰 내용")
            .score(5)
            .reviewer("reviewer1")
            .pno(pno)
            .build();

    reviewService.register(reviewDTO);

}
```

testRegister( )에서는 현재 데이터베이스에 없는 100번의 상품에 대한 리뷰를 추가하려고 시도합니다. 위의 코드는 아래와 같은 예외가 발생하게 됩니다.

```
Hibernate:
    insert
    into
        tbl_reviews
        (modified_date, product_pno, review_date, review_text, reviewer, score)
        values
        (?, ?, ?, ?, ?, ?)
```

```
ReviewTaskException(message=Product Not Found for Review, code=404)
    at org.zerock.ex3.review.exception.ReviewExceptions.<init>(ReviewExceptions.java:17)
    at org.zerock.ex3.review.exception.ReviewExceptions.<clinit>(ReviewExceptions.java:6)
    at org.zerock.ex3.review.service.ReviewService.register(ReviewService.java:36) <2 internal lines>
    at org.springframework.aop.support.AopUtils.invokeJoinpointUsingReflection(AopUtils.java:354)
```

리뷰 조회

리뷰 조회의 경우 해당 번호의 리뷰가 존재하지 않을 수 있습니다. Optional을 이용해서 아래와 같이 간단히 처리할 수 있습니다.

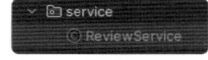

```java
public ReviewDTO read(Long rno) {

    ReviewEntity reviewEntity = reviewRepository.findById(rno)
            .orElseThrow(ReviewExceptions.REVIEW_NOT_FOUND::get);

    return new ReviewDTO(reviewEntity);
}
```

테스트 코드를 통해서 확인해 봅니다.

```
@Test
public void testRead() {

    Long rno = 1L;

    ReviewDTO reviewDTO = reviewService.read(rno);

    System.out.println(reviewDTO);
}
```

만일 없는 리뷰 번호를 이용한다면, 아래의 그림과 같은 예외가 발생하게 됩니다. 정상적인 번호라면 ReviewDTO 객체가 생성됩니다.

리뷰 삭제/수정

리뷰 삭제 역시 리뷰가 없는 경우를 예외 처리하고 삭제합니다.

```
public void remove(Long rno){

    ReviewEntity reviewEntity = reviewRepository.findById(rno)
            .orElseThrow(ReviewExceptions.REVIEW_NOT_FOUND::get);
    try{
        reviewRepository.delete(reviewEntity);
    }catch(Exception e){
        log.error(e.getMessage());
        throw ReviewExceptions.REVIEW_NOT_REMOVED.get();
    }
}
```

리뷰 수정도 리뷰가 있는지를 확인한 후에 처리합니다.

```
public ReviewDTO modify(ReviewDTO reviewDTO){

    ReviewEntity reviewEntity = reviewRepository.findById(reviewDTO.getRno())
            .orElseThrow(ReviewExceptions.REVIEW_NOT_FOUND::get);

    try {
        reviewEntity.changeReviewText(reviewDTO.getReviewText());
        reviewEntity.changeScore(reviewDTO.getScore());

        return new ReviewDTO(reviewEntity);
    }catch(Exception e){
        log.error(e.getMessage());
        throw ReviewExceptions.REVEIW_NOT_MODIFIED.get();
    }//end catch
}
```

리뷰 목록 처리

리뷰 목록은 page와 size가 기본적으로 필요하긴 하지만, 모든 목록의 기준인 상품 번호가 반드시 필요합니다. dto 패키지에 ReviewPageRequestDTO를 추가합니다.

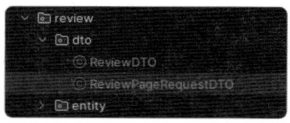

```
package org.zerock.ex3.review.dto;

import jakarta.validation.constraints.Max;
import jakarta.validation.constraints.Min;
import lombok.AllArgsConstructor;
import lombok.Builder;
import lombok.Data;
import lombok.NoArgsConstructor;
import org.springframework.data.domain.Pageable;
import org.springframework.data.domain.Sort;

@Data
```

```
@Builder
@AllArgsConstructor
@NoArgsConstructor
public class ReviewPageRequestDTO {

  @Min(1)
  @Builder.Default
  private int page = 1;

  @Min(20)
  @Max(100)
  @Builder.Default
  private int size = 20;


  private Long pno;

  public Pageable getPageable(Sort sort) {

    return org.springframework.data.domain.PageRequest.of(page - 1, size, sort);
  }
}
```

ReviewService에서는 ReviewRepository의 getListByBno( )를 이용해서 결과 데이터를 처리합니다.

```
public Page<ReviewDTO> getList(ReviewPageRequestDTO reviewPageRequestDTO)
{

    Long pno = reviewPageRequestDTO.getPno();
    Pageable pageable = reviewPageRequestDTO.getPageable(Sort.by("rno").descending());

    return reviewRepository.getListByPno(pno, pageable) ;
}
```

8.5 리뷰의 컨트롤러 처리

리뷰에 대해서 REST 처리를 담당하는 컨트롤러와 예외 처리를 구성해 봅니다. 프로젝트 내에 controller 패키지를 구성하고 ReviewController를 advice 패키지를 추가한 후에는 ReviewControllerAdvice를 구성합니다.

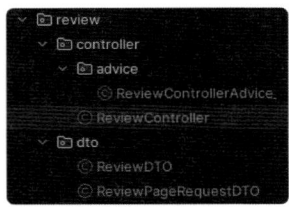

ReviewControllerAdvice는 ReviewExceptions를 처리해서 상태 코드와 에러 메시지를 전송하도록 구성합니다.

```java
package org.zerock.ex3.review.controller.advice;

import org.springframework.http.ResponseEntity;
import org.springframework.web.bind.annotation.ExceptionHandler;
import org.springframework.web.bind.annotation.RestControllerAdvice;
import org.zerock.ex3.review.exception.ReviewTaskException;

import java.util.Map;

@RestControllerAdvice
public class ReviewControllerAdvice {

    @ExceptionHandler(ReviewTaskException.class)
    public ResponseEntity<Map<String, String>>
handleReviewTaskException(ReviewTaskException exception) {

        int status = exception.getCode();
        String message = exception.getMessage();

        return ResponseEntity.status(status).body(Map.of("error", message));
    }
}
```

ReviewController는 '/api/v1/reviews/' 경로를 기본으로 해서 구성합니다.

```
package org.zerock.ex3.review.controller;

import lombok.RequiredArgsConstructor;
import lombok.extern.log4j.Log4j2;
import org.springframework.web.bind.annotation.RequestMapping;
import org.springframework.web.bind.annotation.RestController;
import org.zerock.ex3.review.service.ReviewService;

@RestController
@Log4j2
@RequiredArgsConstructor
@RequestMapping("/api/v1/reviews")
public class ReviewController {

    private final ReviewService reviewService;
}
```

8.5.1 리뷰의 등록 처리

리뷰를 등록할 때는 Access Token을 이용해서 현재 사용자와 ReviewDTO의 reviewer 값이 일치해야만 합니다. 이 작업을 @PreAuthorize( )로 처리할 수도 있긴 하지만, 그 경우 단순히 AccessDeniedException이 발생하기 때문에 세밀한 예외 처리에 어려움이 있습니다. 조금 번거롭더라도 예외 처리를 직접 메서드의 내부에서 처리할 수 있게 구성합니다.

ReviewExceptions에는 리뷰어의 정보가 일치하지 않는다는 의미의 예외를 하나 더 추가해 줍니다.

```
public enum ReviewExceptions {

    REVIEW_NOT_REGISTERED("Review Not Registered", 400),
    REVIEW_PRODUCT_NOT_FOUND("Product Not Found for Review", 404),

    REVEIW_NOT_MODIFIED("Review Not Modified", 400),
```

```
        REVIEW_NOT_REMOVED("Review Not Removed", 400),
        REVIEW_NOT_FOUND("Review Not Found", 404),
        REVIEWER_MISMATCH("Reviewer Mismatch", 400);
... 생략
}
```

ReviewController에서 등록 처리 과정 중에 발생하는 예외는 ReviewTaskException으로 자동으로 던져지므로 나머지 처리는 예외 처리 없이 구현이 가능합니다.

```
@PostMapping("")
package org.zerock.ex3.review.controller;

import lombok.RequiredArgsConstructor;
import lombok.extern.log4j.Log4j2;
import org.springframework.http.ResponseEntity;
import org.springframework.validation.annotation.Validated;
import org.springframework.web.bind.annotation.PostMapping;
import org.springframework.web.bind.annotation.RequestBody;
import org.springframework.web.bind.annotation.RequestMapping;
import org.springframework.web.bind.annotation.RestController;
import org.zerock.ex3.review.dto.ReviewDTO;
import org.zerock.ex3.review.exception.ReviewExceptions;
import org.zerock.ex3.review.service.ReviewService;

import java.security.Principal;

@RestController
@Log4j2
@RequiredArgsConstructor
@RequestMapping("/api/v1/reviews")
public class ReviewController {

  private final ReviewService reviewService;

  @PostMapping("")
  public ResponseEntity<ReviewDTO> register(@RequestBody @Validated ReviewDTO reviewDTO, Principal principal) {

    log.info("register: " + reviewDTO);

    if(!principal.getName().equals(reviewDTO.getReviewer())){
      throw ReviewExceptions.REVIEWER_MISMATCH.get();
    }
```

```
        //ReviewTaskException은 RuntimeException계열이므로 별도의 예외처리가
필요하지 않다.
    return ResponseEntity.ok(reviewService.register(reviewDTO));
  }
}
```

Postman을 통한 확인

Postman을 이용해서 상품의 리뷰를 등록해 봅니다. 리뷰의 처리 역시 Access Token이 필요하고 전송하는 데이터는 JSON 데이터입니다.

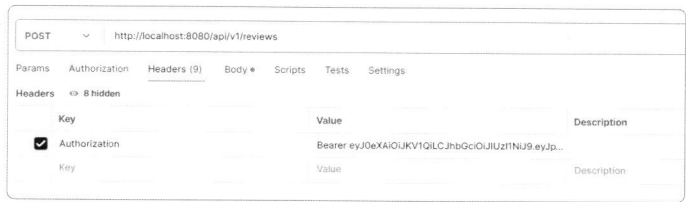

아래의 화면은 'user22'가 만든 Access Token을 이용해서 상품 49번의 리뷰를 등록하는 데이터입니다. 이 경우 Access Token의 값과 ReviewDTO의 reviewer 값이 일치하므로 문제가 없습니다.

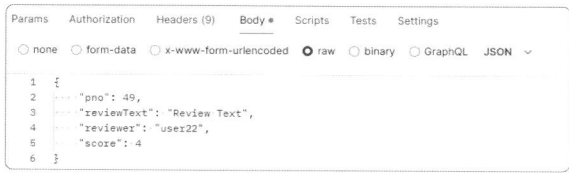

결과를 보면 정상적으로 리뷰가 생성된 것을 확인할 수 있습니다.

만일 reviewer의 값이 현재 Access Token의 사용자가 아니라면, 'Reviewer Mismatch' 에러 메시지가 발생하게 됩니다.

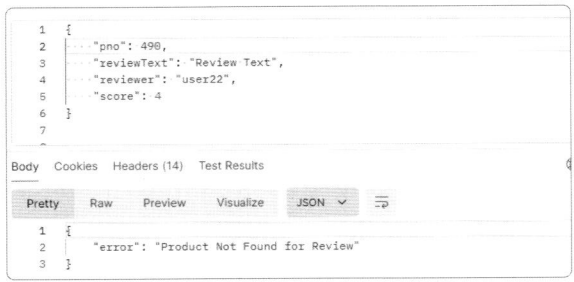

만일 데이터베이스에 없는 상품에 대한 리뷰를 추가하게 되면 404 에러가 발생하게 됩니다.

8.5.2 리뷰 조회

리뷰 조회는 Access Token이 있어야만 하고, 리뷰 번호만 @PathVariable로 이용합니다. 리뷰 조회의 경우 해당 번호의 리뷰가 없는 상황이 발생할 수 있습니다. 이에 대한 처리는

ReviewService에서 모두 처리되어 있기 때문에 ReviewController에서는 단순 호출만으로 충분합니다.

```
@GetMapping("/{rno}")
public ResponseEntity<ReviewDTO> read(@PathVariable("rno") Long rno) {

    log.info("read: " + rno);

    return ResponseEntity.ok(reviewService.read(rno));
}
```

Postman을 이용해서 존재하는 리뷰 번호를 사용하는 경우와 그렇지 않은 경우를 확인해 줍니다(Access Token은 마찬가지로 필요합니다.).

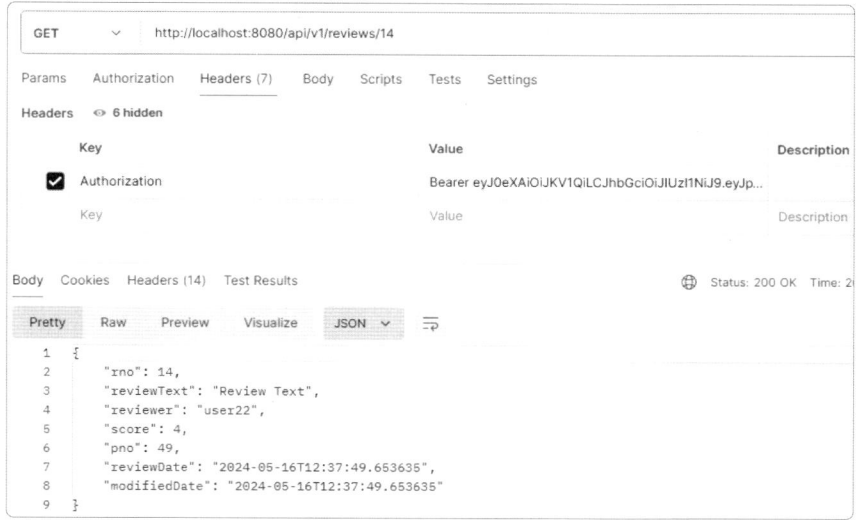

존재하지 않는 리뷰 번호를 조회하는 경우 404 상태 코드와 에러 메시지가 전송됩니다.

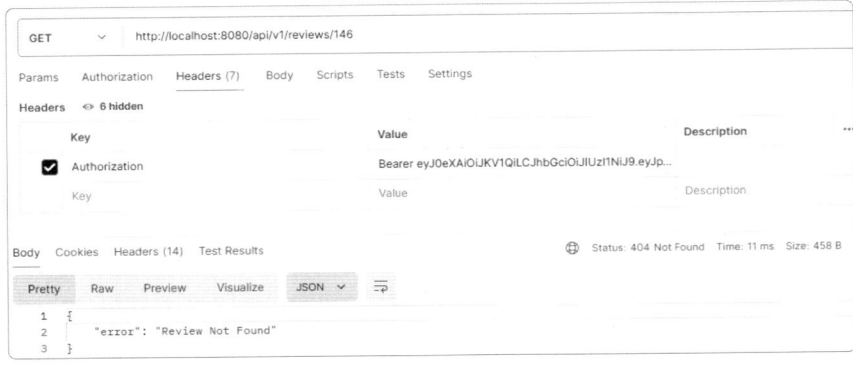

8.5.3 리뷰의 삭제 처리

리뷰의 수정과 삭제의 경우 리뷰를 작성한 사용자와 현재 로그인한 사용자가 일치하는지 살펴봐야 합니다. 삭제는 Principal이나 Authentication을 이용해서 이를 확인합니다.

Access Token에 있는 사용자 정보를 확인하는 부분을 제외하면 나머지는 ProductService 쪽에서 예외 처리가 되어 있으므로 단순하게 코드를 작성할 수 있습니다.

```java
package org.zerock.ex3.review.controller;

import lombok.RequiredArgsConstructor;
import lombok.extern.log4j.Log4j2;
import org.springframework.http.ResponseEntity;
import org.springframework.security.core.Authentication;
import org.springframework.validation.annotation.Validated;
import org.springframework.web.bind.annotation.*;
import org.zerock.ex3.review.dto.ReviewDTO;
import org.zerock.ex3.review.exception.ReviewExceptions;
import org.zerock.ex3.review.service.ReviewService;
```

```java
import java.security.Principal;
import java.util.Map;

@RestController
@Log4j2
@RequiredArgsConstructor
@RequestMapping("/api/v1/reviews")
public class ReviewController {

  private final ReviewService reviewService;

  ...생략

  @DeleteMapping("/{rno}")
  public ResponseEntity<Map<String, String>> remove(@PathVariable("rno") Long rno, Authentication authentication) {

    log.info("remove: " + rno);

    String currentUser = authentication.getName();

    log.info("currentUser: " + currentUser);

    ReviewDTO reviewDTO = reviewService.read(rno);

    if(!currentUser.equals(reviewDTO.getReviewer()) ){
      throw ReviewExceptions.REVIEWER_MISMATCH.get();
    }

    reviewService.remove(rno);

    return ResponseEntity.ok().body(Map.of("result","success"));
  }

}
```

예를 들어 6번 댓글의 작성자는 reviewer1인데 현재 Access Token은 user22로 만든 토큰을 이용한다면 에러가 발생하게 됩니다.

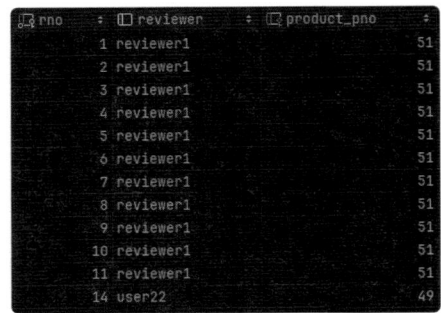

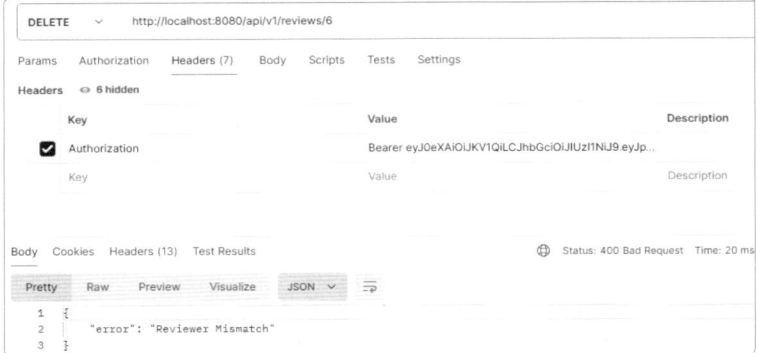

위의 데이터에서 리뷰 14번의 경우 현재 사용자인 user22가 작성한 리뷰이므로 정상적으로 삭제가 가능합니다.

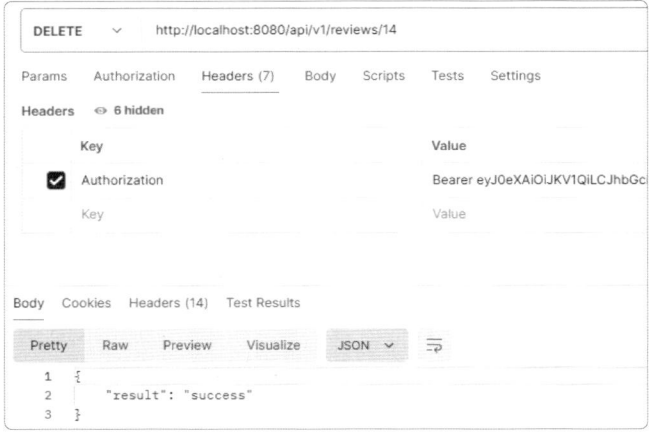

8.5.4 리뷰의 수정 처리

리뷰의 수정은 해당 번호의 리뷰가 있는지를 확인해야 하고 수정하려는 사용자와 현재 Access Token의 사용자를 체크해야만 합니다. 이 중에서 해당 리뷰의 존재 여부는 이미 ReviewService에서 예외 처리가 되므로 컨트롤러에서는 현재 사용자만 체크하고, 경로에 사용하는 리뷰의 번호와 ReviewDTO 안에 있는 리뷰의 번호가 일치하는지를 확인하면 됩니다.

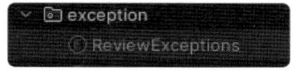

호출 경로의 리뷰 번호와 일치하지 않는 경우를 대비해서 예외를 추가합니다.

```
public enum ReviewExceptions {

    REVIEW_NOT_REGISTERED("Review Not Registered", 400),
    ...생략

    REVIVEW_NOT_MATCHED("Review Not Matched", 404);
    ...생략
}
```

ReviewController에 @PutMapping( )을 이용하는 수정 기능을 구현합니다.

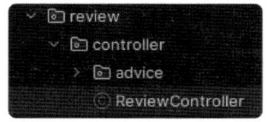

```
@PutMapping("/{rno}")
public ResponseEntity<ReviewDTO> modify(
        @PathVariable("rno") Long rno,
        @RequestBody ReviewDTO reviewDTO,
        Authentication authentication) {

    log.info("modify: " + rno);

    //번호 체크
```

```
    if(!rno.equals(reviewDTO.getRno())){
        throw ReviewExceptions.REVIVEW_NOT_MATCHED.get();
    }

    String currentUser = authentication.getName();
    log.info("currentUser: " + currentUser);

    if(!currentUser.equals(reviewDTO.getReviewer()) ){
        throw ReviewExceptions.REVIEWER_MISMATCH.get();
    }

    return ResponseEntity.ok().body(reviewService.modify(reviewDTO));
}
```

Access Token의 사용자가 작성한 리뷰의 수정을 확인합니다. 정상적인 상황이므로 수정된 리뷰가 반환됩니다.

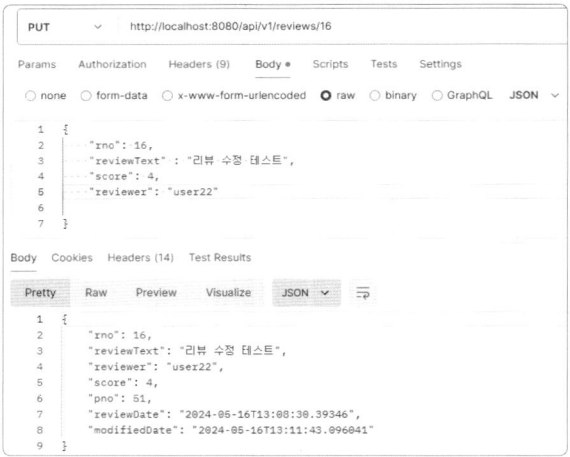

URI 경로와 다른 rno값을 지정하면 에러가 발생합니다. 아래 그림에서는 경로는 16번이지만 160번을 수정하려고 합니다.

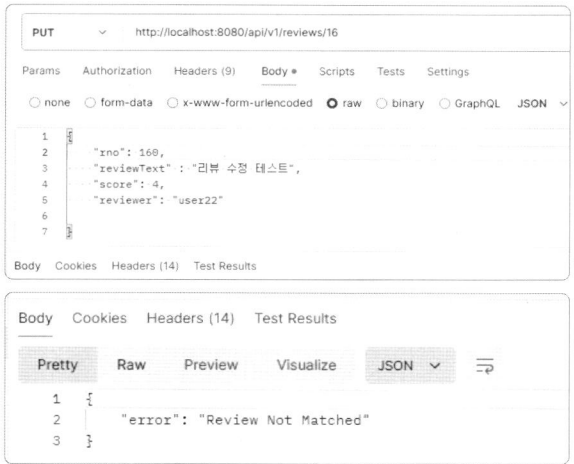

다른 사용자의 아이디로 reviewer 값을 지정해도 에러가 발생하게 됩니다.

없는 번호의 리뷰를 수정하려고 하는 경우에도 에러가 발생합니다.

8.5.5 리뷰의 목록 처리

리뷰 목록에서 가장 중요한 값은 상품 번호이기 때문에 이를 @PathVariable로 처리하고 페이지 번호와 사이즈는 쿼리스트링으로 처리합니다.

```
@GetMapping("/{pno}/list")
public ResponseEntity<?> list(@PathVariable("pno") Long pno,
                              @Validated ReviewPageRequestDTO
pageRequestDTO) {

  pageRequestDTO.setPno(pno);

  return ResponseEntity.ok(reviewService.getList(pageRequestDTO));

}
```

특정한 상품의 목록은 '/api/v1/reviews/상품번호/list?page=1'과 같은 형태로 작성됩니다.

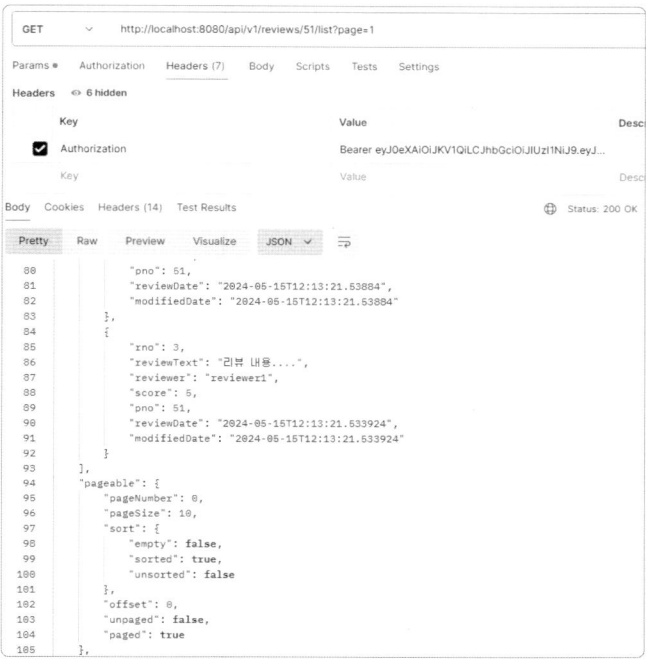

@Validated가 적용되어 있으므로 잘못된 파라미터 값에 대한 검증 처리도 함께 이루어집니다.

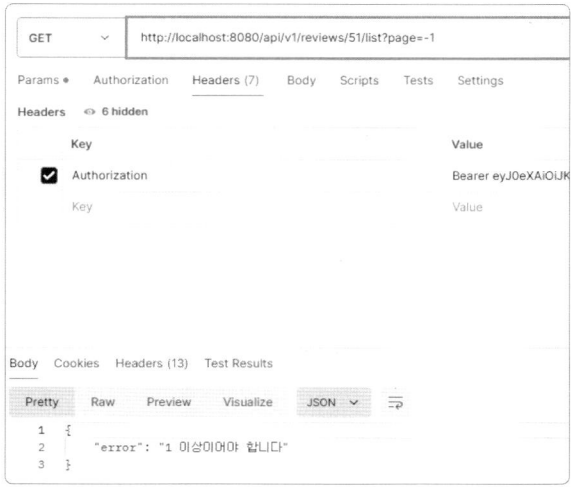

8.6 상품과 장바구니

장바구니는 회원당 하나의 장바구니를 가지게 되고, 상품과 수량 등이 들어가는 구조가 됩니다. ERD상으로 보면 아래 그림과 같은 형태가 되는데 흔히 관계형 데이터베이스에서는 M:N(ManyToMany)의 구조를 풀었을 때 아래와 같은 구조가 됩니다(아래 그림에서는 PK값을 구분하기 쉽게 문자열로 그렸습니다.).

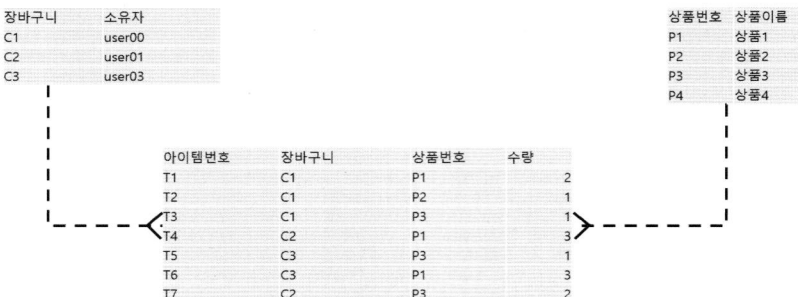

구현 단계에서 장바구니는 CartEntity로 표현하고, 장바구니에 있는 상품과 수량은 CartItemEntity로 표현하겠습니다. 중간의 CartItemEntity를 보면 양쪽으로 ManyToOne의 관계를 맺고 있습니다.

먼저, 프로젝트 내에 cart 패키지를 구성하고 dto, entity 패키지를 추가합니다.

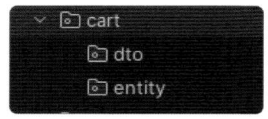

entity 패키지에 CartEntity를 선언합니다.

```
package org.zerock.ex3.cart.entity;

import jakarta.persistence.*;
import lombok.*;
import org.springframework.data.annotation.CreatedDate;
```

```java
import org.springframework.data.annotation.LastModifiedDate;
import org.springframework.data.jpa.domain.support.
AuditingEntityListener;

import java.time.LocalDateTime;

@Entity
@Table(name = "tbl_carts", indexes = @Index(columnList = "holder"))
@Getter
@ToString
@AllArgsConstructor
@NoArgsConstructor
@Builder
@EntityListeners(value = { AuditingEntityListener.class })
public class CartEntity {

    @Id
    @GeneratedValue(strategy = GenerationType.IDENTITY)
    private Long cno;

    private String holder;

    @CreatedDate
    private LocalDateTime joinDate;

    @LastModifiedDate
    private LocalDateTime modifiedDate;

}
```

CartEntity는 사실, 아주 단순하게 소유주(holder)에 대한 정보만 가지고 있으면 충분합니다.

CartItemEntity를 구성할 때는 양쪽으로 연관 관계를 맺고 있으므로 주의합니다. @ToString()에서 exclude를 이용하고 지연로딩을 하도록 구성합니다. CartItemEntity는 수량(quantity)만 변경이 가능합니다.

```java
package org.zerock.ex3.cart.entity;

import jakarta.persistence.*;
import lombok.*;
import org.zerock.ex3.product.entity.ProductEntity;

@Entity
@Table(name = "tbl_cart_items", indexes = @Index(columnList = "cart_cno"))
```

```java
@Getter
@ToString(exclude = {"product", "cart"})
@AllArgsConstructor
@NoArgsConstructor
@Builder
public class CartItemEntity {

    @Id
    @GeneratedValue(strategy = GenerationType.IDENTITY)
    private Long itemNo;

    @ManyToOne(fetch = FetchType.LAZY)
    private ProductEntity product;

    private int quantity;

    @ManyToOne(fetch = FetchType.LAZY)

    private CartEntity cart;

    public void changeQuantity(int quantity) {
        this.quantity = quantity;
    }

}
```

8.6.1 리포지토리와 테스트 구성

repository 패키지를 구성하고 CartRepository와 CartItemRepository를 구성합니다.

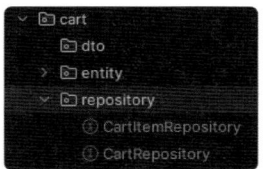

```java
package org.zerock.ex3.cart.repository;

import org.springframework.data.jpa.repository.JpaRepository;
import org.zerock.ex3.cart.entity.CartEntity;

public interface CartRepository extends JpaRepository<CartEntity, Long> {

}
```

```
package org.zerock.ex3.cart.repository;

import org.springframework.data.jpa.repository.JpaRepository;
import org.zerock.ex3.cart.entity.CartItemEntity;

public interface CartItemRepository extends JpaRepository<CartItemEntity,
Long> {
}
```

test 폴더에는 cart와 repository 패키지를 구성하고 CartRepositoryTests라는 이름으로 테스트 코드용 클래스를 작성합니다.

```
package org.zerock.ex3.cart.repository;

import org.springframework.beans.factory.annotation.Autowired;
import org.springframework.boot.test.autoconfigure.jdbc.
AutoConfigureTestDatabase;
import org.springframework.boot.test.autoconfigure.orm.jpa.DataJpaTest;
import org.springframework.transaction.annotation.Propagation;
import org.springframework.transaction.annotation.Transactional;

@DataJpaTest
@AutoConfigureTestDatabase(replace = AutoConfigureTestDatabase.Replace.
NONE)
@Transactional(propagation = Propagation.NOT_SUPPORTED)

public class CartRepositoryTests {

    @Autowired
    private CartRepository cartRepository;

    @Autowired
    private CartItemRepository cartItemRepository;
}
```

8.6.2 CartItemEntity 추가

장바구니에 상품을 추가하기 위해서는 다음과 같은 정보가 필요합니다.

- 장바구니 소유주(holder)
- 상품의 번호
- 수량

위의 정보를 이용해서 동작하게 될 시나리오를 먼저 정리해 보겠습니다.

1. CartRepository에 소유주(holder)가 가진 CartEntity가 있다면 가져와야 하고, 없다면 새로 생성해 주어야 합니다.
2. 상품 번호를 이용해서 ProductEntity를 생성해 줍니다.
3. CartItemEntity를 ProductEntity와 CartEntity를 이용해서 구성하고 수량을 지정해서 저장합니다.

이를 위해서 CartRepository에 소유주(holder)로 CartEntity를 검색하는 기능을 추가합니다.

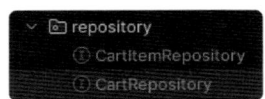

```
package org.zerock.ex3.cart.repository;

import org.springframework.data.jpa.repository.JpaRepository;
import org.zerock.ex3.cart.entity.CartEntity;

import java.util.Optional;

public interface CartRepository extends JpaRepository<CartEntity, Long> {

    Optional<CartEntity> findByHolder(String holder);

}
```

테스트 코드에서는 CartRepository의 findByHolder( )를 이용해서 나온 결과가 없는 경우 새로 CartEntity 객체를 생성해서 저장합니다. 이후 상품 번호와 수량 등을 지정해서 저장합니다.

```java
package org.zerock.ex3.cart.repository;

import org.junit.jupiter.api.Test;
import org.springframework.beans.factory.annotation.Autowired;
import org.springframework.boot.test.autoconfigure.jdbc.AutoConfigureTestDatabase;
import org.springframework.boot.test.autoconfigure.orm.jpa.DataJpaTest;
import org.springframework.test.annotation.Commit;
import org.springframework.transaction.annotation.Propagation;
import org.springframework.transaction.annotation.Transactional;
import org.zerock.ex3.cart.entity.CartEntity;
import org.zerock.ex3.cart.entity.CartItemEntity;
import org.zerock.ex3.product.entity.ProductEntity;

import java.util.Optional;

@DataJpaTest
@AutoConfigureTestDatabase(replace = AutoConfigureTestDatabase.Replace.NONE)
@Transactional(propagation = Propagation.NOT_SUPPORTED)

public class CartRepositoryTests {

  @Autowired
  private CartRepository cartRepository;

  @Autowired
  private CartItemRepository cartItemRepository;

  @Transactional
  @Test
  @Commit
  public void testInsertCart() {

    String mid = "user22";
    Long pno = 50L;
    int qty = 5;

    Optional<CartEntity> cartResult = cartRepository.findByHolder(mid);

    CartEntity cartEntity = cartResult.orElseGet(() -> {

      CartEntity cart = CartEntity.builder().holder(mid).build();

      return cartRepository.save(cart);
    });
```

```java
    ProductEntity productEntity = ProductEntity.builder().pno(pno).build();

    CartItemEntity cartItemEntity = CartItemEntity.builder()
            .cart(cartEntity)
            .product(productEntity)
            .quantity(qty)
            .build();

    cartItemRepository.save(cartItemEntity);
  }

}
```

만일 현재 소유주의 CartEntity가 없었다면 이를 찾아보고 insert 하는 과정이 실행됩니다.

```
select
    ce1_0.cno,
    ce1_0.holder,
    ce1_0.join_date,
    ce1_0.modified_date
from
    tbl_carts ce1_0
where
    ce1_0.holder=?
```

```
insert
into
    tbl_carts
    (holder, join_date, modified_date)
values
    (?, ?, ?)
```

이후 CartItemEntity가 등록됩니다.

```
insert
into
    tbl_cart_items
    (cart_cno, product_pno, quantity)
values
    (?, ?, ?)
```

발생할 수 있는 문제

CartItemEntity에 대한 처리를 할 때 발생할 수 있는 문제는 다음과 같습니다.

상황	문제점
CartItemEntity 등록	• 존재하지 않는 번호의 상품일 수 있다. • 수량(qty)이 0보다 작을 수 있다. • 이미 해당 상품은 장바구니에 추가되었을 수 있다(but 동일한 상품이라고 해도 옵션 선택이 다르면 담을 수도 있다.).
CartItemEntity 조회	• 존재하지 않는 CartItemEntity의 번호일 수 있다.
CartItemEntity 수정	• 수량(qty)이 0보다 작을 수 있다.
CartItemEntity 삭제	• 존재하지 않는 CartItemEntity의 번호일 수 있다.

이러한 상황들을 대처할 수 있게 exception 패키지와 CartTaskException을 설계합니다.

```
package org.zerock.ex3.cart.exception;

import lombok.Getter;
import lombok.ToString;

@Getter
@ToString
public class CartTaskException extends RuntimeException {

    private String message;
    private int status;

    public CartTaskException(String message, int status) {
        super(message);
        this.message = message;
        this.status = status;
    }

    public static enum Items {

        NOT_FOUND_CARTITEM("Cannot find CartItem", 404),
        NOT_FOUND_CART("Cannot find Cart", 404),
```

```
        NoT_FOUND_PRODUCT("Cannot find Product", 404),
        INVALID_QUANTITY("Invalid Quantity", 400),
        DUPLICATE_PRODUCT("Duplicate Product In Cart", 400),
        CART_ITEM_REGISTER_FAIL("Cart Register Fail", 500),
        CART_ITEM_UPDATE_FAIL("Cart Update Fail", 500),
        CART_ITEM_DELETE_FAIL("Cart Delete Fail", 500);

        private String message;
        private int status;

        Items(String message, int status) {
            this.message = message;
            this.status = status;
        }
        public CartTaskException value() {
            return new CartTaskException(this.message, this.status);
        }
    }
}
```

8.6.3 장바구니 아이템 조회

현재 사용자의 장바구니에 있는 장바구니 아이템들을 조회해 봅니다. 주어지는 정보는 장바구니의 소유주(holder)에 대한 정보만 제공됩니다.

페치 조인을 이용하는 방식

현재의 구조를 보면 CartItemEntity는 ProductEntity를 참조하고 있고, ProductEntity는 ProductImages들을 참조하고 있기 때문에 페치 조인을 이용한다면 다음과 같은 방식으로 한 번에 구할 수 있습니다.

JPA2.1부터는 페치 조인을 한 번에 여러 번 사용할 수 있기 때문에 아래와 같은 구성이 가능합니다.

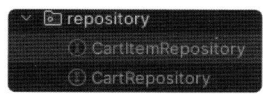

```
package org.zerock.ex3.cart.repository;

import org.springframework.data.jpa.repository.JpaRepository;
import org.springframework.data.jpa.repository.Query;
import org.springframework.data.repository.query.Param;
import org.zerock.ex3.cart.entity.CartItemEntity;

import java.util.List;
import java.util.Optional;

public interface CartItemRepository extends JpaRepository<CartItemEntity, Long> {

    @Query("select c " +
            " from CartItemEntity c   " +
            " join fetch c.product " +
            " join  fetch  c.product.images   " +
            " where c.cart.holder = :holder" +
            " order by c.itemNo desc ")
    Optional<List<CartItemEntity>> getCartItemsOfHolder(@Param("holder") String holder);
}
```

현재 데이터베이스에는 user22의 CartEntity의 번호는 1번이고 아래와 같이 3개의 장바구니 아이템이 존재합니다.

테스트 코드를 통해서 getCartItemsOfHolder()의 동작을 확인해 봅니다.

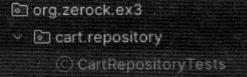

```java
@Test
public void testRead() {

    String mid = "user22";

    Optional<List<CartItemEntity>> result = cartItemRepository.
getCartItemsOfHolder(mid);

    List<CartItemEntity> cartItemEntityList = result.orElse(null);

    cartItemEntityList.forEach(cartItemEntity -> {
        System.out.println(cartItemEntity);
        System.out.println(cartItemEntity.getProduct());
        System.out.println(cartItemEntity.getProduct().getImages());
        System.out.println("--------------------------------");
    });

}
```

실행 결과를 보면 필요한 모든 테이블이 조인 처리되는 것을 볼 수 있고, 추가적인 쿼리 없이 상품의 모든 이미지까지 가져오는 것을 확인할 수 있습니다.

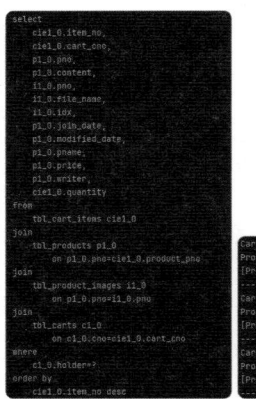

조인을 이용하는 방식

페이징 처리가 없기 때문에 페치 조인을 이용하는 것도 나쁜 방법은 아니겠지만, 필요한 정보만 조회한다면 상품의 이미지를 하나만 가져오더라도 조인 처리를 통해서 처리할 수도 있습니다.

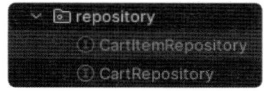

```
@Query("select c , p, pi " +
        " from CartItemEntity c  " +
        " join c.product p " +
        " join  c.product.images pi  " +
        " where c.cart.holder = :holder" +
        " and pi.idx = 0 "+
        " order by c.itemNo desc ")
List<Object[]> getCartItemsOfHolder2(@Param("holder") String holder);
```

직접 조인 처리를 하는 방식에서 주의해야 하는 것은 하나의 장바구니 아이템이 하나의 로우(ROW)가 될 수 있도록 구성하는 것입니다. 이를 위해서 where 조건을 보면 ProductImages의 idx값이 0으로 하나만 나오게 구성하고 있습니다.

여러 종류의 데이터를 가져오기 때문에 엔티티 타입이 아니라 Object[ ]를 이용하는데 테스트 코드에서는 배열의 내용물을 확인합니다.

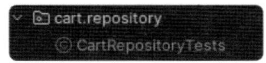

```
@Test
public void testRead2() {

    String mid = "user22";

    List<Object[]> result = cartItemRepository.getCartItemsOfHolder2(mid);

    result.forEach(arr -> {
```

```
            System.out.println(arr[0]);
            System.out.println(arr[1]);
            System.out.println(arr[2]);
            System.out.println("--------------------------------");
        });
    }
```

실행 결과를 확인해 보면 조인 페치를 이용한 방식과 거의 동일하지만, 상품 이미지는 하나만 출력되는 것을 볼 수 있습니다.

8.6.4 장바구니 아이템 수정/삭제

장바구니 아이템의 경우 현재 상품 정보는 수정이 불가능한 것이 맞습니다. 조정 가능한 속성값은 수량(quantity)밖에 없습니다. 만일 수량이 0보다 작거나 같다면 해당 장바구니 아이템은 삭제를 의미하게 됩니다.

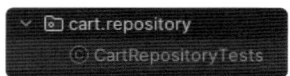

현재 데이터베이스에는 장바구니 아이템 번호가 3번인 데이터가 있으므로 이를 처리해 봅니다.

```java
@Test
@Transactional
@Commit
public void testModifyCartItem(){

    Long itemNo = 3L;
    int qty = 0;

    Optional<CartItemEntity> result = cartItemRepository.findById(itemNo);

    CartItemEntity cartItemEntity = result.get();

    cartItemEntity.changeQuantity(qty);

    if(cartItemEntity.getQuantity() <= 0){
        cartItemRepository.delete(cartItemEntity);
    }

}
```

현재 수량을 0으로 조정했기 때문에 삭제되는 것을 확인할 수 있습니다.

```
select
    cie1_0.item_no,
    cie1_0.cart_cno,
    cie1_0.product_pno,
    cie1_0.quantity
from
    tbl_cart_items cie1_0
where
    cie1_0.item_no=?
```

```
delete
from
    tbl_cart_items
where
    item_no=?
```

8.7 DTO와 서비스 계층

장바구니와 관련된 데이터베이스의 처리는 어느 정도 되었으므로 DTO와 서비스 계층을 구성해 봅니다. service 패키지를 추가하고 CartService를 추가합니다.

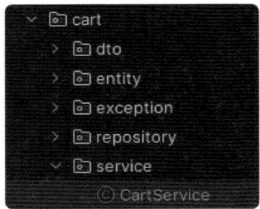

CartService에는 CartRepository, CartItemRepository, ProductRepository까지 필요한 모든 리포지토리를 추가합니다.

```
package org.zerock.ex3.cart.service;

import lombok.RequiredArgsConstructor;
import lombok.extern.log4j.Log4j2;
import org.springframework.stereotype.Service;
import org.springframework.transaction.annotation.Transactional;
import org.zerock.ex3.cart.repository.CartItemRepository;
import org.zerock.ex3.cart.repository.CartRepository;
import org.zerock.ex3.product.repository.ProductRepository;

@Service
@RequiredArgsConstructor
@Log4j2
@Transactional
public class CartService {

    private final CartItemRepository cartItemRepository;

    private final CartRepository cartRepository;

    private final ProductRepository productRepository;

}
```

8.7.1 장바구니 아이템 조회

CartService에서 가장 중요한 기능은 현재 소유주(holder)의 장바구니에 있는 장바구니 아이템에 대한 조회입니다. 데이터를 전달되기 위해서 필요한 정보를 DTO로 구성하고 CartItemEntity를 변환해서 전달합니다.

dto 패키지에 CartItemDTO를 정의합니다.

```
package org.zerock.ex3.cart.dto;

import lombok.Builder;
import lombok.Data;

@Data
@Builder
public class CartItemDTO {

    private Long itemNo;

    private Long pno;

    private String pname;

    private int quantity;

    private int price;

    private String image;
}
```

CartService에 getAllItems( )를 작성합니다.

```
package org.zerock.ex3.cart.service;

import lombok.RequiredArgsConstructor;
import lombok.extern.log4j.Log4j2;
import org.springframework.stereotype.Service;
import org.springframework.transaction.annotation.Transactional;
import org.zerock.ex3.cart.dto.CartItemDTO;
import org.zerock.ex3.cart.entity.CartItemEntity;
import org.zerock.ex3.cart.repository.CartItemRepository;
import org.zerock.ex3.cart.repository.CartRepository;
```

```java
import org.zerock.ex3.product.repository.ProductRepository;

import java.util.List;
import java.util.Optional;

@Service
@RequiredArgsConstructor
@Log4j2
@Transactional
public class CartService {

  private final CartItemRepository cartItemRepository;

  private final CartRepository cartRepository;

  private final ProductRepository productRepository;

  public List<CartItemDTO> getAllItems(String mid) {

    Optional<List<CartItemEntity>> result = cartItemRepository.getCartItemsOfHolder(mid);

    return null;
  }
}
```

소유주의 장바구니가 비어 있을 경우에는 null 대신 비어 있는 ArrayList를 반환해 줍니다. 만일, 장바구니 아이템이 있다면 CartItemEntity를 CartItemDTO로 변환합니다.

```java
@Transactional(readOnly = true)
public List<CartItemDTO> getAllItems(String mid) {

    List<CartItemDTO> itemDTOList = new ArrayList<>();

    Optional<List<CartItemEntity>> result = cartItemRepository.getCartItemsOfHolder(mid);

    if(result.isEmpty()){
        return itemDTOList;
    }

    List<CartItemEntity> cartItemEntityList = result.get();

    cartItemEntityList.forEach(cartItemEntity -> {
        itemDTOList.add(entityToDTO(cartItemEntity));
    });
```

```
        return itemDTOList;
    }

    private CartItemDTO entityToDTO(CartItemEntity cartItemEntity) {
        return CartItemDTO.builder()
                .itemNo(cartItemEntity.getItemNo())
                .pname(cartItemEntity.getProduct().getPname())
                .pno(cartItemEntity.getProduct().getPno())
                .price(cartItemEntity.getProduct().getPrice())
                .image(cartItemEntity.getProduct().getImages().first().getFileName())
                .quantity(cartItemEntity.getQuantity())
                .build();
    }
```

getAllItems( )를 보면 @Transactional(readonly=true)가 적용되어 있습니다. 현재 ProductEntity 안에서는 SortedSet<ProductImage> images = new TreeSet<>( )으로 상품의 이미지들을 보관하는데 TreeSet을 이용하는 경우에는 images의 내용물을 지우고 다시 순서를 조정합니다. 이 과정에서 delete와 insert가 일어나게 되기 때문에 @Transactional(readonly=true)를 적용해 주어야 합니다. 만일 images를 단순 Set으로 처리하고 HashSet을 이용하면 JPA에서는 변경된 요소들이 있는지만 체크하기 때문에 delete와 insert가 일어나지 않습니다. 대신 위의 코드에서 cartItemEntity.getProduct( ).getImages( ).first( ).getFileName( ) 부분을 cartItemEntity.getProduct( ).getImages( ).stream( ).findAny( ).get( ).getFileName( ))와 같이 변경해 주어야 합니다.

장바구니 아이템 목록 테스트

test 폴더에는 service 패키지와 CartServiceTests를 추가합니다.

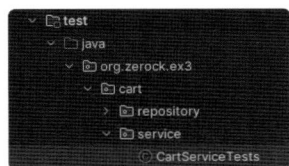

```java
package org.zerock.ex3.cart.service;

import org.junit.jupiter.api.Test;
import org.springframework.beans.factory.annotation.Autowired;
import org.springframework.boot.test.context.SpringBootTest;
import org.zerock.ex3.cart.dto.CartItemDTO;

import java.util.List;

@SpringBootTest
public class CartServiceTests {

    @Autowired
    private CartService cartService;

    @Test
    public void testGetCartList() {

        String mid = "user22";

        List<CartItemDTO> cartList = cartService.getAllItems(mid);

        cartList.forEach(cartItemDTO -> {
            System.out.println(cartItemDTO);
        });
    }
}
```

현재 데이터베이스의 데이터는 'user22'번의 장바구니가 1번으로 등록되어 있고, 해당 장바구니에는 3개의 장바구니 아이템이 담겨 있습니다.

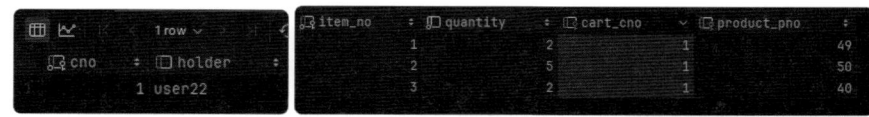

테스트 코드를 이용하면 다음과 같이 쿼리와 CartItemDTO들이 출력됩니다.

8.7.2 장바구니 아이템의 등록

장바구니의 아이템을 등록하는 경우 필요한 정보는 소유주(holder)와 상품 번호(pno)와 수량(quantity) 정보입니다. 이에 대한 처리는 별도의 DTO를 구성해서 처리합니다.

dto 패키지에 AddCartItemDTO를 구성합니다.

```java
package org.zerock.ex3.cart.dto;

import lombok.Builder;
import lombok.Data;

@Data
@Builder
public class AddCartItemDTO {

    private String holder;

    private Long pno;

    private int quantity;

}
```

CartService에서는 AddCartItemDTO를 파라미터로 받아서 처리하는 registerItem( )을 생성합니다.

```
public void registerItem(AddCartItemDTO addCartItemDTO){

    String mid = addCartItemDTO.getHolder();
    Long pno = addCartItemDTO.getPno();
    int quantity = addCartItemDTO.getQuantity();

    Optional<CartEntity> cartResult = cartRepository.findByHolder(mid);

    CartEntity cartEntity = cartResult.orElseGet(() -> {
        CartEntity cart = CartEntity.builder().holder(mid).build();
        return cartRepository.save(cart);
    });

    ProductEntity productEntity = productRepository.findById(pno)
            .orElseThrow(CartTaskException.Items.NoT_FOUND_
PRODUCT::value);

    CartItemEntity cartItemEntity = CartItemEntity.builder()
            .cart(cartEntity)
            .product(productEntity)
            .quantity(quantity)
            .build();

    try {
        cartItemRepository.save(cartItemEntity);
    } catch (Exception e) {
        log.error(e.getMessage());
        throw CartTaskException.Items.CART_ITEM_REGISTER_FAIL.value();
    }
}
```

registerItem( )은 소유주의 장바구니가 있는지를 확인합니다. 없다면 새로운 장바구니 아이템을 만들어서 저장합니다. 상품 데이터는 테스트 환경과 다르게 가짜 데이터가 아니라 실제로 ProductRepository에서 가져온 엔티티 객체를 이용합니다. 이때 상품 데이터가 없을 수도 있으므로 예외를 던져주도록 구성합니다.

마지막으로 CartItemEntity를 구성해서 save( )를 통해 이를 저장합니다.

장바구니 아이템 추가 테스트

테스트 코드를 이용해서 장바구니 아이템이 추가되는 것을 테스트해 봅니다.

모든 정보는 현재 데이터베이스상에 있는 값을 이용해서 성공하는 경우를 확인해 봅니다.

```java
@Test
public void testRegisterItem() {

    String mid = "user22";
    Long pno = 40L;
    int qty = 2;

    AddCartItemDTO addCartItemDTO = AddCartItemDTO.builder()
            .holder(mid)
            .pno(pno)
            .quantity(qty)
            .build();

    cartService.registerItem(addCartItemDTO);
}
```

현재 데이터베이스에는 모든 정보가 존재하므로 상품에 대한 select와 tbl_cart_items에만 insert가 실행됩니다.

```
select
    ce1_0.cno,
    ce1_0.holder,
    ce1_0.join_date,
    ce1_0.modified_date
from
    tbl_carts ce1_0
where
    ce1_0.holder=?
```

```
select
    pe1_0.pno,
    pe1_0.content,
    pe1_0.join_date,
    pe1_0.modified_date,
    pe1_0.pname,
    pe1_0.price,
    pe1_0.writer
from
    tbl_products pe1_0
where
    pe1_0.pno=?
```

```
insert
into
    tbl_cart_items
    (cart_cno, product_pno, quantity)
values
    (?, ?, ?)
```

만일 'user55'로 변경하면 새로운 장바구니 추가되면서 처리됩니다.

```
select
    ce1_0.cno,
    ce1_0.holder,
    ce1_0.join_date,
    ce1_0.modified_date
from
    tbl_carts ce1_0
where
    ce1_0.holder=?
```

```
insert
into
    tbl_carts
    (holder, join_date, modified_date)
values
    (?, ?, ?)
```

```
insert
into
    tbl_cart_items
    (cart_cno, product_pno, quantity)
values
    (?, ?, ?)
```

존재하지 않는 상품 번호를 이용하면 예외가 발생합니다.

```
CartTaskException(message=Cannot find Product, status=404)
    at org.zerock.ex3.cart.exception.CartTaskException$Items.value(CartTaskException.java:45)
    at org.zerock.ex3.cart.service.CartService.registerItem(CartService.java:60) ~[2 internal lines]
    at org.springframework.aop.support.AopUtils.invokeJoinpointUsingReflection(AopUtils.java:354)
```

8.7.3 장바구니 아이템의 수정/삭제

장바구니 아이템은 기본적으로 수량만을 조정할 수 있습니다. 다만, 이 수량마저도 0보다 작거나 같다면 삭제하도록 구성합니다.

장바구니 아이템의 삭제를 위해서 전달되는 정보는 장바구니 아이템의 번호(itemNo)와 수량(quantity)입니다(상품 번호는 필요하지 않습니다.). dto 패키지에 ModifyCartItemDTO 클래스를 추가해서 이를 구성합니다.

```
package org.zerock.ex3.cart.dto;

import lombok.Builder;
import lombok.Data;

@Data
@Builder
```

```java
public class ModifyCartItemDTO {

    private Long itemNo;

    private int quantity;

}
```

CartService에서는 modifyItem( )을 구성합니다.

```java
public void modifyItem(ModifyCartItemDTO modifyCartItemDTO) {

    Long itemNo = modifyCartItemDTO.getItemNo();
    int quantity = modifyCartItemDTO.getQuantity();

    Optional<CartItemEntity> result = cartItemRepository.findById(itemNo);

    if(result.isEmpty()){
        throw CartTaskException.Items.NOT_FOUND_CARTITEM.value();
    }

    CartItemEntity cartItemEntity = result.get();

    if(quantity <= 0){
        cartItemRepository.delete(cartItemEntity);
        return;
    }
    cartItemEntity.changeQuantity(quantity);
}
```

장바구니 아이템의 수정에서는 해당 번호의 장바구니 아이템이 없을 수 있기 때문에 예외를 발생할 수 있게 하고, 수량이 0보다 작은 경우에는 장바구니 아이템 자체를 삭제하도록 구성합니다.

장바구니의 수정/삭제 테스트

테스트 코드를 이용해서 수량 변경을 확인합니다. 현재 데이터베이스의 장바구니 아이템 2번에는 5개의 수량으로 50번 상품이 등록되어 있습니다.

```
@Test
public void testModifyItem() {

    Long itemNo = 2L;
    int qty = 1;

    ModifyCartItemDTO modifyCartItemDTO = ModifyCartItemDTO.builder()
            .itemNo(itemNo)
            .quantity(qty)
            .build();

    cartService.modifyItem(modifyCartItemDTO);
}
```

기존의 데이터와 다른 부분이 있다면 update가 실행됩니다. 최종적으로 데이터베이스를 점검합니다(변경된 데이터가 없다면 update문은 실행되지 않습니다.).

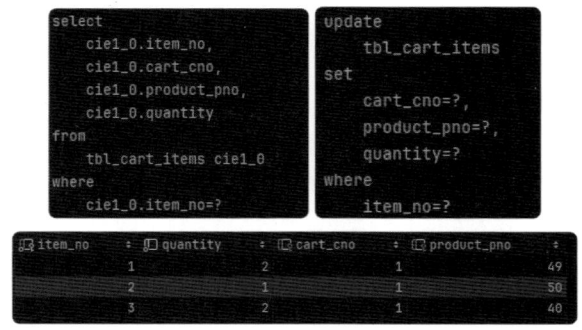

존재하지 않는 장바구니 아이템 번호를 이용하면 예외가 발생하게 됩니다.

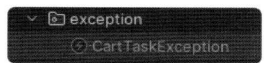

8.7.4 장바구니 아이템의 소유주 확인 기능

장바구니 아이템에 대한 변경이 되려면 현재 소유주(holder)와 변경을 시도하려는 사람의 정보가 일치해야만 합니다. 일치하지 않는 경우를 예외로 분리해 둡니다.

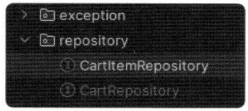

```
public static enum Items {

    ...생략
    NOT_CARTITEM_OWNER("Not CartItem Owner", 403);
    ...생략
```

CartItemRepository에 체크하는 기능을 구현합니다.

```
@Query("select c.cart.holder " +
       " from CartItemEntity c  " +
       " where c.itemNo = :itemNo " )
Optional<String> getHolderOfCartItem(@Param("itemNo") Long itemNo);
```

CartService에 checkItemHolder( )를 구성해 봅니다.

```
public void checkItemHolder(String holder, Long itemNo) {

    Optional<String> result = cartItemRepository.
getHolderOfCartItem(itemNo);

    if(result.isEmpty()){
        throw CartTaskException.Items.NOT_FOUND_CARTITEM.value();
    }

    if(!result.get().equals(holder)){
        throw CartTaskException.Items.NOT_CARTITEM_OWNER.value();
    }
}
```

8.7.5 장바구니의 소유주 확인 기능

장바구니는 소유주만이 조작할 수 있으므로 이를 확인하는 기능을 CartService에 구현해 둡니다. 이 기능은 나중에 장바구니를 조회할 때 체크하는 용도로 사용할 것입니다.

```
public void checkCartHolder(String holder, Long cno) {

  CartEntity cartEntity = cartRepository.findByHolder(holder)
        .orElseThrow(CartTaskException.Items.NOT_FOUND_CART::value);

  if(!cartEntity.getCno().equals(cno)){
    throw CartTaskException.Items.NOT_FOUND_CART.value();
  }
}
```

8.8 컨트롤러의 구현

장바구니는 특히나 사용자의 인증 정보가 반드시 필요합니다. 인증된 사용자가 가진 장바구니 아이템을 이용해서 기능을 체크하면서 구현해야 합니다. cart 패키지에 controller 패키지와 advice 패키지를 추가하고 CartController, CartControllerAdvice를 아래 그림과 같은 구조로 생성합니다.

CartControllerAdvice는 CartTaskException을 처리하도록 구성합니다.

```
package org.zerock.ex3.cart.controller.advice;

import org.springframework.http.ResponseEntity;
import org.springframework.web.bind.annotation.ExceptionHandler;
import org.springframework.web.bind.annotation.RestControllerAdvice;
import org.zerock.ex3.cart.exception.CartTaskException;

import java.util.Map;

@RestControllerAdvice
public class CartControllerAdvice {

    @ExceptionHandler(CartTaskException.class)
    public ResponseEntity<Map<String, String> > handleCartTaskException(CartTaskException e){

        int status = e.getStatus();
        String message = e.getMessage();

        return ResponseEntity.status(status).body(Map.of("error", message));
    }

}
```

CartController는 '/api/v1/carts/' 경로를 이용해서 구성합니다.

```
package org.zerock.ex3.cart.controller;

import lombok.RequiredArgsConstructor;
import lombok.extern.log4j.Log4j2;
import org.springframework.web.bind.annotation.*;
import org.zerock.ex3.cart.service.CartService;
```

```
@RestController
@Log4j2
@RequiredArgsConstructor
@RequestMapping("/api/v1/carts")
public class CartController {

    private final CartService cartService;
}
```

8.8.1 장바구니 아이템의 등록

CartController에 가장 먼저 구현할 기능은 장바구니 아이템을 추가하는 기능입니다. 이 기능은 시큐리티를 이용해서 현재 Access Token의 mid값과 AddCartItemDTO의 holder의 값이 일치하는 경우에만 동작하도록 설계합니다.

```
package org.zerock.ex3.cart.controller;

import lombok.RequiredArgsConstructor;
import lombok.extern.log4j.Log4j2;
import org.springframework.http.ResponseEntity;
import org.springframework.security.access.prepost.PreAuthorize;
import org.springframework.web.bind.annotation.*;
import org.zerock.ex3.cart.dto.AddCartItemDTO;
import org.zerock.ex3.cart.dto.CartItemDTO;
import org.zerock.ex3.cart.service.CartService;

import java.util.List;

@RestController
@Log4j2
@RequiredArgsConstructor
@RequestMapping("/api/v1/carts")
public class CartController {

    private final CartService cartService;

    //Gradle 환경 주의
    @PreAuthorize("authentication.name == #addCartItemDTO.holder")
    @PostMapping("/addItem")
    public ResponseEntity<List<CartItemDTO>> addItem(
```

```
            @RequestBody AddCartItemDTO addCartItemDTO){

    log.info("add item...............");

    cartService.registerItem(addCartItemDTO);

    List<CartItemDTO> cartItemList = cartService.
getAllItems(addCartItemDTO.getHolder());

    return ResponseEntity.ok(cartItemList);
  }
}
```

Postman에서는 Access Token을 이용하고, JSON으로 데이터를 전달합니다. 테스트 전에 반드시 Authorization 토큰을 지정합니다.

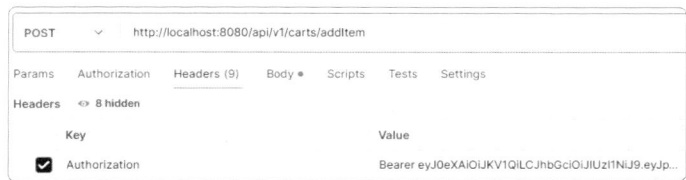

현재 Access Token의 사용자가 user22이므로 이를 활용해서 장바구니 아이템을 추가합니다.

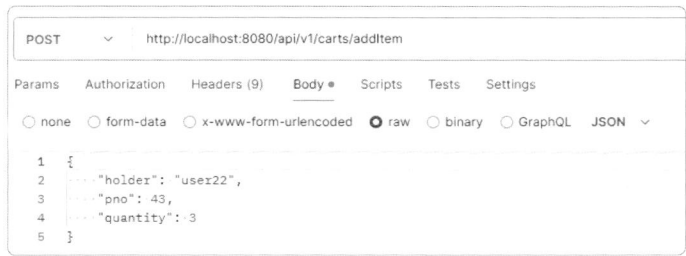

만일 현재 사용자의 장바구니가 없었거나, 장바구니 아이템이 없었다면 추가된 장바구니 아이템을 조회할 수 있습니다.

Access Token에 있는 사용자와 다른 소유주(holder)를 지정하면 403(Forbidden) 에러가 발생합니다.

존재하지 않는 상품 번호를 이용하면 404(Not Found)가 발생합니다.

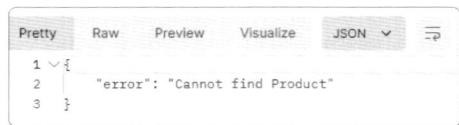

8.8.2 장바구니 아이템의 조회

장바구니 아이템을 조회하는 기능은 장바구니의 번호만 필요합니다. Access Token에 있는 mid값을 이용해서 해당 장바구니의 번호(cno)가 자신의 장바구니인지 확인하고 장바구니에 들어있는 모든 아이템을 반환해 줍니다.

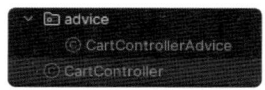

```
@GetMapping("/{cno}")
public ResponseEntity<List<CartItemDTO>> getCartItemList(
        @PathVariable("cno") Long cno,
        Principal principal) {

    log.info("get cart .............." + cno);

    String mid = principal.getName();

    cartService.checkCartHolder(mid, cno);

    List<CartItemDTO> cartList = cartService.getAllItems(mid);

    return ResponseEntity.ok(cartList);
}
```

getCartItemList( )는 장바구니의 번호와 현재 사용자의 정보를 이용해서 해당 장바구니가 사용자의 것인지 확인한 후에 데이터를 처리합니다.

현재 데이터베이스에 장바구니 정보는 다음과 같습니다.

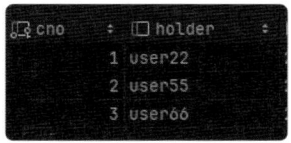

Postman에서는 Access Token 사용자의 장바구니 번호(cno)를 통해서 모든 장바구니 아이템의 내용을 확인할 수 있습니다. 'user22'가 만든 1번 장바구니의 경우 문제 없이 모든 장바구니 아이템이 반환됩니다.

만일 다른 소유주의 장바구니를 지정하는 경우나 존재하지 않는 장바구니 번호(cno)를 이용하면 에러가 발생합니다. 아래의 경우 2번 장바구니는 'user55'의 장바구니이므로 404(Not Found)가 발생했습니다.

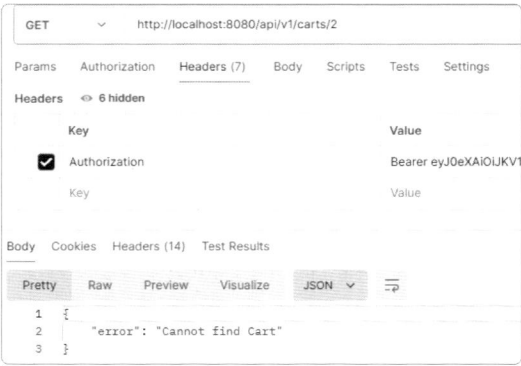

8.8.3 장바구니 아이템의 수정/삭제

장바구니의 아이템 수정은 사실상 삭제 기능도 가능합니다. 수정/삭제에 대한 처리를 위해서 Access Token의 사용자 정보를 이용해서 해당 사용자가 장바구니의 소유주(holder)인지를 확인하고 처리합니다. 처리 후에는 현재 소유주의 장바구니 아이템들을 보여줍니다.

```java
@PutMapping("/modifyItem/{itemNo}")
public ResponseEntity<List<CartItemDTO>> modifyItem(
        @PathVariable("itemNo") Long itemNo,
        @RequestBody ModifyCartItemDTO modifyCartItemDTO,
        Principal principal) {

    log.info("modify item..............." + modifyCartItemDTO);

    String mid = principal.getName();

    cartService.checkItemHolder(mid, itemNo);

    modifyCartItemDTO.setItemNo(itemNo);

    cartService.modifyItem(modifyCartItemDTO);

    List<CartItemDTO> cartList = cartService.getAllItems(mid);

    return ResponseEntity.ok(cartList);
}
```

현재 데이터베이스에는 user22가 만든 장바구니(1번)에 1, 2, 3번의 장바구니 아이템이 존재합니다.

item_no	quantity	cart_cno	product_pno
1	3	1	43
2	3	1	50
3	3	1	35
4	2	2	40
5	2	3	40

Postman을 이용해서 3번 장바구니 아이템의 수량을 10으로 변경해 봅니다.

결과를 보면 3번 장바구니 아이템의 수량이 10으로 변경된 것을 확인할 수 있습니다.

만일 자신이 가진 장바구니 아이템이 아닌 경우에는 403(Forbidden)과 함께 'Not CartItem Owner' 메시지가 전송됩니다.

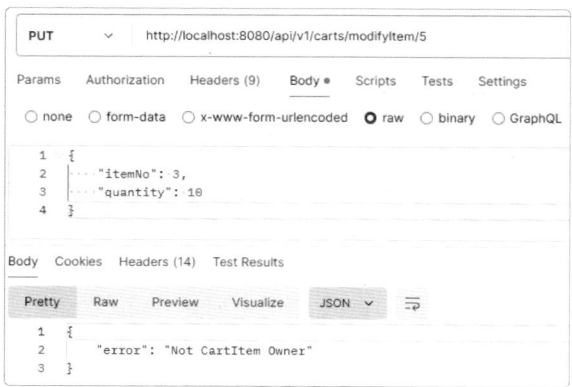

8.8.4 장바구니 아이템의 삭제

장바구니 아이템의 삭제는 DELETE 방식으로 처리하고 Principal을 이용해서 해당 장바구니의 소유자만이 삭제할 수 있도록 구성합니다.

삭제 처리는 ModifyCartItemDTO 수량(quantity)을 0으로 지정해서 보내는 방식으로 하면 됩니다.

```java
@DeleteMapping("/removeItem/{itemNo}")
public ResponseEntity<List<CartItemDTO>> removeItem(
        @PathVariable("itemNo") Long itemNo,
        Principal principal) {

    log.info("remove item.............." + itemNo);

    String mid = principal.getName();

    cartService.checkItemHolder(mid, itemNo);

    cartService.modifyItem(
            ModifyCartItemDTO.builder().itemNo(itemNo).quantity(0).build()
    );

    List<CartItemDTO> cartList = cartService.getAllItems(mid);

    return ResponseEntity.ok(cartList);
}
```

현재 user22번이 가진 장바구니 1번에는 3개의 장바구니 아이템이 존재하고 있습니다(1, 2, 3번). DELETE 방식을 사용해서 장바구니 아이템 번호를 이용해서 삭제해 봅니다.

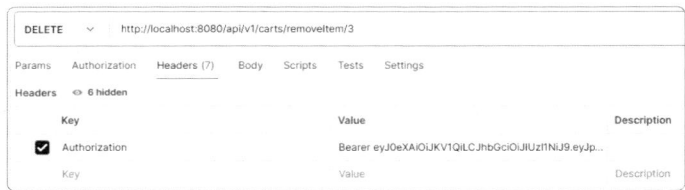

3번 장바구니 아이템이 삭제된 후에 1, 2번 장바구니 아이템만 출력되는 것을 볼 수 있습니다.

```
[
    {
        "itemNo": 2,
        "pno": 50,
        "pname": "50_새로운 상품",
        "quantity": 3,
        "price": 5000,
        "image": "50_test1.jpg"
    },
    {
        "itemNo": 1,
        "pno": 43,
        "pname": "43_새로운 상품",
        "quantity": 3,
        "price": 5000,
        "image": "43_test1.jpg"
    }
]
```

만일 다른 사람의 장바구니 아이템 번호를 삭제하려고 하면 403(Forbidden) 상태 코드와 에러 메시지가 전송됩니다. 예를 들어 4번 장바구니 아이템은 'user22'가 만든 장바구니에 속하지 않으므로 아래와 같은 에러가 발생합니다.

찾아보기

기호

@BatchSize	299
@ElementCollection	270
@EntityGraph	281
@PathVariable	42
@RequestBody	42, 119
@RequestMapping	41, 42
@RequestParam	42
@RestController	32, 40
@RestControllerAdvice	41, 123
@Validated	41
@Valid /@Validated	42

ㄱ

값 객체(Value Object)	272
객체 관계 매핑(ORM)	279
검증(validation)	117
계층적인 데이터	29

ㄷ

다대일 연관 관계	333
단방향(unidirectional) 참조	334
단순 CRUD	27
데이터 삭제	74
데이터 수정	69
데이터 조회	66
등록 작업 테스트	105
등록 처리	101
등록 테스트	152

ㄹ

리뷰 등록	339
리뷰 삭제	347
리뷰 수정	348
리뷰 조회	342
리스너(Listener)	36
리포지토리(Repository)	61

ㅁ

매핑(mapping)	59
모델 1 방식	13
모델 2 방식	14
모델(Model)	14
모바일 시대	17
목록의 예외 처리	137
무상태(Stateless)	158

ㅂ

반응형 웹	18
변경 감지	69
변경 감지(dirty checking)	109
뷰(View)	14
비영속 상태(transient)	60
빈(Bean)	36

ㅅ

삭제 작업의 테스트	157
삭제 처리	109

상품목록 DTO	289
상품 엔티티	246
상품 컨트롤러의 개발	318
생성자 주입(Constructor Injection)	39
서버 사이드 프로그램	13
서버(server)	12
서비스 계층의 설계	98
소프트 삭제(Soft Delete)	329
수정 작업의 테스트	156
수정 처리	111
순수한 데이터	16
스프링 시큐리티	142
썸네일 이미지 처리	264

ㅇ

액세스 토큰(Access Token)	142
양방향(bidiectional) 참조	334
엔티티 매니저(Entity Manager)	60
엔티티 클래스	54
연관 관계의 방향	334
연관 관계의 해석	334
연관 관계(Association)	270
영속 상태(persistent)	60
예외 설계와 반영	108
웹 애플리케이션(Web Application)	17
웹 MVC	12
의존성 주입	37
인가(authorization)	158
인증(authentication)	158

ㅈ

자동 설정(auto configuration)	52
자동 주입 방식	99
자동 증가(auto-increment) 기능	57
장바구니	384

정적 자원(static resource)	262
조회 작업의 테스트	156
조회 처리	106
준영속 상태(detached)	60
즉시로딩(eager loading)	281
지연로딩(lazy loading)	279

ㅋ

컨텍스트	37
컨트롤러 계층의 설계	116
컨트롤러의 구현	410
컨트롤러의 목록 처리	134
컨트롤러(Controller)	14
쿼리 메서드	81
쿼리스트링(Query String)	27

ㅌ

테이블 자동생성	57
토큰 기반의 인증(Token-based authentication)	
	142
토큰 발행	166
토큰 회전(token rotation)	202
트랜잭션(Transaction)	67

ㅍ

파일 업로드	246
페이징 처리	76, 113
페치 조인	302
페치 조인 방식(Fetch Join)	283
프런트 엔드 프로젝트	214
필드 주입(Field Injection)	39

A

AccessDeniedException	185

Access Token	161
Access Token 전송	229
AOP(Aspect Oriented Programming)	123
API 서버	12
API 서버의 시큐리티	158
API(Application Programming Interface)	19
async/await	223
Axios	214
Axios 인터셉터	229

B

bean 방식	92

C

cookie	225
CORS(Cross Origin Resource Sharing)	212
CRUD 처리	100
CSR(Client Side Rendering) 방식	17

D

DDL	57
DTO	91
DTO와 서비스 계층	397
DTO(Data Transfer Object)	100

E

ERD(Entity-Relationship Diagram)	270

F

FileController 구성	247
FK(외래키)	334

H

Header	160
Hibernate	59
HikariCP	53
HTTP의 Authorization 헤더	188

I

Intellij Ultimate 버전	30

J

JSON	24
JSON-Web-Token(JWT)	159
JWT 문자열 생성	175
JWTCheckFilter 작성	187
JWT(JSON-Web Token)	140
JWTUtil 생성	176

L

localStorage	225

M

MariaDB	48
MemberDTO	168
MemberService 구현	167
Model-View-Controller	14

N

N+1 문제	296

O

ORM(Object-Relational Mapping)	59

P

PasswordEncoder	146
Payload	160
Postman	45
Projections	91

Q

Q도메인 클래스	85
Queryds	76
Querydsl	82

R

Refresh Token	161
Refresh Token의 활용	202
REST 방식	24

S

SecuriytContext 처리 테스트	199
Setter 주입(Setter Injection)	39
Signature	160
Silent Refresh	229
SOAP과 XML	22
SOAP(Simple Object Access Protocol)	22
Spring Data JPA	48, 59
SSR(Server Side Rendering) 방식	17

T

TokenController 생성	170
Tomcat의 역할	36

V

Vite 빌드 툴	215

W

WAS	12
Web 2.0 시대	17
WSDL(Web Services Description Language)	23